[英]阿瑟·亨利·约翰逊 著　杨春 译

FOUR PRINCES 四君主

查理五世、弗朗索瓦一世、亨利八世与苏莱曼一世
Charles V, François I, Henry VIII and Suleiman I

中国出版集团公司

华文出版社

图书在版编目（CIP）数据

四君主：查理五世、弗朗索瓦一世、亨利八世与苏莱曼一世 /（英）阿瑟·亨利·约翰逊 著；杨春 译. -- 北京：华文出版社，2020.9

（华文全球史）

ISBN 978-7-5075-5306-2

Ⅰ.①四… Ⅱ.①阿… ②杨… Ⅲ.①国王—人物研究—世界—中世纪②世界史—中世纪史 Ⅳ.①K817=33 ②K133

中国版本图书馆CIP数据核字(2020)第131619号

四君主：查理五世、弗朗索瓦一世、亨利八世与苏莱曼一世

作　　者：	[英]阿瑟·亨利·约翰逊
译　　者：	杨　春
选题策划：	华盛章世
插图供应：	029—85504182
责任编辑：	景洋子　魏丹丹
出版发行：	华文出版社
社　　址：	北京市西城区广外大街305号8区2号楼
邮政编码：	100055
网　　址：	http://www.hwcbs.com.cn
电　　话：	总编室010—58336239
	发行部010—58336212
经　　销：	新华书店
印　　刷：	三河市国英印务有限公司
开　　本：	710×1000　1/16
印　　张：	32.5
字　　数：	425千字
版　　次：	2020年9月第1版
印　　次：	2020年9月第1次印刷
标准书号：	ISBN 978-7-5075-5306-2
定　　价：	125.00元

版权所有　侵权必究

出版前言

随着中国开放的大门越开越大,关注世界各国尤其是西方国家文明的源流、发展和未来已经成为当下世界史研究的一个热点。为了成系统地推出一套强调"史源性"且在现有世界史出版物中具有拾遗补阙价值的作品,我们经过认真论证,推出了"华文全球史"系列,首次出版约一百个品种。

"华文全球史"系列从书目选择到译者的确定,从书稿中图片的采用到人名地名的规范,都有比较严格的遴选规定、编审要求和成稿检查,目的就是要奉献给读者一套具有学术性、权威性和高质量的世界史系列图书。

书目的选择。本系列图书重视世界史学科建设,视角宽阔,层级明晰,数量均衡,有所突出。计划出版的"华文全球史"中,既有通史,也有专题史,还有回忆录,基本上是世界历史著作中的上乘之作,填补了国内同类作品出版的空白。

人名地名规范。本系列图书中人名地名,翻译规范,重视专业性。在人名翻译方面,我们坚持"姓名皆全"的原则,加大考据力度,从而实现了有姓必有名,有名必有姓,方便了读者的使用。在注释方面,书中既有原书注,完整地保留了原著中的注释;也有译者注,体现了译者的研究性成果。

书中的插图。本系列图书的一个重要特点是书中都有功能性插图,这些插图全方位、多层次、宽视角反映当时重大历史事件,或与事件的场景密切相关，涉及政治、军事、经济、社会、外交、人物、地理、民俗、生活等方面的绘画作品与摄影作品。功能性插图与文字结合，赋予文字视觉的艺术，丰富了文字的内涵。

译者的确定。本系列图书的翻译主要凭借的是一个以大学教师为主的翻译团队，团队中不乏知名教授和相关领域的资深人士。他们治学严谨，译笔优美，为确保质量奉献良多。

"华文全球史"系列作为一套具有较高学术价值的优秀的世界历史丛书，对增加读者的知识，开阔读者的视野，具有积极的意义。同时要看到，一方面很多西方历史学家的观点符合事实，另一方面不少西方历史学家的观点是错误的，对于这些，我们希望读者不要不加分析地全盘接受或全盘否定，而是要批判地吸收外国文化中有益的东西。

华文出版社
2019年8月

目 录

导 言　15世纪末历史的重要性 ················· 001

第1章　意大利战争（1494—1518） ············· 007

　　第1节　查理八世的远征 ················· 009

　　第2节　季罗拉莫·萨沃纳罗拉和佛罗伦萨 ········· 060

　　第3节　路易十二及米兰和那不勒斯的战争 ········· 070

　　第4节　教皇亚历山大六世和恺撒·博尔吉亚 ········ 100

　　第5节　康布雷联盟 ··················· 114

第2章　法兰西王国、西班牙王国与
　　　　神圣罗马帝国（1494—1519） ··········· 179

　　第1节　法兰西王国 ··················· 181

　　第2节　西班牙王国 ··················· 182

　　第3节　神圣罗马帝国 ·················· 218

第3章　从查理五世当选神圣罗马帝国皇帝
　　　　到帕维亚战役（1519—1525） ·········· 251

　　第1节　神圣罗马帝国选举 ················ 253

　　第2节　自治公社起义 ·················· 269

第 3 节　1521 年沃尔姆斯帝国会议 ······ 281

第 4 节　1522 年至 1523 年的战争 ······ 300

第 5 节　马丁·路德与摄政委员会 ······ 310

第 6 节　帕维亚战役 ······ 318

第 7 节　德意志农民战争 ······ 327

第 4 章　从《马德里条约》到《克里斯皮和约》（1526—1544） ······ 335

第 1 节　《马德里条约》和科尼亚克联盟 ······ 337

第 2 节　德意志宗教改革的进展 ······ 362

第 3 节　查理五世的欧洲难题：从 1532 年到《克里斯皮和约》签订 ······ 372

第 5 章　从施马尔卡尔登战争到《卡托康布雷齐条约》（1545—1559） ······ 405

第 1 节　施马尔卡尔登战争和米尔贝格战役 ······ 407

第 2 节　从奥格斯堡帝国会议到《奥格斯堡和约》 ······ 427

第 3 节　法兰西与西班牙争夺意大利的最后一战 ······ 461

译名对照表 ······ 481

导　言
15世纪末历史的重要性

精彩看点

历史划分的真正意义——15世纪末历史的重要性——中世纪世界教会的瓦解——个人主义的兴起——民族主义的兴起——中世纪世界教会的瓦解——民族之间的对立导致对外战争——外交和大国平衡理论的兴起——宗教改革对政治的影响与现代欧洲的开端

不了解历史的真谛，就将其划分为不同的时代，极易误导人们。一个时代与历史发展普遍进程的联系远胜于一代人与下一代人之间的联系。人的思想、原则、目标的确都在改变，但这种变化是缓慢的，并且正是这种变化孕育了历史的结局。新旧一代的相互融合就如同昼夜相互融入一样。昼夜尽管互融，但还是迥然各异，即使不能准确说出黎明何时来临，白天何时开始。同样，现代与其渊源的中世纪也是不一样的。

一旦认识到这一点，人们或许容易理解15世纪末历史的重要性。在这段历史中，教皇和君主统治下的、带有浓厚中世纪色彩的基督教世界已经丧失了实权。皇帝的权力被限制在神圣罗马帝国，即便在那里也有争议。教皇如果仍然坚持自己的主张，将不再具有昔日的权威。教皇不仅遭到欧洲各国的反对，而且遭到帝国议会的严厉批评。领导人们最终瓦解西方教会的人已经出现。与此同时，旧社会已经四分五裂：人们不再受贵族、土地、贸易、城镇及同胞和生活的束缚。现代生活的"个体"正在出现。许多因素促成了这一变化。

文艺复兴运动使人们从狭隘的中世纪精神局限中解放出来。它向人们敞开了通向远古知识的大门，让人们领略到了更广阔的思想世界，而西方世界即将发现的新大陆成为一个不错的证据。经济变革带来了同样的效果。

现代竞争的兴起导致封闭行会体系下旧的交易组织的瓦解。在生活中，在思想界，个体已经在不断阐述自己的观点。

在经济变革带来的竞争性利益冲突中，一种新的统一原则——民族性——产生了。这个概念源于对利益身份的认同。利益身份以共同的语言、共同的宗教、共同的自然边界、共同的希望和共同的恐惧为基础。就神圣罗马帝国而言，民族性虽然不那么具有吸引力，但至少更具有实现的可能性，并且似乎能够独当一面地确保个人主义不至失控。尤其是在法兰西王国、西班牙王国和英格兰王国，这种新的民族性得到最成功的体现。如果神圣罗马帝国不是一个松散的诸侯国联盟，那么哈布斯堡王朝的君主制基础早已奠定了，而相比之下，在意大利的教皇不过是一个世俗王国的君主而已。民族性胜利的第一个结果并不令人惊讶。

一旦意识到自己的利益，人们就会变得好斗。现在这种情况发生了。的确，英格兰王国因为远离欧洲大陆，又被国内问题困扰，迄今为止尚无明显动向，但其他国家开始放眼国外。意大利，一个没有政治统一的地区，成为利益均沾的牺牲品。法兰西王国首次采取行动，宣称对那不勒斯的领土主张。这立即激发了法兰西人的贪婪野心。接着，西欧卷入了一系列战争。这些战争一直持续到1598年《韦尔万和约》签订。

历史的时代环境赋予这些战争显著的特性：国家的统一一直体现着君主制原则的胜利。在与贵族长期斗争之后——最近的一场斗争并没有局限于世俗领域，国家的统一也体现在宗教会议和帝国议会之间的冲突。在接下来的历史中，统治家族的王朝利益占据了主导地位。毫无疑问，君主代表了臣民的热情和抱负。然而，君主的政策受到个人和家族的竞争对手的深刻影响。因此，战争的时间大大地超出了君主们本来的设想。在某种程度上，这必须归因于联盟和反联盟的交替。这些联盟和反联盟的交替如同万花筒般纷繁，变化迅速。于是，就战争而言，这段时期是历史上最混乱的时期之一。在随后的斗争中，罗马人和德意志人有了第一次亲密但充满敌意的接触。权力平衡理论成为政治的指导原则，外交也随之诞生。

许多年后，西方教会的统一性被宗教改革打破。宗教问题和政治问题是不

签订《凡尔赛和约》

可避免的。欧洲争夺霸权的斗争及各个王国内部的政治斗争都深受宗教问题的影响。错综复杂的欧洲问题比以往任何时候更加严重。同时，我们越注重欧洲的时代利益，它的问题就越复杂。这段历史渗透了中世纪的所有问题，现代欧洲由此产生。

第1章

意大利战争

(1494—1518)

精彩看点

法兰西王国的政治状况——法兰西的安妮摄政——查理八世率军远征意大利——意大利的政治状况——查理八世率军进攻那不勒斯——威尼斯同盟——福尔诺沃战役——查理八世驾崩和法军撤退——季罗拉莫·萨沃纳罗拉——路易十二的国内政策——路易十二率军进攻米兰——《格拉纳达条约》及路易十二率军进攻那不勒斯——路易十二和斐迪南二世的争吵——塞米纳拉战役、切里尼奥拉战役及加里利亚诺河战役——法兰西人被赶出那不勒斯——亚历山大六世和恺撒·博尔吉亚——康布雷同盟——阿尼亚德洛战役——神圣同盟——拉文纳战役——法兰西人被赶出意大利——美第奇家族收复佛罗伦萨和马克西米利安·斯弗扎收复米兰——征服纳瓦拉王国——神圣同盟瓦解——弗朗索瓦一世登基——马里尼亚诺战役——《博洛尼亚协定》——《努瓦永条约》和《伦敦条约》——威尼斯共和国衰落的原因

第1节　查理八世的远征

　　远征意大利时，法兰西国王查理八世在位已经十一年。查理八世继承的君主政体，与欧洲其他国家相比，很少受到宪章的制约。作为决定民族存亡的对英战争领袖和作为中产阶级反对封建贵族的保护神，查理八世赢得了广泛的拥戴。法兰西王国的三级会议，即协商大会，从未成功地召开。阶级的分化导致三级会议分裂。来自第三等级的代表不能充分地维护中产阶级利益。而类似于英格兰下议院议员、由郡或县推选的维护乡村民众利益的骨干议员，在三级会议中也难觅踪迹。由于这种缺陷，三级会议一直未能牢牢地掌握国家的财政，也没有控制国家的立法和行政。所有权力由王室提名的王室委员会控制。一直以来，王室委员会任意发布命令和征税，袒护贵族。

　　的确，巴黎的"高等法院"，即法兰西王国的最高立法机构，试图通过投票的方式，对国王颁布的法令行使表决权。然而，国王可以通过"御临法院"轻易地推翻反对派的意见。在大议会召开之前国王先召集"高等法院"成员，强迫他们表决。在强势的王权面前，"高等法院"成为傀儡而不是王权的监督者。

　　1483年，父亲路易十一驾崩时，查理八世十四岁。根据查理五世1374年的法令，法兰西王国是不需要摄政的。然而，路易十一意识到，在执政方面，自己一直忽视了对儿子的培养①，只能把查理八世托付给女儿法兰西的安妮监护。法兰西的安妮是博热领主彼得二世的妻子。1488年，彼得二世在兄长波旁的约翰去世后，便成为波旁公爵。

路易十一

---

① 路易九世对儿子说："如果你知道这五个拉丁单词（Qui nescit dissimulare nescit regnare）的含义——不会掩饰也就不会统治，那就够了。"——原注

法兰西的安妮

对于法兰西的安妮，路易十一曾经说过，"她是法兰西王国最聪明的女人"。但在查理八世在位早期，法兰西的安妮的行为实在有悖于路易十一对她"无人能及的聪明女人"的赞赏。1484年，出于对集权的欲望，法兰西的安妮成功地规避了三级会议提出的共同执政的要求，尽管这会给国家带来永久的伤害。法兰西的安妮挫败了以推定继承人奥尔良的路易为首的贵族多次夺权的阴谋，同时挫败了贵族企图恢复封建特权的阴谋。贵族的阴谋得到了布列塔尼公爵弗朗索瓦二世的支持。其他支持者还包括马克西米利安一世、英王理查三世乃至英王亨利七世。

布列塔尼公爵弗朗索瓦二世

马克西米利安一世

英王理查三世

英王亨利七世

1488年，布列塔尼公爵弗朗索瓦二世去世，法兰西的安妮便干预了布列塔尼公国的内政，并通过武力，让年轻的查理八世迎娶布列塔尼公国女继承人布列塔尼的安妮。通过一纸婚约，布列塔尼公国的自治权得到认可，但同时约定公国继续留给后人。在丈夫查理八世驾崩后，布列塔尼的安妮如果尚无子嗣，就应该嫁给法兰西王国王位的下一位继承人。通过这种方式，法兰西王国为最后一个半独立的诸侯国——布列塔尼公国——最终融入君主制做好了准备，同时了却了长久以来的一桩心事。

查理八世

布列塔尼的安妮（左二）

外交上的辉煌成就招来了法兰西王国敌人的嫉恨。马克西米利安一世对之更是恨之入骨。马克西米利安一世本人与布列塔尼的安妮曾订过婚，而查理八世也于1482年按照《阿拉斯条约》与马克西米利安一世的女儿奥地利的玛格丽特订婚。查理八世与布列塔尼女公爵布列塔尼的安妮的联姻，使马克西米利安一世和他的女儿奥地利的玛格丽特双双被抛弃。由于蒙受双重屈辱，马克西米利安一世便许诺奥地利的玛格丽特的嫁妆是阿图瓦和弗朗什-孔泰两

第 1 章 意大利战争（1494—1518） | 015

块领地,并动用武力强制实施。英王亨利七世试图阻扰布列塔尼公国和法兰西王国的合并。阿拉贡国王斐迪南二世便抓住时机,要求法兰西王国归还早先割让给路易十一的鲁西荣。

马克西米利安一世给女儿奥地利的玛格丽特的嫁妆十分诱人,很难让人拒绝,但阿拉贡国王斐迪南二世索要鲁西荣必会遭到法兰西王国的全力抵抗。而面对英王亨利七世的干涉,法兰西人坚决要求收回加来,并最终把英格兰人赶出法兰西。不管法兰西人是否强大到敢于一搏,至少已经将加强边防、巩固王国作为国策。

阿拉贡国王斐迪南二世

奥地利的玛格丽特

不幸的是，此时，查理八世沉迷于远征意大利。查理八世自以为已经长大，可以不听从姐姐法兰西的安妮的意见。查理八世一意孤行，匆忙屈从于宿敌的要求。1492年11月，查理八世与亨利七世签订《埃塔普勒条约》。1493年1月，查理八世与斐迪南二世签订的《巴塞罗那条约》将塞尔达尼亚和鲁西荣割让给阿拉贡王国。1493年5月，通过《森利斯条约》，奥地利的玛格丽特收回阿图瓦和弗朗什-孔泰两块领地，然后转送给自己的父亲马克西米利安一世。处理完家门口的这些问题后，查理八世就急忙准备意大利战争了。

在罗马帝国衰落之后，意大利迅速失去了民族凝聚力。意大利尽管多次试图在半岛建立统一的王国，最后还是徒劳无功，各自为政。西方君主纷纷角逐意大利。但在13世纪末，一切纷争趋于平静。在主权诉求失败的众多小国中，崛起了五颗耀眼的明珠。

米兰公国位于伦巴第平原的中央地带。13世纪末，米兰公国落入威斯康提家族之手。这是一个残暴却很有本事的家族。威斯康提家族破坏自由，极力扩张领土，吸纳平原上摆脱威尼斯共和国统治的众多小国。随着威斯康提家族男系后裔的断绝，米兰公国被意大利雇佣军首领弗朗西斯科·斯弗扎霸占。1450年，弗朗西斯科·斯弗扎将领土延伸到阿达河，直插威尼斯列岛，到达塞西亚。弗朗西斯科·斯弗扎的领土在塞西亚与当时属于萨伏依公爵和蒙特弗尔拉侯爵的皮埃蒙特相接。1476年，弗朗西斯科·斯弗扎的儿子加莱亚佐·玛利亚·斯弗扎为自己的专制、贪婪和残暴付出了代价，被三个米兰贵族所杀。如果

弗朗西斯科·斯弗扎

加莱亚佐·玛利亚·斯弗扎

诛杀暴君的行为可以得到辩护，那么这三位米兰贵族可以称得上"爱国者"。暴君加莱亚佐·玛利亚·斯弗扎留下一个寡妇——萨伏依的博纳。在丈夫加莱亚佐·玛利亚·斯弗扎足智多谋的顾问弗朗西斯科·西蒙内塔的辅佐下，萨伏依的博纳以年幼儿子吉安·加莱亚佐·斯弗扎的名义继续统治米兰公国。三年后的1479年，吉安·加莱亚佐·斯弗扎的叔叔卢多维科·斯弗扎，绰号"摩尔人"，推翻了萨伏依的博纳的统治。弗朗西斯科·西蒙内塔被处决。卢多维科·斯弗扎夺取了摄政权。卢多维科·斯弗扎野心勃勃，为所欲为，喜爱玩弄阴谋，但不像众多前任那样残忍无情。他虽然专横，却是艺术自由的维护者，保证了米兰公国的安宁与和平。

萨伏依的博纳

吉安·加莱亚佐·斯弗扎

卢多维科·斯弗扎

米兰公国的东边是威尼斯共和国。13世纪末，曾经的民主统治变成了封闭的商业寡头统治。到了15世纪末，不仅大议会垄断了国家的选举，而且威尼斯总督本人也变成了"装饰性"的傀儡。威尼斯共和国原本很少关注本土政治。越过家门口的潟湖，威尼斯共和国把眼光投向了地中海和东方，那里是商业和财富的源泉。15世纪下半叶，为了获得新的领地，威尼斯共和国又把目光投向了西方①。在商业冒险中，威尼斯共和国的确获得了巨大成功。在占据摩里亚半岛②的亚得里亚海东部沿岸和爱琴海之后，威尼斯共和国现在已经统治着波河以北的大片领土，向东延伸到阿达，向北延伸到阿尔卑斯山脉。然而，扩张政策使威尼斯共和国陷入了与意大利的政治冲突之中，并引起了意大利诸多城邦的忌妒。不过，威尼斯共和国仍然是令人敬畏的。通过1479年的条约③，威尼斯共和国尽管放弃了斯库台、内格罗蓬特及摩里亚半岛上大多数领土，但仍然

繁荣的威尼斯

---

① 这里的"西方"是参照威尼斯共和国的地理位置说的。——译者注
② 摩里亚半岛在希腊南部，即伯罗奔尼撒半岛。——译者注
③ 即对历史产生深远影响的《君士坦丁堡条约》。该条约彻底终结了土耳其帝国与威尼斯共和国之间长达三十五年的战争。——译者注

保持着商业特权,并与土耳其人维持了短暂的和平。1488年,通过别出心裁的谋划,威尼斯共和国巧妙地兼并了塞浦路斯岛。

比起意大利其他城邦,威尼斯共和国的贵族统治很少涉及贪腐,并且能长期保持廉洁。稳定的政局,没有反叛的骚扰,使威尼斯共和国成为周边其他意大利城邦羡慕的对象。威尼斯共和国贵族统治者的宽容和明智使它获得了臣民的信赖和忠诚。威尼斯共和国非常富足。威尼斯共和国对艺术的保护功不可没。如果说威尼斯共和国的国民素质不够高尚,那么其他意大利城邦就更不足挂齿了。

威尼斯共和国的南边和西南边是曼图亚和费拉拉这两个独立的公国。其中,曼图亚公国位于明乔河的沼泽地带,属于贡萨加家族,而费拉拉公国控制着波河的出口,由埃斯特家族统治。

佛罗伦萨共和国位于亚平宁山脉之下,控制着亚诺河的分水岭。佛罗伦萨共和国的附属城市有沃尔泰拉、阿雷佐、科尔托纳、皮斯托亚、比萨等。东北面和南面是独立城邦卢卡和锡耶纳,同时它们是佛罗伦萨共和国的宿敌。

比萨

作为以商业行会为基础的的共和国,佛罗伦萨共和国实际上被美第奇家族控制。美第奇家族表面上维护宪法的完整无缺,实际上让自己的同党把持政府。美第奇家族时不时让由一拨公民包装成的"议会"选举出委员会,控制着领地政府官员的推选。1480年,一个由七十人组成的的"协会",实际上由洛伦佐·德·美第奇提名组成,取代了"议会"选举出的委员会。这个"协会"不仅控制着领地,而且为佛罗伦萨共和国的立法机构提名,因此成为佛罗伦萨共和国的"统治者"。通过灵活地操控税收,"协会"成员劫富济贫,从而使美第奇家族赢得了下层阶级的支持。美第奇家族的银行财务和公共财产混淆在

洛伦佐·德·美第奇

一起,使美第奇家族最终掌握了行政管理权。比起米兰公国的斯弗扎家族,佛罗伦萨共和国的美第奇家族的统治要温和得多。美第奇家族的权威来自政治上的天分。于是,他们成功地统治了雅典文明以来世界上最不安分、最敏感、最杰出的一群人。佛罗伦萨集中了意大利艺术和文学的精华。令人赞叹的是,这些不拘一格的不朽作品使文艺复兴光芒四射,熠熠生辉。令人非常惋惜的是,在意大利历史的关键时刻,美第奇家族的代表——洛伦佐·德·美第奇——于1492年4月去世。其子皮耶罗·迪·洛伦佐·德·美第奇平庸无能,结果美第奇家族的势力迅速崩溃。

皮耶罗·迪·洛伦佐·德·美第奇

教皇国的南部和东部环绕着锡耶纳和佛罗伦萨，横跨意大利，并两头连接大海。教皇国由"圣彼得的遗产"①、坎帕尼亚大区、斯波莱托公国、马尔凯大区的安科纳和罗马涅等部分构成。

在所有领地中，除前两个承认教皇的宗主权外，其他实际上都是独立的领地。在前两个领地中，势力强大的奥尔西尼家族和科隆纳家族都对教皇国构成了威胁。后来，教皇一直想强化对这些地区的统治，建立强大的世俗领地。这项政策始于教皇西克斯图斯四世。西克斯图斯四世想通过这种方式使教皇可以长期存在，这种想法也许是对的。然而，在中世纪，关于神圣罗马帝

教皇西克斯图斯四世

---

① 罗马帝国多位皇帝多次向教皇捐赠。因此，教皇拥有面积广大的庄园。这些庄园被称为"圣彼得的遗产"。它们遍及北非、意大利、西西里、科西嘉、法兰西及巴伐利亚。——译者注

教皇尼古拉五世

国的观念早已不存在。把基督教徒统一在一个信仰之下的念头也不现实。由于自身的缺陷，教皇虽然没有失去对欧洲的全部控制力，但大部分控制力已经失去。教皇尼古拉五世和教皇庇护二世企图重新获得欧洲精神领袖的计划很难实现。教皇在阿维尼翁受法兰西国王控制期间（1309年到1377年）及教会"大分裂"（1378年到1417年）期间，意大利城邦实力上升，进一步扩张的欲望膨胀。在这种情况下，为了避免落入像10世纪那样沦为贵族傀儡，教皇必须顺势而为，建立一个强大而统一的王国。然而，代价是昂贵的。由于深陷政治阴谋的旋涡，教皇对世俗臣民滥用其精神领袖的权力，让欧洲有识之士非常震惊。更加不幸的是，这段时间上任的教皇都是一群素质低劣的人。教皇西克斯图斯四世贪财，为了提拔侄子，不惜一切代价。教皇英诺森八世无可救药地贪腐和懒散，他是第一位公开承认有私生子的教皇。从1492年到1503年，罗德里哥·博尔吉亚成为教皇，称"亚历山大六世"。他生活毫无节制。对他的指控，十宗罪都不为过。人们即使因为证据不足放弃对他的指控，也不能否认他极度放荡不羁，藐视礼俗，贪婪无厌，残暴成性，品格低劣。

教皇建立世俗领地的欲望也伤害了意大利①。由于无力按照自身的统治方式去统一意大利半岛，教皇于是下决心阻止其他势力统一意大利半岛。为了

教皇英诺森八世

---

① 尼可罗·马基雅维利：《李维史论》，第1卷，第12章。——原注

教皇亚历山大六世

调和主教和世俗诸侯之间的利益冲突，教皇准备拿国家的主权做交易。在此之前，教皇们不止一次寻求外国势力的协助。他们即使无须为法兰西王国的第一次入侵承担责任，也应为外国占领永久化承担责任。

意大利半岛南部是那不勒斯王国，当时由费兰特一世统治。费兰特一世是阿拉贡国王阿方索五世的私生子。西西里岛和撒丁岛及阿拉贡王国属于斐迪南二世为代表的合法支系。在意大利各城邦中，那不勒斯王国是最不安定的。1485年，那不勒斯王国就爆发过反对暴君费兰特一世的骚乱。凭借狡诈和实力，费兰特一世最终获得了胜利，但虚伪和残忍使他失去了民心，政权摇摇

阿方索二世

欲坠。1494年1月,费兰特一世驾崩,儿子阿方索二世继位。据法兰西王国编年史记载,虽然阿方索二世的处境并非很危险,但他是一个比自己父亲更恶劣的人,因为"从未有任何王储比他更加血腥、邪恶、野蛮、荒淫和贪婪"。

五个城邦之间相互对立,相互排斥,一直未能建立完全统一的国家,终于导致了意大利的毁灭。实力过分平均,过于相互妒忌,过于显示民族特性的分歧,以及在此基础上建立的统一的联邦制政府,自然导致民族共同利益意识的丧失。在众多对立小国共存的情形下求生存,只能诉诸精心设计的阴谋、利欲熏心的贪婪和背信弃义的外交,从而使意大利处于更加严重的引狼入室的威胁之中。

如果说意大利诸城邦首领之间的争吵导致了外国势力的入侵,并阻止了任何永久联盟的形成,那么意大利所处的糟糕状况则使成功抵抗的所有希望化为乌有。纵观意大利15世纪的社会史,有两个教训提醒着我们:第一,自由的丧失及政治派系对人民道德素质产生致命的影响;第二,即使宗教起着精神缓和作用,奢华之风与对艺术和文学的过度投入也带来了潜在的危险。

在米兰公国和那不勒斯王国,一切政治自由已被摧毁,暴政教给人民的唯一武器便是阴谋和暗杀。在佛罗伦萨共和国,宪法形式仍然保留,但其精神已荡然无存。佛罗伦萨共和国被势不两立的仇恨撕裂。意大利人残酷地镇压异己,驱逐失败者。意大利人热衷于相互猜疑,政治仇恨加深。失去权力便失去一切。于是,意大利人变得绝望,忘记必要的忍耐和作为少数特权者应尽的义务职责,寻求用秘密的阴谋或公开的暴乱去推翻敌对的政权。弱小城邦的情况更加糟糕。局势更加不稳定,内讧更加激烈,成功暴动的可能性更大。毫无疑问,比起意大利半岛上的其他城邦,威尼斯共和国和教皇国更加稳定。不过,即使是在那里,阴谋、贪腐和勾结也司空见惯。

落入这般政治环境,人们不仅感觉意大利的民族性已经消亡,而且感觉对城邦和公国的爱国主义精神也先于自卫本能的消亡而气数已绝。对成功的崇拜替代了对原则的遵守和对当局的服从。在牺牲道德的基础上,投机取巧和自私风靡一时。更有甚者,暴君们为了保护自己、征服他人,竟然引入雇佣军。共和国的臣民,部分由于懒惰,部分由于认为很难用纪律涣散的民兵去抵御训练有素的士兵,也就跟风效仿。意大利变成了外国雇佣兵的牺牲品。战争成了游戏,除了为薪水和个人野心而争吵,雇佣兵对其他东西毫无兴趣。雇佣兵热爱自己赖以生存的战场,但不希望有决定性的战斗。个人利益或者高薪决定了雇佣兵如何选边站队,或建立或推翻某个政权。雇佣兵甚至四处散布谣言。同时,意大利人再也不是那个骁勇善战的民族了。当考验降临,意大利人却发现无法抗衡能征善战的北方国家,被敌人疯狂的屠杀吓破了胆。

快速增长的荣华富贵及文学和艺术的发展很容易引发同样的后果。对物质享受的追求使意大利人变得懦弱、自私和懒散。批判的恢复,引发了怀疑论。批评被毁灭,重建批评功能的热情和信仰也不复存在。经典理念的回归也导致异教思想的复活。艺术带来欢乐,形式美和色彩美带来感官享受,对这些享受的关注,让许多人耽于声色之乐。文艺复兴的历史似乎警示着人们:美学精神未必与宗教和道德相关联。毫无疑问,夸大这一点是容易的。同时毫无疑问,许多人过着淳朴简单的生活。或许,对像季罗拉莫·萨沃纳罗拉这样的宗教狂热分子的指责有些过分①。不过,现代人对意大利人的责难,证据是确凿的。从当时的文献资料中,现代人定能找到历史的见证者。在《论政府的艺术》

季罗拉莫·萨沃纳罗拉

---

① 季罗拉莫·萨沃纳罗拉:《论对世界的蔑视》。《论对世界的蔑视》见于帕斯奎尔·维拉里所著《季罗拉莫·萨沃纳罗拉传》的第2卷附录和《他在各处布道》。——原注

尼可罗·马基雅维利

一文中，尼可罗·马基雅维利运用愤世嫉俗的坦率，无视所有的道德准则。在历史政治文献中，这是前所未有的。洛伦佐·德·美第奇时代狂欢节上的娱乐足以令我们确信意大利人的道德沦丧有多么严重。由于意大利人不具备任何民族意识和爱国主义精神，也没有任何抵抗外来势力的优秀素质，美丽的平原上因此只能呈现出列国之间的对抗，并最终陷于外国势力的统治，直至19世纪中后期。

法兰西王国对意大利的主权声索不仅是双重的，而且是长期的。奥尔良家族凭借瓦伦蒂娜·威斯康提米兰公国威斯康提家族女继承人血统，认为自己是公爵宝座的合法继承者，并认为斯弗扎家族是篡位者。安茹家族则对那不勒斯王国被来自阿拉贡家族的国王统治提出了异议，认为乔安娜二世（已于1435年驾崩）已经将那不勒斯王国留给了安茹家族族长安茹的勒内。查理八世的侄子奥尔良家族的路易代表家族提出主权声索。路易已经控制了阿斯蒂。从1481年起，安茹家族就遵循最后一位安茹公爵安茹的勒内的意愿，开始争夺安茹和普罗旺斯的统治权。路易十一对安茹和普罗旺斯的归属没有异议，但他那野心勃勃的儿子查理八世迷恋控制意大利南方各王国，急于强化对意大利的主权声索，以为这样就可以获得征讨土耳其的出发点。然而，如果米兰公

乔安娜二世

安茹的勒内

国和那不勒斯王国之间的矛盾并没有提供诱人的可乘之机,那么查理八世就难下决心,发起进攻。

1435年,作为与安茹的勒内争夺那不勒斯王国的劲敌,阿方索五世曾警告当时米兰公国的统治者菲力波·玛利亚·威斯康提,那不勒斯王国昔日的主人法兰西王国会向意大利北部扩张。1450年,菲力波·玛利亚·威斯康提去世后,弗朗西斯科·斯弗扎确保了米兰公国的短暂和平。弗朗西斯科·斯弗扎清楚地意识到对米兰公国主权的合法声索,已经经瓦伦蒂娜·威斯康提转移到法兰西

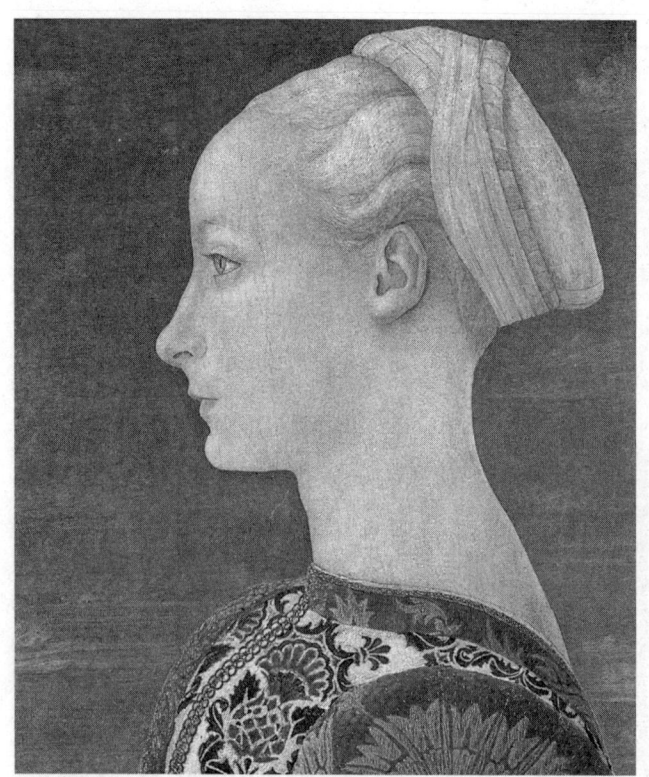

伊波利塔·玛利亚·斯弗扎

的奥尔良家族手中。结果则是皆大欢喜。两大家族因弗朗西斯科·斯弗扎的女儿伊波利塔·玛利亚·斯弗扎与卡拉布利亚公爵阿方索①缔结婚姻而结成了紧密的联盟。忠于美第奇家族传统政策的洛伦佐·德·美第奇也加入联盟。洛伦佐·德·美第奇希望通过米兰公国、那不勒斯王国和佛罗伦萨共和国三方联盟维持意大利半岛的权力平衡,抵制威尼斯共和国和教皇国的入侵,并通过维护意大利半岛的和平,消除外国势力进行干涉的一切借口。洛伦佐·德·美第奇是否成功,可能会受到质疑,但洛伦佐·德·美第奇的死亡确实让唯一有可能维护意大利半岛和平的人不复存在。

---

① 卡拉布利亚公爵阿方索是那不勒斯国王费兰特一世的长子。那不勒斯国王费兰特一世驾崩后,他继承王位,称"阿方索二世"。——译者注

甚至在洛伦佐·德·美第奇去世之前，米兰公国和那不勒斯王国之间的联盟就已经面临分裂的威胁。1479年的政变使绰号"摩尔人"的卢多维科·斯弗扎从萨伏依的博纳手中夺取了权力，并得到了那不勒斯国王费兰特一世的承认。然而，1480年，伊波利塔·玛利亚·斯弗扎去世了。她是卢多维科·斯弗扎的妹妹、那不勒斯国王阿方索二世的妻子。伊波利塔·玛利亚·斯弗扎的去世宣告了两个家族之间联盟关系的破灭。

1489年，年轻的吉安·加莱亚佐·斯弗扎和卡拉布利亚公爵阿方索那不勒斯的伊莎贝拉的联姻使情况变得更糟。卡拉布利亚公爵阿方索忌妒卢多维科·斯弗扎的统治，并希望看到1492年年满二十岁的女婿能恢复公爵爵位。那

那不勒斯的伊莎贝拉

不勒斯的伊莎贝拉同样忌妒埃斯特的比阿特丽斯——卢多维科·斯弗扎的妻子——获得的地位和荣誉。

1492年，皮耶罗·德·美第奇在佛罗伦萨接替洛伦佐·德·美第奇，加入了卡拉布利亚公爵阿方索对抗卢多维科·斯弗扎的秘密同盟。那不勒斯国王费兰特一世虽然极不情愿，但被说服加入。至此，意大利安全所系的米兰公国、那不勒斯王国和佛罗伦萨共和国三方同盟被打破。卢多维科·斯弗扎被迫去别处寻求支持。卢多维科·斯弗扎想把侄女比安卡·玛丽亚·斯弗扎嫁给马克西

比安卡·玛丽亚·斯弗扎

米利安一世。马克西米利安一世在1493年被推选为神圣罗马帝国皇帝。作为回报，卢多维科·斯弗扎获得米兰公国的统治权。一直以来，米兰公国的统治权很难落到斯弗扎家族手中。由于马克西米利安一世未能提供更有效的援助，绝望的卢多维科·斯弗扎旋即向法兰西王国求助。编年史家菲利普·德·科米纳曾写道："卡亚佐伯爵圣塞韦里诺被派去笼络查理八世。当时，卡亚佐伯爵圣塞韦里诺只有二十一岁，拥有意大利式的自负和荣耀，强烈申明对美丽的那不勒斯王国的主权。"

编年史家菲利普·德·科米纳

洛林公爵勒内二世

　　卢多维科·斯弗扎的举措受到强烈谴责。之前，为了各自的目的，意大利诸侯们争相拜访法兰西王国。卢多维科·斯弗扎对这一做法深恶痛绝。1485年，教皇英诺森八世鼓动洛林公爵勒内二世向安茹家族施压，并争夺那不勒斯主权，卢多维科·斯弗扎对此也进行阻止。然而，卢多维科·斯弗扎虽然自私，是外交背叛的"高手"，但绝非当时意大利最坏的诸侯。那不勒斯王国政策的改变，迫使卢多维科·斯弗扎铤而走险。同时，吉安·加莱亚佐·斯弗扎是无能之辈。贪得无厌且权力欲十足的阿方索二世希望吉安·加莱亚佐·斯弗扎成为自己的傀儡。卢多维科·斯弗扎既不希望也不指望法兰西人征服那不勒斯王国。事实上，意大利人经常把请外援作为威胁的手段，以至忘记了潜在的危险。卢多维科·斯弗扎求助查理八世只是个带有阴谋的游戏。这个游戏人人都在玩，只不过其他人还没有尝到甜头，而卢多维科·斯弗扎成功了。但这个游戏不仅会害了卢多维科·斯弗扎，也将葬送意大利。卢多维科·斯弗扎不是唯一拜求查理八世的人。卢多维科·斯弗扎对查理八世的劝告得到了那不勒斯王国逃亡者萨勒诺的支持。萨勒诺渴望报复费兰特一世在1485年残酷镇压贵族反叛领袖时背信弃义的行为。除此之外，波吉亚家族的枢机主教朱利安·德拉·诺维

波吉亚家族纹章

也恳求查理八世。这时,朱利安·德拉·诺维刚刚登上教皇宝座,成为教皇亚历山大六世(1492年8月)。

编年史家菲利普·德·科米纳曾指出:"关于远征,所有有经验、有智慧的人都已经进行了热烈的辩论,一致认为远征是一种非常危险的行为。"法兰西的安妮、她的丈夫波旁公爵彼得二世及众人极力劝阻国王查理八世,但查理八世愚蠢而固执。最后,查理八世的固执被宠臣利用。这些人包括史蒂芬·德·维尔和圣马洛主教纪尧姆·布瑞肯特。史蒂芬·德·维尔曾经是议事厅的顾问,现在是博凯尔的总督。他们一个希望得到那不勒斯王国的土地,另一个希望得到米兰公国大使许诺的枢机主教帽。年轻的贵族们渴望得到意大利的战利品,起哄支持远征意大利。查理八世则急于实现宏伟的蓝图,而实现这一蓝图他"既没有充足的财力、足够的智力,更谈不上充分的准备"。

圣马洛主教纪尧姆·布瑞肯特

1494年8月,查理八世在里昂享受初夏的美好时光,进行大规模的庆祝活动,并肆意挥霍为远征而筹借的钱款。随后,查理八世经罗讷河到达维耶纳,然后经蒙热内夫尔山口穿越阿尔卑斯山脉(1494年9月2日)。查理八世的军队,除了法兰西人,还有神圣罗马帝国的长矛兵和瑞士的雇佣兵。这成了外国势力入侵的一个先兆,致使此后一百年里,美丽的意大利平原哀鸿遍野。

查理八世在阿斯蒂会见了卢多维科·斯弗扎。先是因为庆祝活动,后因为疾病,查理八世推迟了进军。直到1494年10月6日,他才离开阿斯蒂前往皮亚琴察。在皮亚琴察,查理八世举行了关于未来行程的讨论。查理八世打算现在离开盟友的领地。威尼斯共和国与意大利西北部各城邦保持中立。教皇亚历山大六世虽然犹豫,但仍决定反抗法兰西人。在佛罗伦萨,意见分歧很大。忠于传统的市民支持法兰西人,市民的观点得到季罗拉莫·萨沃纳罗拉的强烈支持。季罗拉莫·萨沃纳罗拉说,应该让灾难惩罚意大利。同时,皮耶罗·德·美第奇与那不勒斯国王阿方索二世缔结了盟约。查理八世决定选择更加靠西边

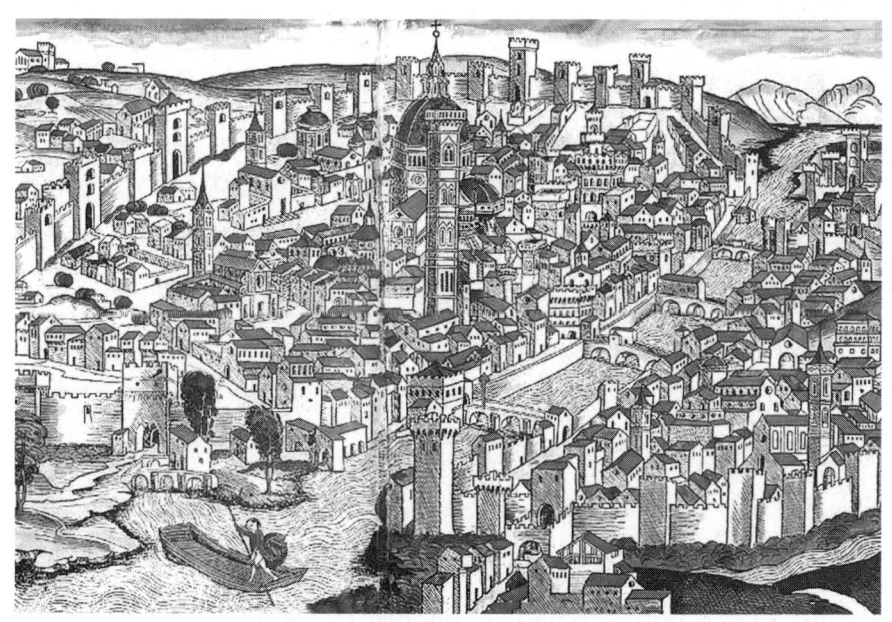

佛罗伦萨

那不勒斯王储斐迪南

途经蓬特雷莫利的路线作为远征路线,而非途经博洛尼亚的便捷路线。这样一来,查理八世就可以避免遇到被阿方索二世派来守罗马涅的那不勒斯王储斐迪南,从而确保海上通道畅通。1494年9月8日,洛林公爵勒内二世在拉帕洛战胜了那不勒斯国王阿方索二世的弟弟费德里戈而赢得了制海权。此外,佛罗伦萨人希望佛罗伦萨共和国会趁查理八世的到来宣布臣服法兰西王国。

穿越这条路线很艰难。一路走来,尽是荒凉,甚至连马的饲料供应都得不到,而且沿途都有防守严密的要塞。法兰西人如果在这里遇到顽强的抵抗,就可能永远不会越过托斯卡纳,因为卢多维科·斯弗扎已经后悔把查理八世引入意大利。卢多维科·斯弗扎怀疑法兰西人对米兰公国的企图。1494年10月,卢多维科·斯弗扎不幸的侄子吉安·加莱亚佐·斯弗扎被毒死。人们普遍认为,吉安·加莱亚佐·斯弗扎的死亡使因对抗那不勒斯王国而需要法兰西人援助的理由不复存在。然而，佛罗伦萨人内部不和帮了查理八世的忙。法兰西人畅行无阻，通过了峡谷，并在洗劫菲维扎诺之后进驻萨尔扎纳。此时，皮耶罗·德·美第奇对佛罗伦萨人的不满感到恐惧，匆忙答应了查理八世的要求。皮耶罗·德·美第奇应诺了一笔钱，交出了四个最重要的城市：萨尔扎纳、彼得拉桑塔、比萨和莱格霍恩。这些屈辱的让步使佛罗伦萨人更加恼火。1494年11月8日，皮耶罗·德·美第奇回到佛罗伦萨共和国后，市民们纷纷拿起武器。皮耶罗·德·美第奇被迫乔装逃往威尼斯。佛罗伦萨人的背弃威胁到了阿方索二世在罗马涅的地位。通往罗马的大门敞开了。至此，阿方索二世只好退位。

与此同时，查理八世给比萨人一个与自己职责毫不相干的承诺——将比萨人从可恨的佛罗伦萨共和国统治者手中解放出来。然后，他继续率军向佛罗伦萨共和国挺进。季罗拉莫·萨沃纳罗拉曾给出忠告，查理八世要想获胜，必须表现出仁慈，特别是对待佛罗伦萨人。但查理八世漠视这一忠告。1494年11月17日，查理八世"耀武扬威"地进入佛罗伦萨共和国，就像一位征服者。除

查理八世进入佛罗伦萨

了威逼利诱,查理八世还提出更多过分的要求。首先,查理八世要求请回皮耶罗·德·美第奇,这一要求遭到拒绝。接着,查理八世坚持要把一名法兰西副官留在城里,并满足该副官的一切需求。法兰西人的专横激怒了佛罗伦萨人。当查理八世发出最后通牒并威胁动用武力强制执行时,尼科洛·卡波尼回答道:"好吧,你走你的阳关道,我过我的独木桥。"看到可能无法收场,查理八世便缓和了要求。佛罗伦萨同意在六个月内支付十二万弗罗林,并允许查理八世的两名代表留在佛罗伦萨,但不能召回美第奇家族的皮耶罗·德·美第奇。查理八世承诺战争结束时(1494年11月27日)归还皮耶罗·德·美第奇割让的城市。解决了与佛罗伦萨共和国的争端后,1494年12月2日,查理八世途经接受法兰西驻军的锡耶纳,随后向罗马进军。

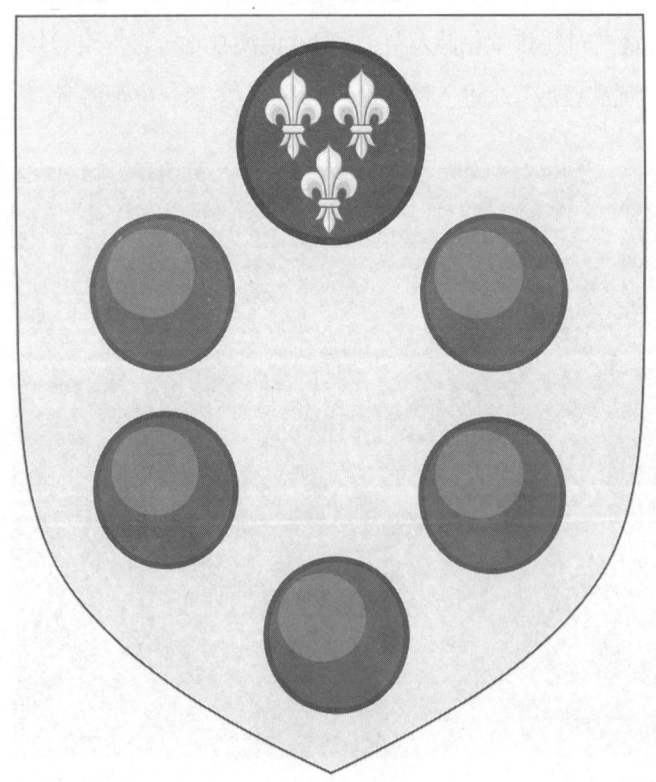

美第奇家族纹章

奥斯曼帝国苏丹巴耶塞特二世

教皇亚历山大六世已经尽了最大的努力维护那不勒斯王国。现在,他变得非常惊恐。亚历山大六世与奥斯曼帝国苏丹巴耶塞特二世联络过。作为回报,亚历山大六世提出协助巴耶塞特二世谋杀其弟杰姆。杰姆当时被亚历山大六世控制着。此事被曝光后,查理八世抓到了亚历山大六世的把柄。亚历山大六世的敌人呼吁召开大议会会议。奥斯蒂亚已经被法布里齐奥·科隆纳以德拉·诺维的名义占领(1494年9月18日)。德拉·诺维是亚历山大六世的宿敌。为了确保那不勒斯王储斐迪南和他的军队安全撤退,亚历山大六世决定和法兰西人达成协议,允许法兰西人进入罗马城,而自己则退到圣安吉洛。枢机主教德拉·诺维和卢多维科·斯弗扎敦促查理八世不要再让步，并召集大议会，试图废黜教皇，着手宗教改革。枢机主教布利科内特不希望出现任何纰漏从而危及自己得到枢机主教的帽子。查理八世绝非改革者，亚历山大六世的让步产生了效果，最后协议达成。教皇亚历山大六世同意交出奇维塔韦基亚、泰拉奇纳和斯波莱托，以便到战争结束时能确保自身安全。同时，教皇亚历山大六世赦免叛逆的枢机主教布利科内特，并交出杰姆。亚历山大六世还授予圣马洛主教一直垂涎的枢机主教的帽子，并责令自己的儿子，枢机主教恺撒·博尔吉亚作为人质跟随查理八世。查理八世刚一离开罗马前往南方，恺撒·博尔吉亚就

枢机主教恺撒·博尔吉亚

恺撒·博尔吉亚溜走

溜走了，同时杰姆也死了。杰姆的死亡很可能是自然原因造成的，但人们普遍认为是亚历山大六世毒死了他。恺撒·博尔吉亚的消失提醒查理八世不能相信教皇亚历山大六世的承诺。

法兰西人的成功让阿方索二世感到沮丧。阿方索二世知道，臣民们厌恶他，仇恨他。残忍的人一般都很懦弱，阿方索二世现在成了无以名状的恐怖的牺牲品。阿方索二世感到"眼前的石头和树木都似乎因法兰西的胜利而哭泣"，于是把王冠交给了儿子，然后逃到了西西里岛（1495年2月）。

阿方索二世的儿子斐迪南二世勇气可嘉。斐迪南二世在圣日耳曼诺加入军队。圣日耳曼诺的山口和加里利亚诺河有利于防守。但法兰西人在圣乔瓦尼山的野蛮行径使恐怖气氛在军队中扩散开来，于是军队退守卡普亚。那不勒斯爆发起义，斐迪南二世被臣民迎回。斐迪南二世发现将军吉安·贾科莫·特里乌尔齐奥已经和查理八世达成妥协。那不勒斯人再次觉醒。斐迪南二世宣称，他因父辈的罪孽而非自己的罪过饱受折磨。斐迪南二世承诺，如果因为法兰西人的野蛮行径，他的臣民希望自己回归，他将义无返顾。1495年2月21日，斐迪南二世启航前往西西里岛。1495年2月22日，查理八世进入那不勒斯王国。几个星期内，那不勒斯王国所有领土几乎都落入查理八世之手，除了布林迪西、巴里、奥特兰托、盖利博卢半岛、雷焦和几座要塞。

吉安·贾科莫·特里乌尔齐奥

查理八世进入那不勒斯王国

编年史家菲利普·德·科米纳曾说过:"查理八世的成功必须被认为是天意。"查理八世几乎没有刺出一根长矛,就横扫了意大利,赢得了一个王国,这似乎证明他夸下海口——领导一场讨伐土耳其人并光复君士坦丁堡的征程——即将实现。然而,胜利昙花一现,"命运突然改变了,就像当年在挪威那样"。法兰西人因成功而骄傲自大,同时"法兰西很少有人认为意大利人是有血性的"。然而,法兰西人的残忍和放肆使他们疏远了意大利人。查理八世没有采取任何措施来确保胜利,而是一味沉浸在征服者的欢乐中。法兰西人没有尽力去安抚那不勒斯贵族,所有的职务都授予了法兰西人,而且承诺的减税措施从未落实。

与此同时,北方正刮起一场风暴。卢多维科·斯弗扎早就后悔不该轻率地求助法兰西人,并且担心奥尔良的路易可能会对米兰公国提出主权要求。教皇亚历山大六世极度害怕最高宗教会议，希望出现一股势力抗衡卢多维科·斯弗扎。一开始，威尼斯人曾嘲笑查理八世远征意大利，现在则十分震惊。斐迪南二世已经向查理八世提出抗议，并开始担心查理八世袭击西西里岛。马克西米利安一世的地位受到瓦洛瓦家族的威胁。国与国之间的谈判已经在威尼斯进行了很长时间。对那不勒斯的占领使事态发展进入关键时刻。1495年3月31日，威尼斯联盟形成，表面上是保卫领土，并为对抗土耳其人而备战。史学家弗朗西斯科·圭恰迪尼则认为威尼斯联盟的实质是密谋将法兰西人赶出意大利，从而免受法兰西人的进一步入侵。然而，只有佛罗伦萨人拒绝与法兰西人断交，因为他们希望在法兰西人的帮助下重新夺回比萨。

弗朗西斯科·圭恰迪尼

蒙庞西耶伯爵吉尔伯特·德·波旁

查理八世以令人难以置信的愚蠢，一直拖延到1495年5月，仍无望获得教皇亚历山大六世的认可——那不勒斯归属法兰西王国了。随后，查理八世匆匆忙忙地从那不勒斯大主教手中接过王冠，开始撤退，当时法军只剩下不到一万人（1495年5月20日）。编年史家菲利普·德·康米尼曾说，蒙庞西耶伯爵吉尔伯特·德·波旁"是一个好士兵"，"但他缺乏头脑，而且懒散，直到中午才起床"。这样的人却被留下来当总督。史蒂芬·德·维尔，现在的诺拉公爵，被任命为加埃塔总督和财务总监。法兰西最好的勇士，斯图亚特·德·奥比尼被任命为卡拉布里亚总督。当查理八世逼近罗马时，亚历山大六世逃到了奥维多，接着又逃到佩鲁贾。到达托斯卡纳后，查理八世发现一切都很混乱。锡耶纳、卢卡和比萨形成了对抗佛罗伦萨共和国的联盟，并谋求法兰西王国帮助。在季罗拉莫·萨沃纳罗拉的建议下，佛罗伦萨共和国改革了政府，要求查理八世归还暂时割让给他的城市。查理八世没有做出决定，把问题留给谈判来解决，并在割让的城市保留法兰西军队。1495年6月23日，查理八世越过了亚平宁山脉。

法兰西人从意大利撤退时并不是没有遇到攻击。在意大利西海岸，法兰西王国舰队保护军队不受威尼斯舰队和西班牙舰队的攻击。但在陆地上，曼图亚侯爵弗朗西斯科二世·贡萨加率领的米兰军队和威尼斯军队在福尔诺沃与法军打了一场遭遇战。米兰军队和威尼斯军队在数量上和地利上都占优势，如

曼图亚侯爵弗朗西斯科二世·贡萨加

米兰军队和威尼斯军队在福尔诺沃与法军遭遇

果决心拼死一战,或许就会给法军致命一击。但意大利人并不急于打败法军,查理八世则自以为是地继续前进,先锋部队不断挺进。法军与卡亚佐伯爵率领的米兰军队遭遇,但米兰军队的进攻不太猛烈。根据史学家弗朗西斯科·圭恰迪尼的说法,出现这种情况,源于卢多维科·斯弗扎担心完胜可能会使自己受到威尼斯军队的控制,而威尼斯军队的人数远超米兰军队。同时,卢多维科·斯弗扎也担心法军惨败,自己可能会受到法兰西人的报复。于是,卢多维

米兰军队、威尼斯军队与法兰西军队交战

科·斯弗扎命令卡亚佐伯爵不要向法军猛攻。与此同时，法军中军和后方部队遭到极其猛烈的攻击，查理八世突然处于危险之中。然而，由于米兰军队和威尼斯军队军纪涣散，查理八世逃过一劫。米兰军队和威尼斯军队的许多士兵转而掠夺查理八世的营地，后备部队没有继续发起进攻。查理八世虽然失去了辎重，但没有丢掉威望，因而可以继续夺路而逃。

在阿斯蒂，查理八世被有关诺瓦拉的问题绊住了。1495年6月，奥尔良的路易占领了诺瓦拉，随后却被卢多维科·斯弗扎围困。走投无路之下，奥尔良的路易请求法军立即提供援助。查理八世坐等援军，按兵不动，同时寻欢作乐，毫不在乎。幸运的是，卢多维科·斯弗扎急于把法兰西人赶出意大利，于1495年10月与法军签订了《韦尔切利条约》。奥尔良的路易放弃了诺瓦拉。但卢多维科·斯弗扎背叛了威尼斯联盟，承诺法军可以畅行无阻，甚至承诺如果法军遭遇那不勒斯军队攻击，将给予帮助，尽管就目前情况而言，这是不太可能的。

查理八世撤离那不勒斯不久，征服意大利行动逐渐终止了。按照史学家弗朗西斯科·圭恰迪尼的观点，那不勒斯人是意大利最见异思迁、变化无常的民族。法兰西人的罪恶行径使那不勒斯人想起了自己的君主斐迪南二世说过的话。因此，1496年5月底，阿拉贡国王斐迪南二世派西班牙最杰出的将军贡萨洛·费尔南德斯·德哥多华率军协助那不勒斯国王斐迪南二世返回那不勒斯。那不勒斯国王斐迪南二世在塞米纳拉被斯图亚特·德·奥比尼击败，被赶到墨西拿。在墨西拿，那不勒斯国王斐迪南二世第二次进攻那不勒斯。墨西拿爆发了起义，城门被打开，蒙庞西耶伯爵吉尔伯特·德·波旁躲在城堡里避难（1496年7月7日）。不久，被迫撤离。以金钱作为交易，威尼斯人占领了莫诺波利、奥特兰托、布林迪西和特拉尼。蒙庞西耶伯爵吉尔伯特·德·波旁困兽犹斗了一段时间，希望得到法军增援。但查理八世沉浸在寻欢作乐之中，作为推定继承

塞米纳拉战役

人的奥尔良的路易拒绝离开法兰西，于是蒙庞西耶伯爵吉尔伯特·德·波旁投降了。在阿提拉（1496年7月21日），斯图亚特·德·奥比尼尽管发着高烧，但仍然坚守得稍久一点。但到1446年年底，法军全盘皆输。那不勒斯国王斐迪南二世于1496年9月驾崩，未能活着看到结局。斐迪南二世的叔叔那不勒斯的费德里戈很快接替了他。接下来的三年中，那不勒斯王国先后有五个国王登基。

在查理八世掠夺的领地中，唯一可以收复的是佛罗伦萨共和国割让给他的城市。在查理八世撤退时，这些城市本应归还，但为了能卷土重来，查理八世背信弃义，留下军队继续为所欲为。莱格霍恩在1496年9月被佛罗伦萨共和国收复，萨尔扎纳被卖给了热那亚人，皮埃特拉桑塔被卖给了卢卡，比萨城堡被卖给了比萨人。其中，比萨经过长期的争夺，直到1509年才被佛罗伦萨共和国收复，结果佛罗伦萨共和国财力耗尽，濒临崩溃。直到1513年美第奇家族复

那不勒斯的费德里戈

安布瓦斯城堡

辟，皮埃特拉桑塔才被收复，萨尔扎纳则一直没有被收复。因此，法兰西王国的盟友佛罗伦萨共和国遭受了最大的损失和痛苦。

查理八世在意大利远征后活了不到三年。查理八世总是幻想着重新攻占那不勒斯，过分地陶醉于自己的军队能所向披靡的幻想中。据编年史家菲利普·德·科米纳记载，在查理八世生命的最后几个月里，他下决心过一种更严谨、更虔诚的生活，这预示着死亡离他不远了。住在安布瓦斯城堡，一座由那不勒斯艺术家装饰过的城堡，查理八世的头撞到了一扇门楣。1498年4月，二十七岁的查理八世死于中风。

查理八世虽然身强体壮，但内心龌龊。在虚幻的侠义思想的鼓舞下，查理八世成为恣意妄为的牺牲品。奇怪的是，查理八世竟在历史上发挥了比较重要的作用。然而，战争给意大利造成的浩劫，对法兰西王国利益灾难性的破坏，的确是和查理八世的名字联系在一起的。查理八世的孩子们都在婴儿时期夭折，王位顺其自然地传给了他的姐夫，时年三十六岁的奥尔良公爵路易。

第2节　季罗拉莫·萨沃纳罗拉和佛罗伦萨

查理八世驾崩后一个月，季罗拉莫·萨沃纳罗拉修士因散布许多有关意大利远征的秘闻而成了对手的牺牲品。

1452年，季罗拉莫·萨沃纳罗拉修士，这位非同凡响的人物，出生于费拉拉，凭借在传教中的影响力和热情而远负盛名。1491年，季罗拉莫·萨沃纳罗拉被选为佛罗伦萨圣马可的多明我会修道院院长。洛伦佐·德·美第奇尽管对于此事采取了独立的立场，但并没有表现出任何不满，甚至在临终时还把季罗拉莫·萨沃纳罗拉修士叫到床边，请他做祈祷①。然而，总体而言，如果不是因为查理八世的远征，季罗拉莫·萨沃纳罗拉将只是一个伟大的宗教复兴运动的传教士而已。季罗拉莫·萨沃纳罗拉布道的永恒主题是上帝应该严斥意大利，狠狠地惩罚它，并用烈火来净化它的罪孽。法兰西王国的入侵和查理八世的迅速成功被看作是他预言的实现。季罗拉莫·萨沃纳罗拉一举成为佛罗伦萨的知名人士。

在推翻美第奇家族的过程中，季罗拉莫·萨沃纳罗拉并没有积极参与。然而，在1494年11月1日皮耶罗·德·美第奇的逃亡中，季罗拉莫·萨沃纳罗拉卷入了政治旋涡。受季罗拉莫·萨沃纳罗拉在多姆大教堂布道的强力支持，在他的指导下，"大众党"得以提出并实施宪法改革。根据1494年12月23日颁布的法令，政府将实施下列措施：

一个常设的"大议会"将由所有合格的"公民"——所有年满

---

① 历史对该事件描述的真实性问题参见克赖顿的《教宗》附录7。——原注

季罗拉莫·萨沃纳罗拉布道

三十岁的公民——组成。这些公民的父亲、祖父或曾祖父需要曾经当选过共和国的高级官员。大议会大约有三千人,将从中选出"参议院"议员,议员任期六个月。"参议院"与"大议会"一起组成佛罗伦萨共和国的立法机构。此外,"大议会"还将选出候选人名单,从中提名重要的"领主"和地方官员,并审理刑事案件的上诉。"领主"仍将按惯例由行政长官和八名最高执政官组成,每两个月选一次,而掌管外交事务的"自由与和平十人团"的任期为六个月。

至少有七千名公民被剥夺了选举权,因此这个宪法几乎不能称为"民主宪法"。与他那个时代的大多数改革者一样,季罗拉莫·萨沃纳罗拉钦佩威尼斯的稳定,想通过建立一个威尼斯式的封闭的、永久性的选举和立法机构以及"大议会"来确保城市的安全。然而,这个政府更拘泥于旧制度,这个城市只是名义上的共和国,实质上已经落入家族和利益集团的控制。

季罗拉莫·萨沃纳罗拉对变革并不满意。在布道坛上他坚持将道德改革作为真正自由的必要基础,并要求大赦,以降低政党冲突的危险。从政后,季罗拉莫·萨沃纳罗拉曾声明自己行事有违内心的意愿。在1494年12月21日的布道中,季罗拉莫·萨沃纳罗拉曾恳求上帝不要干涉政府,并将一如既往地致力于建立一个圣洁的城市,一个崇尚美德、视基督为主人的城市。

季罗拉莫·萨沃纳罗拉是真诚的,对此我们可以坚信。尽管如此,对政治的干涉是一个致命的错误。至此,季罗拉莫·萨沃纳罗拉与政党便有了密切的联系,需要对政党犯的错误承担责任,并依赖政党的成功,这就削弱了他作为改革者的地位,而追随者们从此不得不把所有不喜欢他进行道德改革的人都视作敌人。因此,这招来了危险的反对者。比吉,也叫"灰党",致力于恢复美第奇家族的统治;阿拉比亚蒂,也叫"愤激派",在排挤美第奇家族的同时,反对修改宪法;康帕格纳奇,也叫"无良派",不喜欢传教士干扰快乐的私生活。这三个群体,尽管最初目标不同,但最终团结在一起,共同反对皮亚格诺尼,也叫"痛哭派"，即修士的追随者。如果季罗拉莫·萨沃纳罗拉对城市政治的干预削弱了自己在佛罗伦萨共和国的地位，其他政党的主张就会招致域外政客的敌视。重新获得比萨的愿望在佛罗伦萨共和国是压倒一切的。为了达到这个目的，佛罗伦萨人没有什么不愿意忍受。佛罗伦萨人拒绝加入威尼斯同盟，希望能从查理八世手中夺回比萨。这些希望本来已经破灭。然而，由弗朗西斯科·瓦洛里为首的季罗拉莫·萨沃纳罗拉的追随者们，仍然梦想着查理八世将再次进入意大利，并最终兑现他的承诺。这些期望得到季罗拉莫·萨沃纳罗拉的支持。季罗拉莫·萨沃纳罗拉宣称意大利必须遭受很大的苦难，而佛罗伦萨在经历许多苦难后最终将被上帝拯救。佛罗伦萨人拒绝加入威尼斯同盟，并将卢多维科·斯弗扎、马克西米利安一世、威尼斯人和教皇统统视作敌人。卢多维科·斯弗扎、马克西米利安一世和威尼斯人先后用武力支持比萨人。1496年10月，马克西米利安一世亲自远征意大利。但相互忌妒阻止了联合行动的实施，马克西米利安一世的远征以惨败告终。

教皇亚历山大六世的反对被证明后果更加严重。亚历山大六世不关心改革者对时代罪恶的谴责，但对不能容忍的政治大加干涉。1495年9月，教皇亚历山大六世暂停了季罗拉莫·萨沃纳罗拉的布道。季罗拉莫·萨沃纳罗拉起初服从了，随后保持沉默。1496年大斋节中，由季罗拉莫·萨沃纳罗拉的追随者组成的"领主"责令季罗拉莫·萨沃纳罗拉继续讲道，季罗拉莫·萨沃纳罗拉表示同意。1496年的狂欢节上，"痛哭派"的热情在宗教游行中爆发。孩子们成群结对地穿越街道，手里拿着橄榄枝，不断吟唱着赞美诗。此时拒绝听从教皇命令的季罗拉莫·萨沃纳罗拉义正词严地宣布，教皇的禁令不应妨碍他尽职布道。这些禁令如果违背福音中提到的爱的法则，就必须受到批评，因为"一个错误的教皇不能代表教会"，而季罗拉莫·萨沃纳罗拉声称自己是上帝忠诚的儿子。这种公然冒犯并没有立即激起亚历山大六世的反击。相反，亚历山大六世试图用献祭枢机主教帽子来收买季罗拉莫·萨沃纳罗拉。季罗拉莫·萨沃纳罗拉轻蔑地拒绝了教皇的好意，教皇被迫采取进一步行动。

应季罗拉莫·萨沃纳罗拉的要求，多明我会教团的托斯卡纳教会已与伦巴第教会分离。教团分离使季罗拉莫·萨沃纳罗拉拥有特殊的独立性，这招致许多教团的嫉妒。亚历山大六世将圣马可修道院与一个新成立的托斯卡纳—罗马教会合并起来（1496年11月7日）。这一做法显然是在教皇的职权范围内，同时在整个教会组织中也很普遍。教皇亚历山大六世希望通过自己"兄弟会"的优势来攻击季罗拉莫·萨沃纳罗拉。然而，季罗拉莫·萨沃纳罗拉拒绝服从，并得到了二百五十名圣马可教会会友的支持。接下来是1497年的狂欢节。在狂欢节上，"痛哭派"的热情达到了顶峰。孩子们将挨家挨户地乞求得来的"虚荣品"[①]、小装饰品、不起眼的书、图画、艺术品都交了出来，杂乱地堆放在广场上，然后被扔进篝火，付之一炬。这些过激行为和其他过分举动，不可否认地令许多人厌恶，使季罗拉莫·萨沃纳罗拉树敌更多。各种对季罗拉莫·萨沃纳罗拉的反击在下列事件中初见端倪：1497年3月，伯纳多·德尔·尼禄，美第奇家族秘密的追随者，被选举为"旗手"；1497年4月，皮耶罗·德·美第奇试图收复佛罗伦萨，但没有成功；1497年5月4日，耶稣升天节那天，"无良派"准备在季罗拉莫·萨沃纳罗拉进行布道时，在多姆大教堂举行暴动。

或许得知季罗拉莫·萨沃纳罗拉正在失去阵地，教皇亚历山大六世决定马上采取反击行动。教皇亚历山大六世在向佛罗伦萨人发出了徒劳的呼吁后承诺，佛罗伦萨人如果愿意加入威尼斯同盟，就可能重新获得比萨。当然，佛罗伦萨人对教皇亚历山大六世的承诺表现出谨慎的不信任。同时，教皇亚历山大六世还宣称，佛罗伦萨人已被喋喋不休的季罗拉莫·萨沃纳罗拉的预言所误导，并于1497年5月，将季罗拉莫·萨沃纳罗拉逐出教会。同时，"领主"曾试图通过禁止季罗拉莫·萨沃纳罗拉和他的对手传教布道来平息佛罗伦萨人激烈的情绪，事态曾一度缓和下来。

然而，1497年7月的选举再次使"痛哭派"在"领主"中获得多数席位。

---

① 包括舞会面具、华丽的衣裳、纸牌等。——译者注

1498年8月，佛罗伦萨惊闻五名担任主要公职的市民被指控在1497年4月与美第奇家族串通一气，阴谋重新掌权。在定罪时，五名嫌犯拒绝向大议会上诉，这一做法违背了新宪法的明文规定，终被处决。这些被判死刑的人属于季罗拉莫·萨沃纳罗拉的反对者，其中一些人，特别是伯纳多·德尔·尼禄，新近担任了公职。在一段时间内，处决极大地加强了季罗拉莫·萨沃纳罗拉的地位。从这一天开始到随后的1497年3月，"领主"中处处是"痛哭派"的身影。

圣诞节那天，季罗拉莫·萨沃纳罗拉在圣马可修道院举行弥撒庆典。狂欢节上又烧了一大堆"虚荣品"。"领主"邀请季罗拉莫·萨沃纳罗拉继续布道。季罗拉莫·萨沃纳罗拉手拿圣饼，登上大教堂的讲坛，对上帝疾呼：如果他理应被驱逐，就把他打死。并且宣称，如果神统治的世界不需要他，他宁为玉碎不为瓦全。

但季罗拉莫·萨沃纳罗拉最终误判了自己的力量。宗教热情明显会死灰复燃，现在的佛罗伦萨就是如此。季罗拉莫·萨沃纳罗拉的追随者和他本人的过激行为使敌人越来越多。许多原本对季罗拉莫·萨沃纳罗拉有好感的人都对他公然藐视教皇的做法感到震惊，并对他在被逐出教会的情况下主持奉呈圣礼①而惊慌失措。由季罗拉莫·萨沃纳罗拉的老对手马里亚诺·德·热纳扎诺领导的方济会教团十分忌妒多明我会的人。现在方济会教团的攻击变本加厉。甚至圣马可修道院以外的大多数多明我会的人也宣布反对季罗拉莫·萨沃纳罗拉。季罗拉莫·萨沃纳罗拉的敌人很快就利用了这些反击。1498年3月，"领主"中季罗拉莫·萨沃纳罗拉的追随者只剩下三名，尽管如此，许多已经当选六个月的十人团成员仍然支持季罗拉莫·萨沃纳罗拉。当教皇亚历山大六世威胁，除非季罗拉莫·萨沃纳罗拉停止布道，并到罗马寻求赦免，否则就要阻止佛罗伦萨的圣事活动时，政府采取了中间路线。政府说服季罗拉莫·萨沃纳罗拉停止布道，但不强迫他去罗马。

---

① 奉呈圣礼是天主教传统宗教仪式，包括洗礼、领圣餐等。——译者注

教皇亚历山大六世现在是否会住手尚不可知，季罗拉莫·萨沃纳罗拉则已经开始向大议会申诉。据说，查理八世可能支持季罗拉莫·萨沃纳罗拉的呼吁。季罗拉莫·萨沃纳罗拉的反对者，尤其是圣十字区方济会的反对者们，迫不及待地等着季罗拉莫·萨沃纳罗拉的毁灭。不管怎样，致命的火烧形式的神明裁判激化了这场危机。这种形式的神明裁判，无论是不是方济会成员最先提出，他们都迫不及待地着手准备。方济会的弗朗西斯科·达·普利亚说："我相信我是凡夫俗子，会被烧死。我准备牺牲肉体以解放芸芸众生。如果火烧不死季罗拉莫·萨沃纳罗拉，你可以认为他是一个真正的先知圣人，受到神灵的眷顾。"

季罗拉莫·萨沃纳罗拉本人拒绝冒险玩命，但他最忠实的支持者多米尼克·拉·帕奇亚修士则宣布，愿意为季罗拉莫·萨沃纳罗拉赴汤蹈火。季罗拉

弗朗西斯科·达·普利亚

莫·萨沃纳罗拉几乎无法拒绝。经过多次辩论，"领主"只好同意。1498年4月7日，情绪激动的民众聚集在广场上来见证这场火烧形式的神明裁判。人们质疑，双方是否真的会尝试火烧形式的神明裁判。方济会因害怕季罗拉莫·萨沃纳罗拉的魔法，提出异议。方济会成员首先要求多米尼克·拉·帕奇亚修士脱下长袍和法衣，不能佩戴十字架，最后还要求"不应该把圣饼带到火里去"。季罗拉莫·萨沃纳罗拉拒绝服从。与此同时，时间在慢慢流逝，天开始下雨，最后"领主"推迟了神明裁判。民众非常失望。1498年4月8日，"无良派"抓住机会袭击了圣马可修道院。弗朗西斯科·瓦洛里，季罗拉莫·萨沃纳罗拉最坚定的支持者，曾经担任过佛罗伦萨的行政长官，和其他人一起被杀害。"兄弟会"一直牢牢地控制着圣马可修道院，直到"领主"进行干预，并逮捕了季罗拉莫·萨沃纳罗拉和他的两名主要支持者——多米尼克·拉·帕奇亚修士和西尔韦斯特罗修士。

　　教皇亚历山大六世现在要求佛罗伦萨把季罗拉莫·萨沃纳罗拉交给他审判。经过多次协商，大家一致认为教皇亚历山大六世应该派两名代表对季罗拉莫·萨沃纳罗拉犯下的亵渎神灵罪行进行审判，而佛罗伦萨的代表则负责判决季罗拉莫·萨沃纳罗拉对这座城市犯下的罪行。同时，教皇亚历山大六世还向佛罗伦萨赠予了十分之三的教会税收。一名"痛哭派"成员说："三乘十等于三十。他们出卖了我们的主人，就像出卖了基督一样，卖了三十块银子。"与此同时，季罗拉莫·萨沃纳罗拉受到严刑折磨，据说他供认自己不是真正的先知。但众所周知，严刑逼供下的供词是不可信的，并且有充分的理由相信，季罗拉莫·萨沃纳罗拉的供词是伪造的。敌人决心除掉季罗拉莫·萨沃纳罗拉，以确保最后的胜利，并通过1498年5月的选举，让对季罗拉莫·萨沃纳罗拉修士怀有敌意的人当"领主"。两百名"痛哭派"成员被排挤出大议会，同时"愤激派"控制了"领主"。季罗拉莫·萨沃纳罗拉和他的两名追随者被教皇派去的代表认定为异端，并被佛罗伦萨代表判定为叛国。1498年5月23日，季罗拉莫·萨沃纳罗拉和他的两名追随者像烈士一样，以不屈不挠的精神走向了死亡。

逮捕季罗拉莫·萨沃纳罗拉

审判季罗拉莫·萨沃纳罗拉

同时代的人对季罗拉莫·萨沃纳罗拉的评价分歧很大，而且争论激烈。后来，一位教皇说道："入天堂时，我最想知道的是季罗拉莫·萨沃纳罗拉是一个正直的人还是一个邪恶的人。"那些把季罗拉莫·萨沃纳罗拉斥为伪君子、假装相信神的指引、用预言的方式以求达到自己目的的人，肯定不知道宗教领袖具有的潜移默化的影响，也无法了解那些深信世界神圣法则的人。那些轻描淡写地将季罗拉莫·萨沃纳罗拉斥为狂热者的人，从来没有感受过罪恶的灼热耻辱对改革者灵魂的吞噬。人们相信上帝赋予季罗拉莫·萨沃纳罗拉一项使命，并由他代表上帝发出警示号角。季罗拉莫·萨沃纳罗拉被一些过激行为诱惑，成了脆弱人性的牺牲品。

如上所述，季罗拉莫·萨沃纳罗拉真正的错误在于涉足政坛。如果把自己局限于道德改革，季罗拉莫·萨沃纳罗拉或许就不会身处那么高的地位，也就不会深陷各种矛盾中无法脱身，以至结局如此之惨。传教士的职务和政治家的职责是水火不相容的。一旦把个人命运与一个政党的命运联系在一起，除了完全的霸权，什么也不能使季罗拉莫·萨沃纳罗拉免于灾难。至于其他方面，季罗拉莫·萨沃纳罗拉所作所为不应与后来的宗教改革混为一谈。季罗拉莫·萨沃纳罗拉没有想过脱离教会，也没有想过批判教会的教条。季罗拉莫·萨沃纳罗拉的思想还停留在中世纪。季罗拉莫·萨沃纳罗拉属于那些伟大的改革者的行列，就像阿西西的圣弗朗西斯一样，想努力使人类的生活与当时所理解的基督教教义更加和谐，对所接受的训诫也没有提出异议。季罗拉莫·萨沃纳罗拉站出来反对无神论异教精神对文艺复兴运动的破坏，谴责道德败坏。然而，正是这种道德败坏使意大利遭受灭顶之灾。

第3节　路易十二及米兰和那不勒斯的战争

路易十二登基时颇受欢迎。早年路易十二因领导过反对博热的法兰西的斗争而受到监禁，后来一直是国王查理八世忠实的支持者。年轻时，路易十二曾放荡不羁，贪图享乐。现在的路易十二，在保持慷慨和骑士风度的同时，变得非常严肃认真。路易十二登基时宣称："国王查理八世不会记住他作为公爵时所遭受的不公。"路易十二对法兰西的安妮及其丈夫彼得二世表现出宽容，尽管曾经强烈地反对过他们。当法兰西的安妮的独生女苏珊娜·德·波旁和年轻的蒙庞西耶伯爵查尔斯·德·波旁结婚时，路易十二并未按路易十一的法令行事。路易十一的法令规定，如果波旁家族没有男性后裔，领地将归国王所有。路易十二的豪爽推迟了最后一块重要的贵族领地并入法兰西王国。

蒙庞西耶伯爵查尔斯·德·波旁

路易十二登基后，从一开始就采取了几项得力措施：减少"人头税"[①]；禁止买官卖官；制止地方行政官员的贪腐行为。普罗旺斯和诺曼底被允许设立地方议会和司法法院，以平衡巴黎议会，从而削弱巴黎大学在司法权问题上的过度特权。一些人认为，一方面法兰西的琼无法生育，另一方面布列塔尼公国威胁再次脱离法兰西王国，所以政治利益可能促使路易十二找到合法理由，与第

路易十二

[①] "人头税"包括征收的土地税和收入税。它最初是1439年由奥尔良公国强制实行的。贵族、神职人员、各级官员和其他王室官员的"人头税"都被豁免。因此，它完全强加给了下层阶级。——译者注

法兰西的琼

一任妻子——路易十一的女儿法兰西的琼——离婚，并与查理八世的遗孀布列塔尼的安妮结婚。然而，在与教皇有关离婚的谈判中，路易十二显得很小气。同时，布列塔尼的安妮坚持布列塔尼公国不应并入法兰西，从而导致了更多的麻烦。幸亏昂古莱姆的弗朗索瓦，即后来的法王弗朗索瓦一世，与法兰西的克劳德①喜结良缘，从而用婚姻消除了麻烦。总之，如果路易十二不是野心勃勃地

---

① 法兰西的克劳德是法王路易十二与布列塔尼的安妮的长女。布列塔尼的安妮坚决反对布列塔尼公国并入法兰西王国。1514年5月18日，法兰西的克劳德与堂兄昂古莱姆的弗朗索瓦结婚，从而解决了布列塔尼公国的归属问题。——译者注

追随查理八世的脚步去征服意大利,他的国内政策可能会证明他配得上"人民之父"的称号。马克西米利安一世试图重新夺回勃艮第和佛兰德斯以东的土地,声称这些土地是留给儿子腓力大公的遗产。面对这种威胁,路易十二需加强防御,并致力于把弗朗什-孔泰并入法兰西。但这些都不能满足路易十二崇尚武力的骑士精神。路易十二的双眼,就像查理八世的双眼一样,被意大利美丽的天空和平原迷住了,只有意大利才能满足他的野心。于是,米兰而非那不勒斯,成了路易十二进攻的第一个目标。

腓力大公

查理八世对意大利的入侵，本应让意大利人意识到团结的重要，但事实并非如此。即使在威尼斯同盟内部，意大利政客们也是各自心怀鬼胎。一旦共同的危险消失，他们又相互为敌，最终导致威尼斯联盟分裂。

季罗拉莫·萨沃纳罗拉"已经成为教皇亚历山大六世的牺牲品，因为佛罗伦萨不愿加入联盟"。然而，季罗拉莫·萨沃纳罗拉一死，教皇亚历山大六世自己也抛弃了威尼斯联盟。亚历山大六世担任教皇的主要目的是加强教皇的世俗统治。亚历山大六世追随教皇西克斯图斯四世的脚步，希望通过增强家族的实力实现自己的最终目标。亚历山大六世的长子，甘迪亚公爵乔瓦尼·博尔吉亚，第一个成为他实现目标的工具。亚历山大六世想方设法地让儿

甘迪亚公爵乔瓦尼·博尔吉亚

子成为圣彼得教会遗产的主人，借口奥尔西尼家族支持查理八世，打压奥尔西尼家族的势力，但奥尔西尼家族的势力太强，教皇亚历山大六世的企图失败。1497年6月，甘迪亚公爵乔瓦尼·博尔吉亚被谋杀，教皇亚历山大六世的希望暂时破灭。然而，教皇亚历山大六世并不甘心失败。很快，教皇亚历山大六世继续谋划，推出了三儿子，臭名昭著的恺撒·博尔吉亚。不幸的是，恺撒·博尔吉亚既是天主教会的执事，又是枢机主教。1498年8月，亚历山大六世以"拯救他的灵魂"为借口，解除了恺撒·博尔吉亚的神职。消除了这一主要障碍之后，教皇亚历山大六世起初打算让儿子与那不勒斯的费德里戈的女儿那不勒斯的夏洛特结婚。这样一来，恺撒·博尔吉亚也许有一天就能获得那不勒斯王国的王位。那不勒斯的费德里戈拒绝了这门婚事。教皇亚历山大六世计谋失败，于是转而求助法兰西王国。由于教皇亚历山大六世批准了路易十二和第一任妻子法兰西的安妮的离婚，并给路易十二的首席顾问安布瓦斯的乔治一顶枢机主教的帽子，作为回报，路易十二把瓦伦蒂诺和迪瓦给了恺撒·博尔吉亚并授予他公爵头衔。1499年5月，路易十二让恺撒·博尔吉亚与他漂亮的侄女阿尔布雷特的夏洛特牵手，并许诺协助恺撒·博尔吉亚夺取罗马涅。于是，教皇亚历山大六世脱离了威尼斯联盟。

威尼斯共和国和卢多维科·斯弗扎之间的关系从来都不是真心实意的。在福诺沃战役中，卢多维科·斯弗扎耍了手腕，造了假，命令军队不要把法兰西军队逼得太紧。此后不久，卢多维科·斯弗扎与威尼斯共和国争夺比萨的战争进一步加剧了不和。由于不满佛罗伦萨共和国拒绝加入威尼斯联盟，卢多维科·斯弗扎和威尼斯共和国便都支持比萨争取独立的斗争，但双方很快又产生了吞并比萨的野心。由于卢多维科·斯弗扎和威尼斯共和国都无法独自吞并比萨，一场争吵便在所难免。一开始，卢多维科·斯弗扎呼吁马克西米利安一世攻占比萨，以便最终能从马克西米利安一世手中夺取比萨。1496年10月，马克西米利安一世远征失败后，卢多维科·斯弗扎又希望比萨落入威尼斯共和国之手，便放弃了对比萨的野心，转而用人力和金钱来帮助佛罗伦萨人（1498年5

教皇亚历山大六世、恺撒·博尔吉亚见证
甘迪亚公爵乔瓦尼·博尔吉亚的尸体被运到梵蒂冈

月)。威尼斯共和国因此很乐意接受路易十二的提议。在1499年2月的《布洛瓦条约》中,威尼斯共和国同意用武力支持路易十二对米兰公国的主权声索。路易十二承诺让出克雷莫纳与阿达河右岸的盖亚拉德阿达,作为回赠威尼斯人的礼物。

就这样,路易十二成功地破坏了威尼斯联盟,卢多维科·斯弗扎也失去了盟友。阿拉贡国王斐迪南二世一心想独霸那不勒斯,无心干涉伦巴第的事务。那不勒斯的费德里戈正在为保住王位而斗争,他战战兢兢,不可终日,无法向卢多维科·斯弗扎提供援助。而此时的马克西米利安一世正与瑞士人作战,并在有关帝国宪法的问题上与帝国议会不和,所以也无力提供任何帮助。绝望中,卢多维科·斯弗扎设法煽动土耳其人,于是奥斯曼帝国苏丹巴耶塞特二世派军在弗留利攻打威尼斯人的领地,但这一行动非但没有给卢多维科·斯弗扎带来实质性的帮助,反倒进一步激怒了对手。

1499年8月,法军越过阿尔卑斯山脉。军队由三位令人敬畏的人物指挥。第一位是伦巴德·特里乌尔齐奥,他离开了那不勒斯国王阿方索二世,并将法兰西王国视为祖国。卢多维科·斯弗扎认为伦巴德·特里乌尔齐奥很危险,曾说:"一抓到他就要吊死他。"第二位是斯图亚特·德·奥比尼,他在那不勒斯战役中威震四方。第三位是利尼伯爵卢森堡的路易。他是舍瓦利耶·巴亚德的资助人,在即将到来的战役中,利尼伯爵卢森堡的路易的英勇表现提醒着人们,中世纪并没有远去。萨伏依公爵菲利伯特二世允许这三人畅通无阻地通过皮埃德蒙。根据与路易十二签订的一项协议,一支由各州派遣的、由五千名瑞士人组成的特遣部队在阿斯蒂加入了法军。进军米兰几乎没有遇到抵抗。卢多维科·斯弗扎设防的安诺纳,固守了一阵子,但第二天终被攻破,驻军遭到屠杀。驻守米兰的将士们担心自己的命运,被伦巴德·特里乌尔齐奥收买,便打开了城门。在亚历山德里亚,加利亚斯·德·圣塞韦里诺率领的从米兰撤退的部队向法军投降。加利亚斯·德·圣塞韦里诺可能接受了法军的贿赂。但部队还是遭到残酷的掠杀,法军趁机渡过了波河。

萨伏依公爵菲利伯特二世

与此同时,威尼斯人经被占领的卡拉瓦乔以东向洛迪进发。卢多维科·斯弗扎现在意识到了自己的失败。在米兰的一场暴乱中,有人提醒卢多维科·斯弗扎米兰不安全。卢多维科·斯弗扎便把两个儿子和金银财宝都送到神圣罗马帝国,把物质储备扔进了米兰的城堡,然后逃往因斯布鲁克寻求马克西米利安一世的庇护(1499年9月2日)。

卢多维科·斯弗扎走了,米兰的市民们赶紧把城门的钥匙送给了法军。1499年9月14日,米兰投降。热那亚跟着投降。不到一个月,法兰西人和威尼斯人发现自己不费一枪一弹便成了米兰的主人,但他们不可能轻而易举地巩固胜利成果。法军来势凶猛,就像查理八世对那不勒斯的征服一样,说明意大利不堪一击。士兵的背叛和懦弱是意大利诸多雇佣战争恶果的传统翻版。军队旦离开，市民们即使抵抗，也是孤军奋战，难御外敌。何况市民们根本不愿意抵抗。他们既缺乏爱国主义精神，也缺乏忠诚。他们害怕法军的报复，轻信法兰西人会建立一个温和的政府，并减轻赋税。

路易十二的确试图实现上述诺言，但人们对他期望过高。选择伦巴德·特里乌尔齐奥担任米兰的执政官也是无奈之举。作为伦巴第人，伦巴德·特里乌尔齐奥拉帮结派，严重疏远了下层阶级。法兰西人的骄傲慢很快就失去了意大利人的拥戴。

几个月的磨难就足以使意大利人觉醒，1500年2月，当卢多维科·斯弗扎带着在北部集结的全部军队返回意大利时，法军被迫撤离米兰，很快交出了占领的土地。

局势似乎完全失控了。1500年4月，法兰西王国派来的增援部队再次向诺瓦拉要塞挺进。这座要塞和米兰的城堡一起苦苦支撑着。卢多维科·斯弗扎的杂牌军队似乎由来自弗朗什-孔泰、瑞士、阿尔巴尼亚和伦巴第的雇佣兵组成，无论如何都难以指望他们会打胜仗。德意志人和瑞士人的背信弃义，使战争胜算的概率无法预料。瑞士人借口不能和在法军中服役的同胞作战而离开。而德意志人唯一能找到的借口就是酬劳被拖欠。法军允许瑞士人和德意志人撤退，这群"猪队友"甚至没有为米兰盟军和卢多维科·斯弗扎说情。因此，当米兰军队试图撤退时，被法军阻截。在被俘的瑞士人中，伪装成修士的卢多维科·斯弗扎被发现。1500年4月17日，法军重新进入米兰。现在，米兰这个富有的公国已经是威尼斯人的了。除了阿达河以东的一小块国土，米兰公国都落到了威尼斯人手中。贝林佐纳周边地区则被瑞士人花钱从路易十二那里买了过来。至今，贝林佐纳仍在瑞士人手中。

斯弗扎家族因卢多维科·斯弗扎遭受的致命打击而极端痛苦。卢多维科·斯弗扎先是把法兰西人引入意大利，后来又背信弃义。1508年，自命不凡、自吹自擂的卢多维科·斯弗扎在都兰的洛什的地牢里了此一生。卢多维科·斯弗扎的两个堂弟，阿斯卡尼奥·斯弗扎主教和弗朗西斯科·斯弗扎——不幸

远征意大利期间的路易十二

的吉安·加莱亚佐·斯弗扎之子,也落入了法兰西军队之手。阿斯卡尼奥·斯弗扎主教1503年获释,1505年死亡。弗朗西斯科·斯弗扎被迫当了修士,1511年去世。斯弗扎家族仅存的男性只剩下卢多维科·斯弗扎的两个儿子马克西米利安·斯弗扎和弗朗西斯科·玛利亚·斯弗扎。此后过了一段时间他们才重新获得公爵领地①。

卢多维科·斯弗扎势力的崩溃表明,雇佣军的战斗力不强并且不可信任。雇佣军没有信仰,甚至公开接受贿赂,看准时机随时准备逃跑。

阿斯卡尼奥·斯弗扎主教

---

① 吉安·加莱亚佐·斯弗扎另外三个儿子也被俘,都死在狱中,其中有两个是私生子。——译者注

弗朗西斯科·玛利亚·斯弗扎

此外,威尼斯共和国的政策也是如此。威尼斯人不该第二次引入法军。这是目光短浅的行为,是应受谴责的。威尼斯人牵强附会地找借口,说什么担心野心勃勃的阴谋家卢多维科·斯弗扎。但卢多维科·斯弗扎毕竟没有法军那样咄咄逼人,正如史学家尼可罗·马基雅维利明察的那样:"威尼斯人一心想赢得伦巴第的两个地区,却帮了路易十二的忙,让他成为拥有意大利三分之二领土的主人。"

路易十二一征服米兰,就急忙准备进攻那不勒斯,唯一可能令人惧怕的对手是斐迪南二世。早在查理八世撤退后,阿拉贡国王斐迪南二世就收复了失地。如果阿拉贡家族里非嫡系分支被排挤、驱逐,阿拉贡国王斐迪南二世很有可能会提出自己的主权要求。阿拉贡国王斐迪南二世的特使对路易十二说："就那不勒斯问题,你要和我们如何达成协议呢?能否参照你和威尼斯人就米兰问题达成的协议呢?"路易十二对该提议表示欢迎。1500年11月,阿拉贡国王斐迪南二世与路易十二秘密签署了《格拉纳达条约》。条约的无耻借口是那不勒斯国王那不勒斯的费德里戈曾与土耳其人结盟。在谴责基督教王公贵族面对土耳其人的无能之后,《格拉纳达条约》序言称"除了法兰西国王和阿拉贡国王,其他王公贵族都不能拥有那不勒斯王位。由于那不勒斯国王那不勒斯的费德里戈,土耳其人已经威胁到了基督教世界。为了把基督教世界从这一危险中拯救出来,为了维持和平,法兰西王国和阿拉贡王国同意妥协,并一起瓜分那不勒斯王国。"那不勒斯王国北方各省,包括阿布鲁齐和拉沃罗,划归路易十二。那不勒斯王国南方的的卡拉布里亚和阿普利亚,则划归阿拉贡国王斐迪南二世。那不勒斯被土耳其人夺走的危险的确存在。土耳其人不仅在1499年秋掠夺了弗留利,而且在萨皮恩扎附近击败了威尼斯舰队,并在摩里亚半岛

萨皮恩扎战役

波希米亚国王兼匈牙利国王拉迪斯拉斯

占领了莫登和纳瓦里诺。1500年春,路易十二与波希米亚国王兼匈牙利国王拉迪斯拉斯及波兰国王齐格蒙特一世一起签订条约。1500年9月,斐迪南二世派舰队协助威尼斯人围攻塞法罗尼亚的圣乔治;1501年,法军对米提利尼发起进攻。这一系列事件都说明,十字军远征的呼声不只是借口。甚至还有一种可能,只要从北方征服了意大利,就能使意大利免受土耳其人占领的威胁,奥斯曼帝国苏丹的扩张或许会受到欧洲联军的更有力的抵抗。事态的发展显示,征服的欲望是结盟的主要动机。

《格拉纳达条约》"在欧洲政治史上第一次公开主张王朝扩张,是第一份将各国人民作为家族财产附属物从一个政权移交给另一个政权的分治条约。"《格拉纳达条约》不仅是犯罪行径,而且是路易十二致命的失策。史学家尼可罗·马基雅维利曾指出,"法兰西人不擅长处理国家事务。路易十二从前是意大利唯一的仲裁者,现在他引来了一位合伙人。路易十二本来可以让那不勒斯国王成为自己的跟班,却让西班牙人取而代之,而后者反倒成了路易十二的主人。"《格拉纳达条约》起初是保密的,那不勒斯国王那不勒斯的费德里戈仍然希望能得到阿拉贡国王斐迪南二世的帮助。然而,1501年6月,当法军在斯图亚特·德·奥比尼指挥下南下进入罗马时,教皇亚历山大六世公开批准了《格拉纳达条约》,宣布那不勒斯的费德里戈为基督教世界的叛徒,并将他的领地授予路易十二和斐迪南二世。

那不勒斯的费德里戈很绝望,不敢在战场上和法军正面交锋。只有古城加普亚坚决抵抗。1501年7月23日,加普亚遭到攻击,落入野蛮士兵之手,男人被屠杀,妇女遭侵害。为了使王国免于进一步的苦难,不幸的国王那不勒斯的费德里戈只好投降并接受了路易十二的条件,退位去了法兰西,靠领养老金活到1504年,保留了安茹公爵的头衔。

那不勒斯王国南部的人民对西班牙进行了更激烈的抵抗,并说宁肯接受法兰西人的统治。1502年3月,塔伦托陷落,年轻的卡拉布里亚公爵费兰特投降。阿拉贡国王斐迪南二世违背卡拉布里亚公爵费兰特可以随便挑选容身之处的承诺,将他送往西班牙。1550年,卡拉布里亚公爵费兰特死于西班牙[①]。至此,斯弗扎家族和那不勒斯的费德里戈出于各自的利益,把外国人引进意大利,而在不到两年的时间里,又因引狼入室而丢了各自的地盘。

那不勒斯王国和米兰公国被征服了,西欧被两大联盟控制了:一方是路易十二,教皇亚历山大六世跟神圣罗马帝国诸侯的密切合作;另一方是奥地利-

---

[①] 那不勒斯的费德里戈其他孩子的命运,参见让·夏尔·莱昂纳德·德西斯蒙第《意大利史》295页。——原注

西班牙家族。奥地利-西班牙家族是由马克西米利安一世的儿子腓力大公与阿拉贡国王斐迪南二世和卡斯蒂尔女王伊莎贝拉一世①的长女乔安娜的婚姻所构成的家族联盟,包括英格兰和葡萄牙。此时,这两个联盟似乎有了联合的可

乔安娜

---

① 阿拉贡国王斐迪南二世(1516年驾崩)与卡斯蒂尔女王伊莎贝拉一世(1504年驾崩)活到成年的子女情况如下:二子约翰(1497年去世),娶奥地利的玛格丽特(奥地利的玛格丽特是神圣罗马帝国皇帝马克西米利安一世之女);二女乔安娜,嫁腓力大公(腓力大公是神圣罗马帝国皇帝马克西米利安一世之子);三女玛丽亚,嫁葡萄牙国王曼纽尔一世(曼纽尔一世1521年驾崩);五女阿拉贡的凯瑟琳(先与英王亨利七世长子阿瑟订婚。因阿瑟早薨而改嫁亨利七世次子亨利,也就是后来的亨利八世)。——译者注

能。1501年,通过协商的方式同意查理(腓力大公的小儿子)迎娶路易十二的女儿法兰西的克劳德。虽然孩子们还年轻,但西班牙和法兰西联合征服了那不勒斯,似乎保证他们未来的友谊和婚姻将最终得以实现。如果婚约奏效,欧洲将以前所未有的方式联合起来。联合会带来一些风险,诸如强大的联盟会破坏政治平衡,较小的诸侯会遭到粗暴的践踏,但联盟至少可以组建抵抗土耳其人扩张的十字军,甚至可能把土耳其人赶出欧洲。然而,这个梦想很快就因路易十二和斐迪南二世瓜分那不勒斯产生的争吵而破灭。原始的条约没有明确提到巴斯利卡塔、卡皮塔纳塔及那不勒斯王国另外两个地区的归属。这些都

法兰西的克劳德

很容易引起争议。争议因要求向牧羊人征收羊群通行费而变得更加复杂。羊群每年需从阿布鲁齐的夏季牧场前往卡皮塔纳塔的冬季牧场。如果争议没有受到法兰西王国南部各派煽动,争吵本可以因双方妥协而平息。财产本来列在法兰西人名下的科隆纳人却寻求西班牙人的保护,而属于阿普利亚的几个城镇的人则寻求法兰西人的保护。

这些分歧很快导致了公开的分裂。1502年7月,战争爆发了。随后的著名战斗让骑士精神在意大利战争史上最后一次大放异彩。历史名著《巴亚德侯爵皮埃尔·特亚尔写的历史》对这些战事进行了生动的描述。书中关于法军的描述可参考骑士英伯考特的感受。在骑士英伯考特眼里,"每逢战斗爆发,意大利酷热的正午似乎就变得像早晨般凉爽",年迈的雅克·德·拉·帕利斯在混战

雅克·德·拉·帕利斯

中忘记了自己的年龄；巴亚德侯爵皮埃尔·特亚尔本人表现出骑士般的风度和英勇。《巴亚德侯爵皮埃尔·特亚尔写的历史》对西班牙方面有这样的描述：迭戈·德·帕雷德斯在战斗中脱颖而出，他的英勇丰富了西班牙式的浪漫主题；佩德罗·德·帕兹，一位总是眯着眼睛的侏儒，冲锋陷阵时虽然很少有人能看见他的头，但他拥有一颗狮子般坚强的心；杰出的指挥官冈萨尔沃·德·科多瓦，他的骑士风度、合礼的举止展现出一名将军高超的品质。这些人奋不顾身地投入战斗，与其说是为了胜利，不如说是为了荣誉。将士们不满足于正规军事行动提供的展示能力的机会，而是互相挑战，处处争雄，虽然作战凶猛，打

迭戈·德·帕雷德斯

出了威风，但时时刻刻小心谨慎，有勇有谋，有礼有节。人们读到这段战斗史时，仿佛亲临一场中世纪的较量。这场较量是为了赢得贵妇人亲手颁发的骑士勋章①，但单凭勇士的英勇是不能决定战争胜负的。在相互敌对的较量中，法军已经在数量与质量上占据优势，同时掌握了制海权。

1502年12月，凭借从西班牙登陆的一支军队，斯图亚特·德·奥比尼在泰拉诺瓦获得胜利，得到了整个卡拉布利亚。西班牙总司令冈萨尔沃·德·科多瓦无力保住阵地，于是采取防守，并且把军队部署在阿普利亚的要塞。在这些要塞中，巴勒塔要塞是最重要的一个。冈萨尔沃·德·科多瓦在此固守，耐心等待来自西西里和西班牙的援军，但斐迪南二世对待增援非常敷衍。而此时，法军掌握了制海权，阻止来自西西里的援军和物资。

战局非常危险，冈萨尔沃·德·科多瓦苦苦支撑以免战败投降。如果法军将军内穆尔公爵路易·德·阿马尼亚克发起进攻，那么西班牙人将被赶出意大利。

1503年4月，和平的机会似乎出现了。腓力大公经过法兰西王国时，拜访了路易十二，在里昂签订了条约。根据《里昂条约》，腓力大公和路易十二同意那不勒斯王国最终应该归年轻的查理和法兰西的克劳德，他们已于1501年订婚。在未完婚之前，那不勒斯王国属于法兰西王国的部分将由路易十二提名的人管理；属于西班牙人的部分，则由腓力大公或由斐迪南二世任命的代理人管理。斐迪南二世是否像法兰西人说的那样利用这些谈判来争取时间，或者更有可能的是，与岳父关系不融洽的腓力大公是否会抗旨不遵，但无论是哪种结果，对于法兰西王国而言都是致命的。

签订《里昂条约》后，路易十二取消了从热那亚增兵的计划，并下令暂停针对那不勒斯王国的攻击。与此同时，西班牙人的处境有了明显的改善。1503年2月，冈萨尔沃·德·科多瓦利用内穆尔公爵路易·德·阿马尼亚克要收复刚刚反

---

① 参见《巴亚德侯爵皮埃尔·特亚尔和阿隆佐·佩雷斯·德·古斯芒之间的单独战斗》，贝蒂多编著，第15卷。——原注

叛的西班牙卡斯泰拉内塔的愚蠢行动，从巴勒塔发起突袭。冈萨尔沃·德·科多瓦夺取了鲁沃，并俘虏了雅克·德·拉·帕利斯。1503年3月，法兰西舰队战败，制海权落到了西班牙人手中。

在援军的帮助下，冈萨尔沃·德·科多瓦公开拒绝了《里昂条约》，并最终发起了进攻。西班牙人的优势明显，八天之内打了两场胜仗，每一场胜利都足以使他们成为那不勒斯王国的主人。

1503年4月20日，西班牙将军费尔南多·德·安德拉达在塞米纳拉击败了斯图亚特·德·奥比尼。不久，斯图亚特·德·奥比尼投降，西班牙人获得了卡拉布里亚。1503年4月27日，冈萨尔沃·德·科多瓦离开了长期坚守的巴勒塔。1503年4月28日，冈萨尔沃·德·科多瓦在切里尼奥拉与法军对峙时，占据了有利阵地。阵地前有一条壕沟，壕沟里布满了尖头的木桩，并用一堵墙加固，等待法军进攻。内穆尔公爵路易·德·阿马尼亚克则小心谨慎，畏手畏脚，没有发挥兵力优

冈萨尔沃·德·科多瓦在切里尼奥拉与法军对峙

势。这使他备受责难。来自阿莱格尔的军官艾维斯责骂内穆尔公爵路易·德·阿马尼亚克,激怒了内穆尔公爵路易·德·阿马尼亚克。内穆尔公爵路易·德·阿马尼亚克草率地命令部队进攻,此时已经临近傍晚。内穆尔公爵路易·德·阿马尼亚克说:"现在,那些最能吹嘘的人会被发现,他们只会挥舞马刺,而不会挥舞利剑。"战斗印证了内穆尔公爵路易·德·阿马尼亚克的讥讽。法军拼命地攻击壕沟和墙,却徒劳无功。法军暴露在西班牙军队密集的炮火下,一再被击退。内穆尔公爵路易·德·阿马尼亚克本人和瑞士特遣队的指挥官钱迪厄被杀。西班牙人弹药库的爆炸给法军造成了很大的混乱。冈萨尔沃·德·科多瓦抓住这一战机,下令全面进攻。法军因长年累月的征战而疲惫不堪,落荒而逃。

自此,西班牙的进攻势如破竹。法军验证了一句意大利谚语:"虽然进攻时比男人更阳刚,但撤退时比女人更胆小。"仅一天时间,三十座城堡向冈萨尔沃·德·科多瓦投降。1503年5月13日,那不勒斯城门大开,法军手里只剩下加埃塔、韦诺萨和圣塞韦里纳等几个重镇。

路易十二企图挽救厄运。路易十二集结了三支庞大的军队:一支经方塔拉比亚进入西班牙;第二支入侵鲁西荣,并夺取边境上的萨尔塞斯;第三支重新进入意大利。同时集结了两支舰队,一支在热那亚,另一支在马赛:第一支支援那不勒斯的进攻,另一支通过威胁加泰罗尼亚海岸来配合对鲁西荣的进攻。但幸运女神并没有光顾路易十二。攻打西班牙因指挥官艾伦·德·阿尔伯特的迟疑或背叛而推迟[①]。原计划驶往加泰罗尼亚的舰队因天气恶劣被迫返航。对鲁西荣的袭击同样遭遇不幸。当时最优秀的工程师佩德罗·纳瓦拉加固了萨尔塞斯的要塞,使之固若金汤,极难攻占。1503年10月,阿拉贡国王斐迪南二世率领一支强大的军队轻装挺进,把法军赶出了边境。1503年11月15日,路易十二对这些挫折感到沮丧,同意休战五个月,后来又延长了休战期。奇怪的是,不幸的

---

① 艾伦·德·阿尔伯特的儿子约翰·德·阿尔伯特是纳瓦拉国王,承袭其妻子的王权,曾与斐迪南二世结盟,所以担心以路易十二的外甥加斯顿·德·福瓦为代表的纳瓦拉王国年轻一代提出挑战。——译者注

冈萨尔沃·德·科多瓦骑马来到战死的内穆尔公爵路易·德·阿马尼亚克身旁

冈萨尔沃·德·科多瓦"马查看内穆尔公爵路易·德·阿马尼亚克的尸体

那不勒斯国王那不勒斯的费德里戈被叫来在路易十二和阿拉贡国王斐迪南二世这两个瓜分那不勒斯的强盗之间充当和事佬,因为这两个强盗还在为争夺那不勒斯争吵不休。那不勒斯没有被列入休战范围。第三支法军于1503年7月在路易二世·德·拉·特莫伊勒的率领下进入那不勒斯。

1503年8月18日,教皇亚历山大六世驾崩,这造成了战事的拖延。教皇的宝座一直是枢机主教乔治·德·安博瓦兹梦寐以求的,并得到路易十二的支持。考虑到军队的存在可以影响教皇选举,法兰西军队被命令驻扎在离罗马几英里的地方。枢机主教们对这一恐吓感到愤慨。西班牙军队在意大利南部的行动、恺撒·博尔吉亚的部队在圣安吉洛城堡的存在,都使枢机主教们担心事态

路易二世·德·拉·特莫伊勒

枢机主教乔治·德·安博瓦兹

可能导致冲突,因此,枢机主教乔治·德·安博瓦兹让法军离开。不久,由于成功无望,枢机主教乔治·德·安博瓦兹转而支持枢机主教弗朗西斯科·托代斯基尼·皮科洛米尼。1503年9月22日,枢机主教弗朗西斯科·托代斯基尼·皮科洛米尼成为教皇庇护三世。一个月的拖延对法军的进攻产生了致命的影响。对那不勒斯王国的远征被推迟到秋冬季节,结果那不勒斯王国的天气非常潮湿和寒冷。路易二世·德·拉·特莫伊勒病倒了,把指挥权交给了曼图亚侯爵弗朗西斯科二世·贡萨加,一位无能的将军。冈萨尔沃·德·科多瓦因此赢得了增援的时间。

然而,尽管如此,法军在数量上仍占优势。冈萨尔沃·德·科多瓦认为有必要放弃对盖塔的围攻,并后撤到加里利亚诺河河畔。此时,盖塔仍在法军的控制之下。经过殊死战斗之后，1504年11月6日，法军成功地渡过了加里利亚诺河，却未能将西班牙人从身后一英里的阵地中赶走。冈萨尔沃·德·科多瓦像往常一样加强了西班牙军队的防卫。最后，为了保护加里利亚诺河上的桥，法军赶造了一座土垒，然后撤回加里利亚诺。两军在七个星期内按兵不动，其间只有局部的小冲突和零星战斗。

同时，潮湿的天气变得更糟了。由于地势低和天气潮湿，西班牙人的处境变得十分艰难。然而，冈萨尔沃·德·科多瓦向部下表示将不惜任何代价誓死保卫阵地。当有人要求撤退时，冈萨尔沃·德·科多瓦坚定地回答："即使让我再活一百年我也不会后退一步。"法军的处境更糟。尽管法军在地势高的地方，地面相对干燥，但部队和马匹很难忍受潮湿和寒冷。整个意大利都很潮湿，尤其是道路，结果法军具有优势的骑兵和炮兵的行动受到严重阻碍。

情形令人沮丧，法军出现了致命的抗命不遵的情况，并很快蔓延。怨气最终撒向弗朗西斯科二世·贡萨加。弗朗西斯科二世·贡萨加便以健康为托词辞职，同意由萨卢科斯侯爵接任。因不满同胞受到的侮辱，一些意大利士兵出逃。战局对冈萨尔沃·德·科多瓦有利。后来，冈萨尔沃·德·科多瓦被奥尔西尼家族雇佣，并机智地与奥尔西尼家族达成一致意见。冈萨尔沃·德·科多瓦觉得自己的实力已经足够强大，可以发起进攻。1504年12月28日晚上，西班牙军队开始进攻法军，只遭到了微弱的抵抗。守河的法军被淹，渡河受到影响。面对西班牙军队突如其来的袭击，法军大吃一惊。由于营地太分散了，无法集中兵力，法军被迫撤退。尽管进行了多次英勇的反击，撤退还是很快变成了一场溃败，残余部队在盖塔落荒而逃。在盖塔，经过多次拉锯战之后，法军于1504年1月1日投降。条件是西班牙人保障法军安全撤退，并且释放俘虏。剩下的几个据点迅速投降，那不勒斯王国被斐迪南二世占领了。

西班牙人的胜利源于以下诸多因素：首先，西班牙人拥有西西里岛，可以在那里得到支持；法军没有保住制海权，西班牙后援部队可以从西班牙过来增援；其次，面对冬天异常险恶的气候，法军似乎比西班牙人更难忍受。同时，

加里利亚诺河战役

法军的放荡和专横不受当地人欢迎。其他原因还有法军将军们争吵不休，但最重要的原因是这些将军根本称不上是合格的指挥官。而对冈萨尔沃·德·科多瓦来说，谨慎高于一切。谨慎使冈萨尔沃·德·科多瓦拒绝离开战斗位置直至合适的战机出现。一旦战机出现，他就命令部队果断而迅速地出击。在最困难的时候，冈萨尔沃·德·科多瓦从不绝望。他善于展现坚韧的意志，并把他的快乐传递给士兵。冈萨尔沃·德·科多瓦和蔼可亲，赢得了士兵们的爱戴，但面对军纪时，他知道如何严于律己。作为外交家和军事家，冈萨尔沃·德·科多瓦打败了法军，并解决了意大利棘手的派系之争，这是其他任何外国将军都无法比拟的。冈萨尔沃·德·科多瓦彬彬有礼，生活作风严谨，赢得了轻佻的那不勒斯人的心。同时，冈萨尔沃·德·科多瓦也擅长从敌人那里学到东西。短剑和盾牌是西班牙人的利器，近距离进攻效果突出。他还改良了德意志人的长矛，使防御能力得到了实质性的提高。可以说，事实上，冈萨尔沃·德·科多瓦把西班牙步兵重新武装起来，并且纪律严明，一时之间成为欧洲所向披靡、最强大的军队。

第4节 教皇亚历山大六世和恺撒·博尔吉亚

当法兰西人和西班牙人在那不勒斯一决胜负时，关乎意大利命运和欧洲命运的重要事件正在意大利半岛中心地带发生。在远征米兰的时候，教皇亚历山大六世与路易十二结盟的动机就是想让法军帮助他夺取罗马涅。为了实现这个计划，教皇亚历山大六世和他的儿子迫不及待地行动起来。

罗马涅曾经是拉文那总督辖区。拉文那总督辖区是一个界限不太确定的地区，位于亚平宁山脉的东侧，其东面延伸到亚得里亚海，北面与威尼斯的领地交界，南面与安科纳比邻。据说，罗马涅最初被君士坦丁一世赠给了教皇，从而成为教皇属地，这份遗赠后来获得查理曼大帝的认可，但所有对罗马涅的主权声索在13世纪都被来自哈布斯堡王室的神圣罗马帝国皇帝鲁道夫一世断然

君士坦丁一世

查理曼大帝

拒绝。然而,神圣罗马帝国皇帝鲁道夫一世只得到一个空洞无物的所有权,因为神圣罗马帝国实际掌握在众多家族手中。这些家族名义上承认神圣罗马帝国皇帝至高无上的权威,但实际上各自为政①。

米兰公国、佛罗伦萨共和国和威尼斯共和国对占有罗马涅的小诸侯国早已垂涎三尺。1484年,威尼斯共和国事实上已经侵占了费拉拉公国部分领土。由于法军入侵所引发的新事态,很多小诸侯国似乎不可避免地被其他势力吞并。因此,教皇亚历山大六世为了避免其他势力继续吞并罗马涅,便重新确立教皇的至高无上地位。这样一来,罗马涅的小诸侯国就可一切听命于教皇。

借助教皇来降服这些诸侯国的借口是它们没有支付教皇作为教区神父的年金。1499年秋,当法军刚进入意大利时,恺撒·博尔吉亚就开始执行教皇亚历山大六世的没收令。

路易十二按照承诺,派遣了三千名长矛兵与雇佣的四千名瑞士步兵,由艾维斯·德·阿莱格尔指挥。1499年11月9日,恺撒·博尔吉亚依靠这支军队向伊莫拉和弗利进军。伊莫拉和弗利没有进行任何抵抗,但它们的要塞坚守了较长时间,特别是弗利要塞。弗利要塞由刚毅、勇敢的卡特琳娜·斯弗扎守卫,直到1500年1月才投降。

1500年2月,卢多维科·斯弗扎返回米兰,法军特遣队不得不被召回。恺撒·博尔吉亚被迫把进攻推迟到1500年9月。恺撒·博尔吉亚又一次得到了法军的帮助,并获得了"教会行政长官"的称号,这是自己父亲教皇亚历山大六世刚刚授予他的头衔。恺撒·博尔吉亚迅速攻占了佩扎罗和里米尼。在年轻善良

---

① 在教皇亚历山大六世时期,罗马涅的小诸侯国中的最重要的费拉拉公国,被埃斯特侯爵埃科尔一世·德·埃斯特统治。博洛尼亚被乔凡尼·班特沃里奥统治。伊莫拉和弗利被卢多维科·斯弗扎的侄女、教皇西克斯图斯四世的侄子吉罗拉莫·瑞阿里奥的遗孀卡特琳娜·斯弗扎统治。里米尼被潘多福·马拉泰斯塔统治。法恩扎被阿斯托雷·曼弗雷迪统治。佩扎罗被卢多维科·斯弗扎的远房表亲、卢克雷齐娅·博尔吉亚的第一任丈夫卓梵尼·斯弗扎统治。卡梅里诺被朱利奥·凯萨雷·瓦拉诺控制。乌尔比诺公国被古德巴勒罗·迪·蒙特费特罗统治。西尼加利亚被一个孩子——弗朗西斯科·玛利亚·德拉·诺维——统治。还有一些像安科纳这样的国家仍然是共和国,但因弱小而微不足道。——原注

卡特琳娜·斯弗扎

的领主阿斯托雷·曼弗雷迪的治理下政通人和的法恩扎进行了顽强抵抗,直到1501年4月才投降。不幸的是,投降承诺被违背,阿斯托雷·曼弗雷迪被送到罗马。1502年6月,人们发现他溺死在台伯河。谁也不知道这是什么人干的,但有些人怀疑是博尔吉亚家族的人下的黑手。

命运现在似乎更青睐恺撒·博尔吉亚。通过教皇亚历山大六世为他创立的罗马涅公国,恺撒·博尔吉亚成为威尼斯这个令人自豪的共和国的一名贵族。恺撒·博尔吉亚由此希望,在抗击土耳其人时助教皇亚历山大六世一臂之力。

恺撒·博尔吉亚拥有最好的意大利雇佣军，罗马涅剩下的城市惶惶不可终日。迅速的成功使恺撒·博尔吉亚飘飘然，他的野心更加膨胀。现在，他不仅渴望完成对罗马人的征服，而且想干涉佛罗伦萨的事务，即使最终他不想成为托斯卡纳的主人。博洛尼亚和佛罗伦萨都受到法兰西王国的保护，路易十二命令恺撒·博尔吉亚住手。恺撒·博尔吉亚的野心受到遏制。教皇亚历山大六世开始惊慌了，恺撒·博尔吉亚被迫用佛罗伦萨支付的一笔钱了事，并同意让教皇插手佛罗伦萨的事务三年。留下部分军队驻守已经投降的皮翁比诺后，1501年7月，恺撒·博尔吉亚参加法军对那不勒斯的远征。1501年9月，恺撒·博尔吉亚返回时，发现妹妹卢克雷齐娅·博尔吉亚已与埃斯特侯爵埃科尔一世·德·埃斯特的长子阿方索·德·埃斯特有了婚约。

卢克雷齐娅·博尔吉亚

阿方索·德·埃斯特

卢克雷齐娅·博尔吉亚,一个美丽的女人[①],性格几乎和苏格兰玛丽女王一样颇受争议,并且可能被不公正地渲染为危险的"致命女人"。卢克雷齐娅·博尔吉亚看似一个无欲无求的人,是父亲和兄弟的傀儡,一个政治筹码而已。卢克雷齐娅·博尔吉亚曾经结过两次婚。第一任丈夫,乔瓦尼·斯弗扎是皮萨罗勋爵。离婚后她又与比谢列公爵阿拉贡的阿方索——那不勒斯国王阿方索二世的私生子——结婚(1498年8月)。当时,教皇亚历山大六世希望与那不

[①] 对卢克雷齐娅·博尔吉亚最详细的描述,参见斐迪南·格雷戈罗维乌斯的著作《恺撒·博尔吉亚》,该书已被译成法文。——原注

勒斯结盟,但1500年教皇亚历山大六世的政策发生了改变。路易十二打算第二次入侵那不勒斯,自然就不再需要那不勒斯的友谊。个人的对抗加剧了双方的矛盾,1500年8月,比谢列公爵阿拉贡的阿方索被恺撒·博尔吉亚谋杀。这桩恶行发生后不到一年,二十一岁的卢克雷齐娅·博尔吉亚再婚。

教皇亚历山大六世的作为和以前一样都是政治谋略。与费拉拉公国的联姻是有价值的,这既可以保护罗马涅不受北方势力的影响,又可威胁博洛尼亚。联姻并不像人们希望的那么美好,但婚姻比预期的幸福得多。卢克雷齐亚·博尔吉亚在费拉拉公国的家里找到了平静,并躲过了迄今为止一直攻击她的诽谤。

与此同时,法兰西王国和西班牙之间的争吵为恺撒·博尔吉亚提供了新的机会。因为路易十二需要教皇亚历山大六世的支持,无法过多地遏制恺撒·博尔吉亚。1501年6月,阿雷佐开始反抗佛罗伦萨,并策反了恺撒·博尔吉亚的一位将领维特罗佐·维特里。恺撒·博尔吉亚决定降服阿雷佐。1502年1月,费尔莫沦陷;1502年6月,乌尔比诺被攻占;1502年7月,卡梅里诺被占领,而比萨仍然坚持反对佛罗伦萨,并提出承认恺撒·博尔吉亚是它的主人。1502年8月,恺撒·博尔吉亚终于获得了路易十二的许可,进攻博洛尼亚。

恺撒·博尔吉亚的迅速崛起让一些首领担忧。这些首领密谋推翻恺撒·博尔吉亚。作为罗马涅曾经的主宰者,恺撒·博尔吉亚将不再需要这些首领的帮助,很有可能会转而对抗他们。事实上,恺撒·博尔吉亚与佛罗伦萨的谈判使人们怀疑他已经下定决心要消灭密谋的首领。这些人包括来自卡斯泰洛的维特罗佐·维特利、费尔莫的奥列维莱托、格雷维纳公爵兼保罗公爵弗朗西斯科·奥尔西尼及佩鲁贾的奥尔西尼和吉安·保罗·巴利奥尼。这些人得到了枢机主教弗朗西斯科·奥尔西尼、博洛尼亚的乔瓦尼·本蒂沃利奥与其他人的支持。1502年10月4日,来自卡斯泰洛的维特罗佐·维特利、费尔莫的奥列维莱托、格雷维纳公爵兼保罗公爵弗朗西斯科·奥尔西尼及佩鲁贾的奥尔西尼和吉安·保罗·巴利奥尼在靠近特拉西梅洛湖的马焦内聚会,发誓彼此真诚相待,

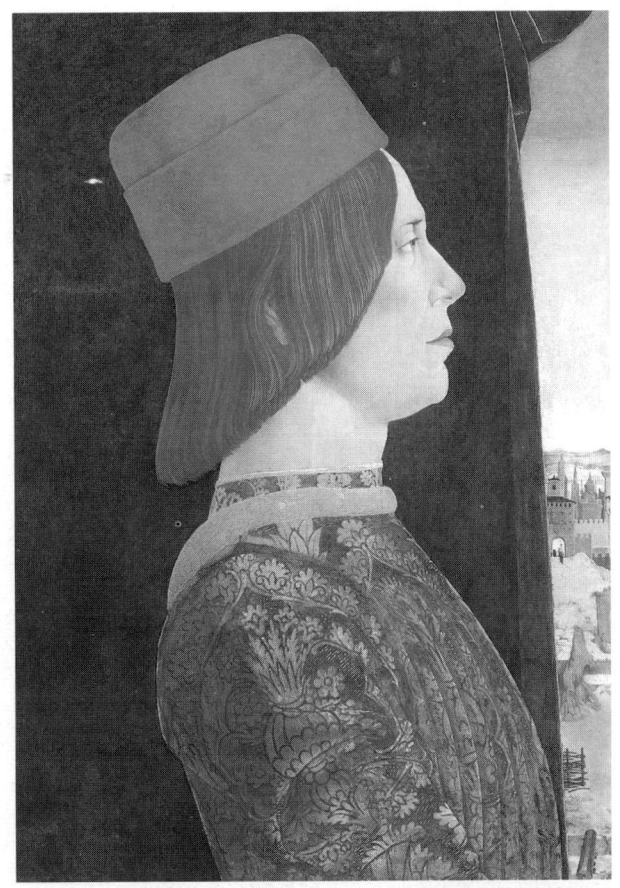

博洛尼亚的乔瓦尼·本蒂沃利奥

并向佛罗伦萨求援。1502年10月17日，乌尔比诺发生了叛乱，恺撒·博尔吉亚的军队被赶走，而他的一支特遣队在福松布罗内被打败。

然而，叛军很快得到了严惩。路易十二给恺撒·博尔吉亚派去了援军。此时适逢摩德纳富有的枢机主教去世，无论是否中毒而死，都使亚历山大六世得以将枢机主教的财产据为己有，以满足恺撒·博尔吉亚的军事需要。佛罗伦萨人害怕恺撒·博尔吉亚的报复，不敢出手相助。尽管阿拉贡国王斐迪南二世力劝威尼斯共和国抓住机会把意大利从"暴君"恺撒·博尔吉亚手中解放出来，但威尼斯共和国仍然小心翼翼，不敢轻举妄动。

反对恺撒·博尔吉亚的联盟开始犹豫不决。联盟无法再招募更多士兵，其内部分成两派。因为听信恺撒·博尔吉亚和教皇亚历山大六世漂亮的承诺，1502年10月28日，联盟接受和平倡议，放弃保护恺撒·博洛尼亚。为了表达诚意，联盟两派一致向西尼加利亚进军。该城投降了，但城内要塞拒绝投降。1502年12月31日，恺撒·博尔吉亚来到西尼加利亚，以甜言蜜语哄骗西尼加利亚的首领，然后突然袭击了他们。费尔莫的奥列维莱托和卡斯泰洛的维特罗佐·维特利当天晚上被勒死，前者指责后者引诱他反叛，后者则恳求恺撒·博尔吉亚让教皇亚历山大六世特赦他。不久，格雷维纳公爵兼保罗公爵弗朗西

卡斯泰洛的维特罗佐·维特利

斯科·奥尔西尼被处决。枢机主教弗朗西斯科·奥尔西尼在罗马被抓，后死于监狱，可能是中毒身亡。

现在似乎没有什么能阻挡野心勃勃的教皇亚历山大六世了。乌尔比诺再次被占领，卡斯泰洛和佩鲁贾投降，奥尔西尼的大部分要塞都被攻陷。教皇亚历山大六世则利用西班牙人对抗法兰西人。正当父子二人期待赢得一个接一个援助以支持恺撒·博尔吉亚成为托斯卡纳国王时，他们突然被疾病击倒。1503年8月8日，教皇亚历山大六世逝世。人们普遍认为教皇亚历山大六世父子是被一杯毒酒毒死的，而这杯毒酒本是打算给一位枢机主教喝的。这个故事虽然并非空穴来风，但需要证实。人们普遍认为，如果此事归咎于博尔吉亚家族，是极有可能的，所以不足为奇。

《恺撒·博尔吉亚的一杯葡萄酒》：左一和右二分别是恺撒·博尔吉亚和亚历山大六世

恺撒·博尔吉亚的命运现在取决于枢机主教们的选择。如果支持恺撒·博尔吉亚的人能够当选教皇，那么恺撒·博尔吉亚可能还有机会把握自己的命运。已故的路易十二曾表露出抛弃博尔吉亚同盟的意向。因此，恺撒·博尔吉亚在病床上密谋挑选一位西班牙枢机主教，但失败了。路易十二曾希望枢机主教乔治·德·安博瓦兹能当选教皇。朱利亚诺·德拉·诺维决心阻止西班牙人当选，并希望自己成为教皇。朱利亚诺·德拉·诺维起初并没有成功，便同意推选意大利枢机主教弗朗西斯科·托代斯基尼·皮科洛米尼。枢机主教弗朗西斯科·托代斯基尼·皮科洛米尼为了纪念自己著名的舅舅庇护二世而自命名为庇护三世。但1503年10月，庇护三世去世了，朱利亚诺·德拉·诺维与恺撒·博

庇护三世

教皇尤利乌二世

尔吉亚达成协议，最终通过许诺和贿赂赢得了教皇选举。史学家尼可罗·马基雅维利夸大了恺撒·博尔吉亚在枢机教团的影响力，谴责恺撒·博尔吉亚目光短浅，"恺撒·博尔吉亚如果不能获得选举的提名，就可能会阻止朱利亚诺·德拉·诺维当选"。新教皇尤利乌二世长期以来一直与博尔吉亚家族为敌。尤利乌二世怂恿查理八世入侵意大利，并催促他召集一个委员会来罢免亚历山大六世。后来，尤利乌二世虽然默许并促成了和解，但不会忘记过去的伤害。担忧威尼斯共和国企图占领罗马涅促使尤利乌二世暂时支持恺撒·博尔吉亚。尤利乌二世决心为教皇国得到罗马涅，而不是为博尔吉亚家族。1503年11月29日，恺撒·博尔吉亚刚试图单独采取行动，尤利乌二世就命令他返回罗马。然而，恺撒·博尔吉亚的将领们拒绝未经恺撒·博尔吉亚同意就放弃坚守的地盘。恺撒·博尔吉亚也不同意，除非获得自由行动权。经过长时间的谈判，协定达成了。1504年4月，恺撒·博尔吉亚又一次出发前往到那不勒斯，寻求西班牙的援助。

阿拉贡国王斐迪南二世终于乐意倾听了。在教皇尤利乌斯二世讲述后，阿拉贡国王斐迪南二世确信恺撒·博尔吉亚只会破坏意大利的和平。1504年5月26日，阿拉贡国王斐迪南二世下令逮捕恺撒·博尔吉亚。此时，恺撒·博尔吉亚正准备启航去罗马涅。在违背了冈萨尔沃·德·科多瓦给恺撒·博尔吉亚自由的情况下，恺撒·博尔吉亚不久被押至西班牙，一直关押到1506年11月。后来，恺撒·博尔吉亚和内兄现在的纳瓦拉国王约翰三世逃了出来，找到了一处容身之地。1507年3月，恺撒·博尔吉亚死于与约翰三世的一名反叛部下的冲突中。

就这样，三十一岁的恺撒·博尔吉亚死了。史学家尼可罗·马基雅维利在自己的《君主论》中以恺撒·博尔吉亚为例进行了论述："恺撒·博尔吉亚命运不济，却想建立统一的意大利王国。毫无疑问，恺撒·博尔吉亚具有许多成功者必备的条件：他聪明，多才多艺，行动迅速果断，是个大外交家，具有'艺术家'的标准素质，力量和智慧完美结合。"我们认为，这段文字不仅代表着尼可罗·马基雅维利对恺撒·博尔吉亚的赞扬，而且代表着当时编年史家菲利普·德·科米纳和其他史学家的赞扬，因为他们认为这些是统治者应有的本质特征。

可悲可叹！个人的道德与政治才华并非总是形影不离。虽然恺撒·博尔吉亚对待罗马涅那些小诸侯国的领主总是肆无忌惮，但它们的独立性是否值得维护是个疑问。在暴君的统治下，何谈政治自由，除了少数几个例外，如乌尔比诺。这些小诸侯国展现出的是暴政和祸国殃民，它们的历史充斥着派系斗争、谋杀和诡计。但必须承认，在恺撒·博尔吉亚的统治下，罗马涅被治理得很好，而且他的统治不是不受欢迎。但总体而言，我们并不认可一个由暴君建立的、由背信弃义维持的王国真的能成为一个稳固的王国。史学家尼可罗·马基雅维

恺撒·博尔吉亚（左）与尼可罗·马基雅维利（右）

利被恺撒·博尔吉亚一时的好运迷住了，竟然把恺撒·博尔吉亚当作一个可以效仿的榜样，这只会让人们看到意大利人对在本国土地上不择手段取得的成功而产生的愤世嫉俗的绝望，同时可以看出意大利人堕落的程度。最后，我们也不认为，教皇亚历山大六世凭借暴政能成功地治理世俗的世界。教皇亚历山大六世如果能活得更久一点，也许最终能在意大利建立一个不一样的王国。但这个王国的建立是为了博尔吉亚家族的利益，而不是教皇的利益，只会使世俗世界的发展增加更多的"敌人"。如果要树立教皇在罗马涅的权威，权威必须建立在比教皇的裙带关系更坚实的基础上。教皇尤利乌二世看到了这一点。被恺撒·博尔吉亚占领或威胁的大多数城市都立即落入教皇尤利乌二世手中，除了里米尼、法恩扎和切塞纳这三个被威尼斯家族占领的城市。但在康布雷战争中[①]，教皇尤利乌二世却将这三个城市保护起来。与此同时，1506年，

---

① 关于凯撒·博尔吉亚的性格和尼可罗·马基雅维利对他的评论，参见克里顿，《马基雅维利》，第3卷，第64页；劳伦斯·伯德，《马基雅维利》，导言，第22页、第28页；维拉里，《马基雅维利》，第154页；西蒙兹，《暴君时代》，第275页。——原注

乌尔比诺公爵吉多贝多·德·蒙泰费尔特罗

教皇尤利乌二世获得了佩鲁贾和博洛尼亚,而乌尔比诺则落入了教皇的侄子弗朗西斯科·德拉·诺维之手,后者曾被已故乌尔比诺公爵吉多贝多·德·蒙泰费尔特罗收养。这些领土被纳入教皇的领地,结束了它们作为半独立公国的历史。最终是教皇尤利乌二世,而不是教皇亚历山大六世,在罗马涅建立了教皇统治。

第5节　康布雷联盟

法兰西人和西班牙人为入侵意大利找到了一个借口,认为入侵意大利是对土耳其人发动十字军远征的行动基础。此事曾因列强们忙于争吵、分赃而耽误。威尼斯共和国是唯一试图全力阻止奥斯曼帝国势力扩张的力量。现在，列强进攻威尼斯共和国，证明它们过去曾经试图阻止土耳其人扩张的想法已经放弃。

意大利其他公国对威尼斯共和国的敌意可以追溯到15世纪初。当时，威尼斯共和国的目标是在意大利半岛建立一个统一的主权国家。米兰和帕多瓦家族统治的卡拉拉之间的矛盾使威尼斯共和国推翻并取代帕多瓦家族，然后一步步地占有了特雷维索、维琴察和维罗那，并推进到阿迪杰河（1405年）。1427年和1428年，威尼斯共和国从米兰公爵菲利波·玛利亚·维斯孔蒂手中夺走了布雷西亚和贝加莫。米兰公爵菲利波·玛利亚·维斯孔蒂死后，威尼斯共和国

米兰公爵菲利波·玛利亚·维斯孔蒂

又控制了克丽玛(1454年)。与此同时,威尼斯共和国从神圣罗马帝国皇帝西吉斯蒙德那里获得了弗留利(1420年),并在1441年把拉文那这个迄今为止受波兰塔尼统治的独立王国列入征服对象。1484年,通过缔结《巴格诺罗和约》,费拉拉战争[①]结束了,威尼斯共和国从而占有了罗维戈和波河平原。1499年,威尼斯共和国从路易十二那里获得克雷莫纳和吉亚拉达达,这成为路易十二援助卢多维科·斯弗扎付出的代价。恺撒·博尔吉亚死后,威尼斯共和国占领了法恩扎、里米尼和切塞纳。在阿普利亚,威尼斯共和国占领了查理斯八世远征时所获得的四个城——特拉尼、奥特兰托、加利波利和布林迪西。

神圣罗马帝国皇帝西吉斯蒙德

---

① 费拉拉战争发生在1482年到1484年。交战一方是费拉拉公爵埃尔科尔一世·德·埃斯科,另一方是教皇西斯图斯四世及其盟友威尼斯共和国。——译者注

因此，在近百年的时间里，威尼斯共和国的版图彻底改变了。这座岛屿共和国占据了意大利大陆上的一大片领土，其领土最终延伸到米兰公国、佛罗伦萨共和国和教皇国的周边地区。人们把威尼斯共和国政策的改变通常归因于土耳其人的扩张。扩张威胁到威尼斯共和国在爱琴海和希腊海岸的财产。这无疑是威尼斯共和国后来诸多行动的原因之一。然而，1405年，威尼斯共和国就迈开了大陆扩张的第一步，离土耳其人严重威胁其利益还有几年。因此，我们必须从别的地方寻找主要原因。主要原因可能是威尼斯共和国从米兰公国日益增长的实力中感到了危险。只要伦巴第平原和阿尔卑斯山脉的"通行证"都掌握在小诸侯手中，威尼斯共和国就有希望控制通往北方的商路；但如果"通行证"落入了实力强大、咄咄逼人的米兰公爵手中，威尼斯共和国可能会被封锁。当然，另一条商路仍然存在。威尼斯共和国可以穿过直布罗陀海峡，沿着大西洋和英吉利海峡到达欧洲北部。不过，虽然佛兰德斯舰队每年都从威尼斯共和国启航，但这条商路并没有得到大发展，并可能会被西班牙封锁。同时，此举也不会把威尼斯共和国从米兰公国的威胁中解救出来。如果米兰公国变得太强大，就可能会切断威尼斯共和国的食物供应，包围威尼斯共和国，把威尼斯人赶进大海。

因此，在伦巴第平原建立一个王国的设想似乎是不可避免的，并且不像威尼斯共和国的敌人宣称的那样完全出于自私与贪婪。威尼斯共和国统治各城市的方式不仅远优于米兰公国，而且与佛罗伦萨共和国相比优势也很明显。威尼斯共和国留给这些城市的地方自治权与维持威尼斯共和国至高无上的地位是一致的。威尼斯共和国不对自己统治的城市征收重税。威尼斯共和国的目的是赢得臣民的支持。在遇到困难的时候，臣民的忠诚证明了威尼斯共和国的成功。然而，威尼斯共和国对土耳其人采取的政策不符合正义，被指责对基督教事业缺乏忠诚。毫无疑问，由于对欧洲国家的援助感到绝望，威尼斯共和国渴望与土耳其人保持友好关系，并尽可能避免战争。但欧洲国家没有消除对威尼斯共和国的忌妒，并拒绝了一度真心实意参与十字军远征的威尼斯共和国。于是，威尼斯共和国不得已采取上述扩张政策。毕竟，威尼斯共和国是唯一一个认真地试图阻止穆斯林扩张的力量。联手对抗威尼斯共和国，恰好证明了威尼斯共和国的敌人提出的圣战口号是多么虚伪。尽管向欧洲大陆扩张似乎是不可避免的，而且是情有可原的，但这依然是致命的一步。威尼斯共和国如果能够征服米兰公国，并在法兰西王国发动入侵之前获得伦巴第平原的全部土地，就可能在某一天会成为统一的意大利的首都，意大利半岛的历史就可能会更加美好。但威尼斯共和国的资源不够，欧洲大国也不太可能默许。因此，威尼斯共和国寻找战略疆界的尝试不但徒劳，而且树敌过多，并在意大利各诸侯国中被贴上最自私和最贪婪的标签。威尼斯共和国一旦通过努力，与土耳其人签订友好条约来保护商业，就还会因背信弃义而背负背叛基督教事业的罪名。

史学家常常没有注意到威尼斯共和国政策的真正失误：威尼斯共和国一味地过度要求外国人离开意大利，认为只要意大利半岛是自己的，它就会有足够的力量支撑自己，但它绝非北方强大王国的对手。在查理八世远征意大利时，威尼斯共和国曾犹豫不决，后来重新调整政策，通过组建威尼斯联盟把查理八世赶出了意大利，尽管它因占领阿普利亚而最终得罪了阿拉贡国王斐迪南二世。然而，威尼斯共和国因和米兰公国的战争而与路易十二缔结的愚蠢联盟，使其声誉毁于一旦。这种短视的政策被正义之士指责为贪婪，同时激怒了马克西米利安一世，因为他不愿意失去伦巴第。同时，威尼斯共和国不该开拓与虎视眈眈的法兰西王国接壤的西部边境。因此，到15世纪末，威尼斯共和国不仅受到意大利诸小国的敌视，而且受到西欧主要强国的敌视。

马克西米利安一世想重新得到弗留利；路易十二想扩大米兰公国的疆界；佛罗伦萨担心威尼斯共和国会穿越亚平宁河；阿拉贡国王斐迪南二世决心收复阿普利亚。最重要的是，教皇尤利乌二世决心羞辱傲慢的威尼斯。威尼斯共和国对罗马涅的兼并妨碍了教皇尤利乌二世在罗马涅建立教皇国的"美妙"计划。在法兰西人占领米兰公国和西班牙人占领那不勒斯王国之间，教皇尤利乌二世或许希望保持平衡，并希望建立教皇的世俗统治，但这会受到来自威尼斯共和国或意大利其他强大势力的极力反对。为此，教皇尤利乌二世采取了前任教皇实行的传统政策，该政策对意大利本土诸侯国的强大抱有根深蒂固的敌视。此外，威尼斯共和国在宗教、政体方面坚持独立自主，拒绝教皇尤利乌二世为维琴察空缺的主教一职提名，从而激怒了傲慢的教皇尤利乌二世。教皇尤利乌二世说："威尼斯人根本不把我放在眼里，他们像对待自己的神父一样对待我。让他们小心点儿，免得我一气之下把他们都变成从前卑微的渔夫。"

在这种情形下，威尼斯共和国只能寄希望于敌人之间的相互猜忌。迄今为止，这一策略颇有成效，威尼斯共和国已经从中获益。然而，当敌人停止相互猜忌时，威尼斯共和国就该未雨绸缪了。因此，详细梳理16世纪初欧洲列强之间的关系是很有必要的。

由于马克西米利安一世的儿子腓力大公与阿拉贡国王斐迪南二世和卡斯蒂尔女王伊莎贝拉一世的女儿乔安娜联姻，哈布斯堡王室和西班牙的王室结

卡斯蒂尔女王伊莎贝拉一世

成联盟。但那不勒斯战争接近尾声时,联盟面临破裂的危险。1497年和1498年,葡萄牙的约翰和伊莎贝拉,即葡萄牙国王的长子约翰和长女伊莎贝拉相继去世,乔安娜成了卡斯蒂尔王国和阿拉贡王国的女继承人。同时,如果母亲伊莎贝拉一世驾崩了,乔安娜将取代父亲阿拉贡国王斐迪南二世成为卡斯蒂尔女王。这立刻引起了阿拉贡国王斐迪南二世对乔安娜丈夫腓力大公的忌妒。卡斯蒂尔王国和阿拉贡王国的暂时分裂将阻止伊比利亚半岛的统一,而西班牙最终会落入哈布斯堡王室之手,这种前景同样令阿拉贡国王斐迪南二世担忧。

葡萄牙的约翰

葡萄牙的伊莎贝拉

　　1503年4月,阿拉贡国王斐迪南二世破坏了腓力大公和路易十二为解决那不勒斯王国争端而缔结的《里昂条约》。根据《里昂条约》,那不勒斯王国最终应由路易十二未成年的女儿法兰西的克劳德统治。1501年,法兰西的克劳德已经与腓力大公年幼的儿子——后来的查理五世——订婚。被岳父阿拉贡国王斐迪南二世抛弃的腓力大公紧密地保持与法兰西的联盟关系,并得到父亲马克西米利安一世的支持。马克西米利安一世希望这份婚约能实现自己最宏伟的梦想。1504年9月,在布洛瓦,路易十二受妻子布列塔尼的安妮的影响,将米兰、热那亚、阿斯蒂、布列塔尼和布洛瓦作为法兰西的克劳德的嫁妆。如果路易十二驾崩后没有男性继承人，还会增加勃艮第公国作为馈赠。1504年，马克西米利安一世得到法兰西王后布列塔尼的安妮的支持，提议废除《萨利克继承法》，以便法兰西的克劳德可以继承父亲路易十二的法兰西王位。

这样一来，年轻的查理终有一天将统一卡斯蒂尔王国、阿拉贡王国、法兰西王国、米兰公国、那不勒斯王国及哈布斯堡王室的世袭领土。如果这一切发生，神圣罗马帝国剩下的诸侯国肯定会屈服，而饱受贫困的神圣罗马帝国皇帝腓特烈三世的后代们会发现自己将成为一个超级帝国的主人，统治欧洲大陆

神圣罗马帝国皇帝腓特烈三世

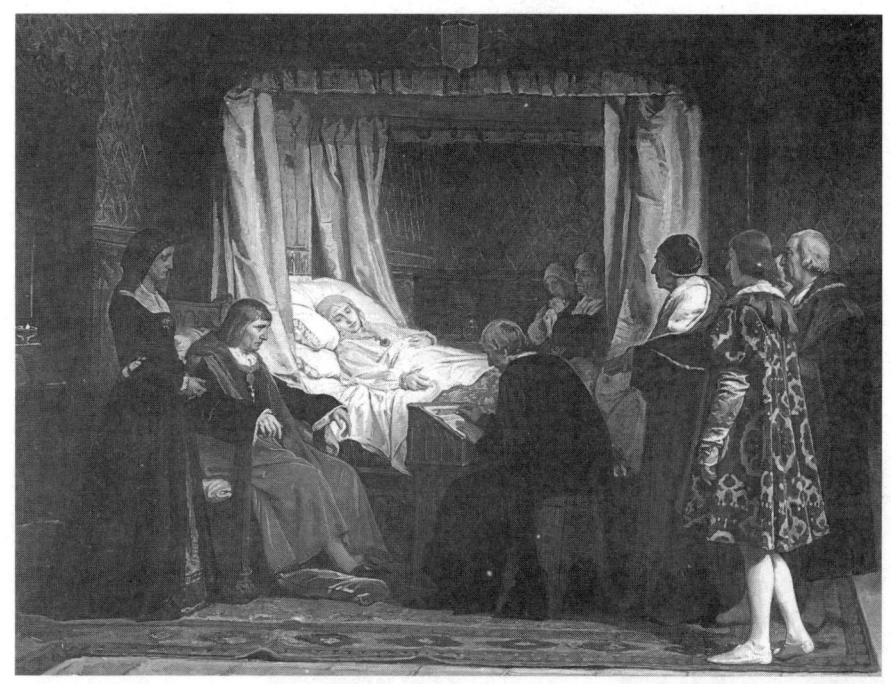

临终前的卡斯蒂尔女王伊莎贝拉一世

大多数日耳曼人和拉丁人。但白日梦并不持久。1504年11月,卡斯蒂尔女王伊莎贝拉一世驾崩,阿拉贡国王斐迪南二世决心继续担任卡斯蒂尔王国的摄政王,于是急于安抚路易十二。1505年10月,在布洛瓦,斐迪南二世同意迎娶法兰西国王路易十二的外甥女杰曼·德·富瓦。通过这次联姻,法兰西王国将拥有对那不勒斯王国主权的声索权。这样一来,那不勒斯王国的主权最终又会落入路易十二之手。阿拉贡国王斐迪南二世还承诺给路易十二一笔钱,并特赦在那不勒斯王国的法兰西社会团体。1506年6月,阿拉贡国王斐迪南二世不得已将卡斯蒂尔王国的摄政权交给腓力大公和乔安娜夫妻二人。1506年9月,腓力大公在布尔戈斯薨逝,不幸的乔安娜出现疯癫迹象。阿拉贡国王斐迪南二世在枢机主教西门乃斯的帮助下,克服重重困难,维持卡斯蒂尔王国政府的正常运转。于是,路易十二和阿拉贡国王斐迪南二世之间的争吵暂时搁置。阿拉贡国王斐迪南二世在西班牙和那不勒斯的地位也得以保全。

与此同时，法兰西人对外国人的仇视被激起。1506年5月，在图尔的大会议上，有人恳求路易十二放弃法兰西的克劳德和查理之间的婚约，并将她嫁给王位继承人昂古莱姆的弗朗索瓦，昂古莱姆的弗朗索瓦"是纯种的法兰西人"。面对计划失败，马克西米利安一世感到愤怒，于是和路易十二决裂。1507年，马克西米利安一世在康斯坦茨召集帝国议会，强烈要求神圣罗马帝国各诸侯国给予帮助，他说："法兰西国王想剥夺德意志人的王冠、至高无上的尊严和国家的荣耀。"作为马克西米利安一世重组帝国最高法院承诺的回报，帝国议会帮他组建了一支军队。马克西米利安一世还豢养了一支瑞士雇佣兵。1508年2月，马克西米利安一世率军穿过布伦纳河到达了特伦特。1508年2月，在获得教

昂古莱姆的弗朗索瓦

皇尤利乌二世使者认可的情况下，马克西米利安一世宣布自己成为神圣罗马帝国皇帝。

像往常一样，马克西米利安一世的自负达到令人可笑的地步。威尼斯人担心马克西米利安一世谋占弗留利，所以使用武力拒绝他通行。马克西米利安一世谋占维琴察的企图也以失败告终。在路易十二的鼓动下，盖尔德雷斯公爵查理二世对尼德兰虎视眈眈。即将成为西欧统治者的马克西米利安一世被迫接受威尼斯这个傲慢共和国的条款并宣布退位。马克西米利安一世放下尊严，一心急于复仇。1508年12月，在康布雷，马克西米利安一世与路易十二达成和解，

盖尔德雷斯公爵查理二世

第 1 章 意大利战争（1494—1518）

并和盖尔德雷斯公爵查理二世讲和。同时，作为回报，马克西米利安一世承认路易十二及其后人对米兰的统治。于是，争吵就这样平息了。马克西米利一世和路易十二同意分治威尼斯人的领土。享有威尼斯共和国领地主权声索的诸侯们都提出补偿请求，以制止威尼斯人令人无法容忍的贪婪。阿拉贡国王斐迪南二世很快加入康布雷同盟。威尼斯共和国拒绝归还里米尼和法恩扎后不久，稍有疑虑的教皇尤利乌二世也加入了康布雷同盟。随后，许多意大利小诸侯国也跟着加入康布雷同盟。威尼斯共和国发现自己面对的是历史上最可耻的同盟。然而，阿拉贡国王斐迪南二世卷入了与摩尔人的战争。山穷水

摩尔人

尽的马克西米利安一世还没有准备好参加新的战斗，只有法兰西人和教皇尤利乌斯二世的军队在费拉拉公爵阿方索一世·德·埃斯特和其他意大利人的协助下出征。

对威尼斯共和国来说，最明智的政策可能是避免决战，并采取坚守不出的战术。如果战争持续下去，康布雷同盟肯定会分崩离析，但鲁莽占了上风。不顾教皇尤利乌斯二世的军队在罗马涅的行动，威尼斯人转而攻击法军，试图阻止法军在边境的攻势。1509年5月14日，两支军队在阿达河谷的阿尼亚德洛调兵遣将。巴尔托洛梅奥·德·阿维亚诺指挥下的威尼斯后卫部队进入了法军前锋

巴尔托洛梅奥·德·阿维亚诺

的攻击范围。巴尔托洛梅奥·德·阿维亚诺，一名有勇无谋的雇佣兵，认为即使战败也光荣，决不后退，下令立即进攻。威尼斯军队是一支奇特的杂牌军，由意大利雇佣兵、农民、来自伯罗奔尼撒半岛和爱琴海诸岛的希腊轻骑兵及克里特岛野蛮的弓箭手组成。尽管如此，士兵们英勇善战，尤其是意大利步兵，他们由伦巴第平原、阿尔卑斯山脉和亚平宁山脉等地的农民组成。但威尼斯军队的行踪暴露了，受到法军的攻击，幸亏得到了一大群瑞士士兵的帮助。皮提利亚诺伯爵率领的一支先锋队，或者出于忌妒，或者因为距离太远，没有有效地配合威尼斯军队作战。经过一场殊死搏斗，威尼斯军队落荒而逃，巴尔托洛梅奥·德·阿尔维诺被俘，大部分步兵战死。雇佣军毕竟是雇佣军，战败的军队很快就成了暴徒。城市拒绝向逃兵提供庇护，并向战胜国敞开大门。在抵达佩斯基耶拉之前，法军所向披靡，没有遇到任何反抗。

与此同时，在威尼斯共和国，元老院正在惊慌失措中讨论未来的政策。元老院决定在法军猛攻前妥协，放弃城市，并授权议会投降。维罗纳、维琴察和帕多瓦随即把城门钥匙寄给路易十二，但路易十二断然拒绝接受妥协，因为这些地方不属于他的统治范围。威尼斯人便转而投靠马克西米利安一世。在罗马涅，教皇尤利乌二世占领了拉文那、里米尼和费拉拉。费拉拉公爵阿方索一世·德·埃斯特便进入了波河平原，曼图亚侯爵弗朗西斯科二世·贡萨加占领了被威尼斯共和国吞并的公国领地，而阿普利亚管辖的城镇纷纷向阿拉贡国王斐迪南二世投降。

威尼斯共和国失去了在15世纪取得的一切成果，似乎命中注定要再次被限制在潟湖那片弹丸之地。马克西米利安一世甚至谈到要把威尼斯城分割成四个区，然后分给盟友。但马克西米利安一世像往常一样没有被当作主子看待。阿拉贡国王斐迪南二世和教皇尤利乌二世都不愿意事态过于剑拔弩张，便都收了手，而路易十二已经达到目的，就命法军撤到米兰公国，然后又撤回法兰西。在被征服的领土上，尤其是在马克西米利安一世声称拥有主权的领土上，局势正朝有利于威尼斯共和国的方向发展。贵族们轻易地抛弃了威尼斯

阿尼亚德洛战役

共和国,但城镇和乡村的下层阶级已经崛起,积极保卫威尼斯共和国。在一位鞋匠的带领下,特雷维索人赶走了神圣罗马帝国的拥护者。元老院重获勇气,以一票优势决定重新开始反攻。1509年7月17日,帕多瓦被收复。禁止威尼斯共和国贵族在意大利大陆服役的法律被废除。一百七十六名年轻贵族在威尼斯共和国总督莱昂纳多·洛雷达诺儿子的带领下向收复的城市进发。马克西米利安一世最终决定亲自上阵,率领一支由德意志军队、西班牙雇佣军和法军特遣队组成的庞大军队包围了帕多瓦。但法军和德意志军队没有配合好战术。当法

莱昂纳多·洛雷达诺

马克西米利安一世率军包围帕多瓦

兰西骑兵奉命徒步冲破缺口时,德意志骑兵被要求加入法兰西骑兵的行列,而不是留下来与低等的西班牙雇佣军并肩作战,但德意志骑兵拒绝徒步作战。最后,马克西米利安一世只能像以往那样由过度自信变得一筹莫展。1509年10月3日,马克西米利安一世重新翻过阿尔卑斯山脉。当听说维琴察也发生叛乱时,马克西米利安一世便召回了在威尼斯作战的军队。

马克西米利安一世无法在战场上击败威尼斯人,也无法攻占他们的城市,于是下令蹂躏威尼斯人的领土。1509年冬,弗留利发生了残酷的掠夺和残忍的屠杀。六千名成年男女和儿童在维琴察附近的一个洞穴中窒息而亡。残忍只能让人民更加相信威尼斯共和国仁政的优越性。

因康布雷同盟内部的纷争，威尼斯共和国得救了。教皇尤利乌二世一直是威尼斯共和国最可怕的敌人。教皇尤利乌二世不仅依靠武力而且通过把威尼斯人逐出教会的方式巩固康布雷同盟。教皇尤利乌二世声称他此举是不得已为之，因为威尼斯共和国一直拒绝承认教皇在精神领域和世俗领域的主张。"要不是这样，"教皇尤利乌二世说道，"我们本可以团结起来，找到办法把意大利从外国人的暴政中解放出来。"现在为什么不能这样做呢？教皇尤利乌二世声索的土地已经归他统治。威尼斯共和国正准备承认教皇尤利乌二世在精神上的崇高地位。此外，法兰西王国取得的压倒性优势威胁到教皇尤利乌二世的利益，这种危险甚至超过威尼斯共和国。因此，与威尼斯共和国联手，不仅有机会推动教皇的事业，而且有机会实现每一个爱国的意大利人的梦想，即驱逐外国人。然而，教皇尤利乌二世没有立刻伸出手来。教皇尤利乌二世认为自己不能轻率行事，只有确信威尼斯共和国足够强大，能够抵抗自身的敌人时，联手才为妙。因此，教皇尤利乌二世一直拒绝听取威尼斯人的请求。1510年2月，当威尼斯共和国满足教皇尤利乌二世最严苛的条件时，教皇尤利乌二世终于和威尼斯人握手言和。威尼斯共和国承认当年被教会驱逐的公正性，放弃对神职人员征税，放弃提名主教，承诺神职人员由教会法庭审判，并宣布教皇管辖境内的公民在亚得里亚海享有自由航行权。尽管十人议会①对这些让步进行了秘密抗议，认为这是敲诈，并拒绝接受，但就目前而言，教皇尤利乌二世已经取得了胜利。

依靠威尼斯人和瑞士人的帮助，教皇尤利乌二世现在的目标是把法兰西人和德意志人赶出意大利。然而，教皇尤利乌二世和瑞士人联手失败。尽管如此，教皇尤利乌二世起初还是获得短暂的成功。阿拉贡国王斐迪南二世的中立得到了那不勒斯和西西里岛的认可，但被教皇尤利乌二世拒绝（1510年7月）。属于费拉拉公爵阿方索一世·德·埃斯特的两个城市摩德纳和米兰多

---

① "十人议会"是威尼斯共和国最高权力机构，由元老院十名贵族组成。——译者注

教皇尤利乌二世指挥军队攻打米兰多拉

拉被征服。其中，摩德纳被教皇尤利乌二世的外甥乌尔比诺公爵蒙圭多巴尔多·德·泰费尔特罗的军队征服，米兰多拉被好战的教皇尤利乌二世的军队征服。当时，教皇尤利乌二世抱病在身。他从病榻上起来，越过冰面上的战壕，指挥军队猛攻，并最终占领了米兰多拉（1511年1月）。但也是在这里，教皇尤利乌二世的成功之路宣告结束。

1511年5月13日，法军在博洛尼亚城内叛徒的帮助下，占领了博洛尼亚。1511年9月，路易十二在比萨召开了大议会。比萨两年前被佛罗伦萨人重新夺回。协商没有成功，因为欧洲还没准备好再经历一次分裂。法军显然不会被轻易地逐出米兰公国。教皇尤利乌二世决心向法兰西人报仇，并转而求助阿拉贡国王斐迪南二世。这位狡猾的西班牙君主早就对同盟失去了兴趣。在夺回阿普利亚之后，阿拉贡国王斐迪南二世不屑威尼斯共和国的卑躬屈膝，但惧怕法兰西人在伦巴第的势力。同时，意大利的纷争给了阿拉贡国王斐迪南二世夺取纳瓦拉的借口，而这正是他梦寐以求的。因此，阿拉贡国王斐迪南二世非常欢迎教皇尤利乌二世的提议。1551年10月5日，教皇尤利乌二世、阿拉贡国王斐迪南二世和威尼斯共和国组成了神圣同盟。神圣同盟表面上的目标是保护教会，收复博洛尼亚，并恢复威尼斯共和国的领土完整，真正的目的是将法军赶出意大利。神圣同盟条约中的一项规定是，教皇应承认西班牙人在意大利境外占领的任何领土，并明显指出是纳瓦拉。同盟者还获得了英格兰国王年轻的亨利八世的支持，亨利八世急于恢复对吉耶纳的主权，并加强与岳父阿拉贡国王斐迪南二世的联盟。在对抗强大的神圣同盟时，路易十二最初获得了成功。法军由路易十二的外甥、阿拉贡国王斐迪南二世王后的弟弟加斯顿·德·福瓦指挥。这位二十三岁的年轻人是"一位没有当过兵的、了不起的将军"。在这次号称"意大利闪电战"中的迅速行动，1511年2月4日，他首次在博洛尼亚登场，迫使那不勒斯总督雷蒙德·德·卡多纳率领同盟军撤出阵地。得知布雷西亚人抵抗后，加斯顿·德·福瓦迅速赶往那里，以突击的方式攻占布雷西亚。为了便于控制陡峭的山坡，加斯顿·德·福瓦赤脚爬上城墙（1511年2月18日），并杀死了许多守军，"战场上

亨利八世

尸体如此多,以至马匹都无法落脚"。然后,加斯顿·德·福瓦迅速撤回博洛尼亚,击退敌军,然后进攻拉文那,并企图通过突袭的方式夺取拉文那(1511年4月19日)。

那不勒斯总督雷蒙德·德·卡多纳急于避免一场实力悬殊的战争。雷蒙德·德·卡多纳知道时间是站在自己这边的,因为马克西米利安一世即将加入神圣同盟。瑞士人正准备全力进攻米兰。亨利八世预计会入侵法兰西,这势必阻止路易十二派出有效的增援部队。因此,雷蒙德·德·卡多纳退守到法恩扎,但由于担心拉文那因局势得不到缓解而沦陷,他被迫重返拉文那。即便如此,雷蒙德·德·卡多纳的战术也是防御性的。雷蒙德·德·卡多纳的阵地位于沟渠旁边。阵地前面是沟渠纵横的沼泽。炮兵和装有镰刀状兵器的战车增强了防守，等待着法军进攻。

雷蒙德·德·卡多纳的阵地占据了有利位置，但在兵力上实力稍逊。法军如果想获胜，就必须速战速决。因此，加斯顿·德·福瓦决定再碰碰运气。复活节那天（1512年4月1日）8时整，加斯顿·德·福瓦下令发动进攻。加斯顿·德·福瓦本来希望用炮兵将雷蒙德·德·卡多纳的军队赶出阵地，因为炮兵在费拉拉公爵阿方索一世·德·埃斯特指挥下发挥过极高的战斗力，但这次加斯顿·德·福瓦很失望。西班牙人的炮火几乎和他自己的炮火一样猛，尽管

加斯顿·德·福瓦

拉文那战役

神圣同盟的骑兵和法军一样损失惨重,但西班牙步兵能卧在地上保护自己,而法军认为这事关荣誉而被禁止卧倒在地。经过三个小时的猛烈炮击,神圣同盟的骑兵、法兰西步兵和德意志步兵都迫不及待发起进攻。神圣同盟的骑兵进攻对面的法兰西骑兵,法兰西步兵和德意志步兵则攻击西班牙人的阵地。骑兵对骑兵,步兵对步兵,双方针锋相对。在随后的战斗中,艾维斯·德·莱格里指挥的法兰西骑兵经过半小时的战斗,取得了辉煌的战果。但在步兵方面,德意志步兵尽管英勇拼杀,但发现西班牙步兵的攻势太强,最终进攻失利。此时,法兰西骑兵分遣队则从冲锋中返回,在侧翼占领了神圣同盟的步兵阵地。

法军和德意志步兵联合作战,击退了西班牙军队的进攻,迫使西班牙军队撤退,把西班牙军队赶出了阵地,取得了战斗胜利。加斯顿·德·福瓦试图阻止大约二千名西班牙步兵撤退。加斯顿·德·福瓦带着几名随从,贸然半路阻击西班牙步兵,尽管从马上摔下,仍继续战斗,"可与罗兰在隆塞斯瓦尔斯的壮举媲美",直到最后因伤势过重而亡。自此,这场持续八个小时的血腥的战斗终于结束,史称"拉文那战役"。

传记作家巴亚德侯爵皮埃尔·特亚尔详细描述了拉文那战役,可以帮助我们认识这场战役的显著特点。短兵相接,长矛和短剑的贴身冲刺,火绳钩枪或马上火绳钩枪的运用,都属于中世纪作战特征,但枪支使用的效率预示着战法正迈入16世纪的门槛。

加斯顿·德·福瓦阵亡

佩德罗·纳瓦拉

　　胜利属于法军。西班牙最优秀的将领佩德罗·纳瓦拉，年轻的佩斯卡拉侯爵费尔南多·弗朗西斯科·德·阿瓦洛斯，枢机主教美第奇，以及枢机主教乔瓦尼·德·美第奇——未来的教皇利奥十世，统统成了俘虏。"西班牙的损失如此大，以至一百年都无法恢复。"拉文那很快就投降了。然而，胜利从来不是金钱可以换来的，再多也无用。尽管西班牙军队损失严重，法兰西军队和德意志军队损失更加严重，许多在意大利战场表现出色的勇士阵亡，最严重的莫过于加斯顿·德·福瓦。加斯顿·德·福瓦如果还活着，就可能会赶往罗马，立即同教皇尤利乌二世谈判。然而，加斯顿·德·福瓦阵亡造成了延误，而延误是毁灭性的。法军的残忍让意大利人憎恨。尽管在布雷西亚和拉文那获得了丰厚的战利品，但法军士气低落，最后军队大部分撤回了法兰西。

在拉文那战役前，马克西米利安一世尽管就已经和神圣同盟达成了协议，但已经来不及阻止德意志雇佣兵参加战斗并向法军提供有效援助了。现在，为了确保米兰，马克西米利安一世召回了德意志雇佣兵，并公开与法兰西王国断交。失去支持的法军很难保住阵地。正是瑞士人把法军赶过了阿尔卑斯山脉。在这之前，唯利是图的瑞士高山人对路易十二帮助最大，但因路易十二拒绝增加补贴，导致双方关系疏远。更重要的是路易十二中止了瑞士人与米兰人的贸易，瑞士人从米兰人那里采购玉米、葡萄酒和油料。于是，一个强大的反法兰西集团在瑞士出现，由法军的死敌瓦莱的主教马蒂亚斯·施纳领导。1512年5月，瑞士军队进入米兰。加斯顿·德·福瓦阵亡后，雅克·德·拉·帕利斯接手了军队的指挥权。雅克·德·拉·帕利斯认为，失去德意志雇佣兵的援助，法军战斗力减弱，无法御敌，同时过多的战斗使士气低落。

雅克·德·拉·帕利斯率军退到了帕维亚，米兰总督特奥多罗·特里乌尔齐奥跟随着他。不久，法兰西军队再次越过塞尼斯山口。除了米兰和其他几个城

米兰总督特奥多罗·特里乌尔齐奥

堡，法军占领的地盘迅速丢失。热那亚人赶走了法军，推选吉贾诺·弗雷戈索为总督。罗马涅尽归教皇尤利乌二世管辖。费拉拉公爵阿方索一世·德·埃斯特确实坚持了下来，但失去了雷焦。博洛尼亚被教皇尤利乌二世的军队重新夺回。接着，帕尔马和皮亚琴察也被夺回。教皇尤利乌二世宣称拥有波河以南的所有领土。

1512月8月，神圣同盟诸国的代表在曼图亚召开了大会。佛罗伦萨共和国第一次要求大会关注。自季罗拉莫·萨沃纳罗拉死后，佛罗伦萨共和国的地位就变得非常微弱。1494年制订的宪法没有很好地发挥作用。宪法的寡头政治色彩强烈，不受欢迎，美第奇家族及其党羽则极力诋毁宪法。1502年，为了提高行政效率，行政长官被任命为终身职务，皮耶罗·索德里尼当选。1506年，在

皮耶罗·索德里尼

尼可罗·马基雅维利的建议下，佛罗伦萨共和国成立了自卫队。但这些措施并没有起到任何作用，直到1509年比萨才重新被收复。漫长的内斗耗尽了佛罗伦萨共和国政府的财力，而美第奇家族的阴谋也变得更加活跃。由于坚持与法兰西的联盟，佛罗伦萨共和国拒绝了神圣同盟的提议。然而，由于奉行软弱的中立政策，在路易十二性命攸关的时刻佛罗伦萨共和国没能提供任何实质性帮助。现在神圣同盟的军队要求皮耶罗·索德里尼退休，并允许美第奇家族以私人公民身份返回。佛罗伦萨人同意接纳美第奇家族，但因对新组建的自卫队过于自信，拒绝罢免皮耶罗·索德里尼。由此，1512年8月12日，雷蒙德·德·卡多纳袭击了位于佛罗伦萨以北几英里的普拉托。自卫队人数尽管多于神圣同盟的军队，但没能担负起人们寄予厚望的信任。神圣同盟的军队一突破防线，自卫队撒腿就跑，而且城墙内也可能有背信弃义之徒。西班牙人进入普拉托时没有再遇到抵抗。普拉托被残忍地洗劫。据说，当时的惨状令乔瓦尼·迪·洛伦佐·德·美第奇——未来的教皇利奥十世——晚年都深感不安。残忍达到了预期的效果。为了不让佛罗伦萨共和国陷入进一步的困境，皮耶罗·索德里尼立刻辞职。皮耶罗·索德里尼虽然和蔼可亲却软弱无能。意大利新兴资产阶级思想政治家、史学家尼可罗·马基雅维利后来在愤慨地给他题写墓志铭时，称他是"愚蠢的灵魂"。1512年9月1日，枢机主教乔瓦尼·迪·洛伦佐·德·美第奇进入佛罗伦萨。美第奇家族①名义上以公民身份回归，却将1494年宪法彻底废除。政府恢复了以前洛伦佐·德·美第奇时的统治，一切都被美第奇家族控制了。虽然革命是温和的，但旧政府的遗老们自然失去了官职。尼可罗·马基雅维利曾是十人委员会的秘书，并积极参与了佛罗伦萨共和国的外交，现在也被逐出公众视野。此后，尼可罗·马基雅维利便致力于撰写《君主论》和《罗马史

---

① 此时美第奇家族的领袖是：（一）内穆尔公爵朱利亚诺·迪·洛伦佐·德·美第奇和枢机主教乔瓦尼·迪·洛伦佐·德·美第奇，都是洛伦佐·德·美第奇的儿子；（二）朱利奥·迪·朱利亚诺·德·美第奇，洛伦佐·德·美第奇的侄子，后来成为枢机主教，最后成为教皇克莱门特七世；（三）乌尔比诺公爵洛伦佐·迪·皮耶罗·美第奇，皮耶罗·迪·洛伦佐·德·美第奇之子，洛伦佐·德·美第奇之孙。——原注

教皇利奥十世

论》①，而《君主论》让他声名狼藉。新统治者领导下的佛罗伦萨放弃了与法兰西的联盟，加入了神圣同盟。

于是，神圣同盟开始解决米兰问题。马克西米利安一世急于确保孙子——后来的查理五世——在米兰的地位，但教皇尤利乌二世、威尼斯人、瑞士人，甚至阿拉贡国王斐迪南二世都拒绝接受，因为他们害怕这位年轻的王子得到米兰后会增加大量可继承的财富。最后，他们同意召回卢多维科·斯弗扎

---

① 《君主论》的创作初衷，参见劳伦斯·阿瑟·伯德《君主论》序言。——原注

的儿子马克西米利安·斯弗扎。自父亲去世，马克西米利安·斯弗扎一直在宫廷里长大。1512年12月24日，马克西米利安·斯弗扎从瑞士人那里得到"钥匙"，进入米兰。作为回报，这位"傀儡公爵"向神圣同盟割让了瓦尔马吉亚、洛迦诺和卢加诺。向神圣同盟的盟友割让了雷蒂亚联盟（后来称"格劳宾登州"）、基亚文纳、博尔米奥和瓦尔特林纳，再加上1440年瑞士获得的瓦尔温特纳和1503年路易十二送给瑞士的贝林佐纳，于是瑞士及其盟友完全控制阿尔卑斯山脉四个最重要的通道：圣哥达德、斯普卢根、马洛亚和贝尔尼纳，同时瑞士的领土扩张到意大利的科莫湖、卢加诺湖和马焦雷湖①。到1512年年底，美第奇家族和斯弗扎家族再次掌权，情形如同查理八世入侵时的翻版，一模一样。

与此同时，法兰西人受到阿拉贡国王斐迪南二世和英王亨利八世联合攻击吉耶纳的威胁。英格兰人的确已在巴约讷登陆，但令路易十二感到幸运的是，阿拉贡国王斐迪南二世的注意力转移到了纳瓦拉。这个横跨比利牛斯山脉的王国，此时由凯瑟琳·德·福瓦和她的丈夫法兰西人约翰·德·阿尔伯特统治，但她的地位一直受到以路易十二的外甥加斯顿·德·福瓦为代表的年轻一代的非议。加斯顿·德·福瓦在拉文那战役中阵亡，他的权力转给了妹妹福瓦的杰曼，即阿拉贡国王斐迪南二世的王后。现在阿拉贡国王斐迪南二世开始向外界施压。在位的凯瑟琳·德·福瓦不再惧怕法兰西人，而是寻求与路易十二联盟。这就给了阿拉贡国王斐迪南二世想要的借口。阿拉贡国王斐迪南二世要求借道纳瓦拉王国进攻法兰西，但遭到了拒绝，随后便入侵了纳瓦拉王国。阿拉贡国王斐迪南二世得到了以博蒙特家族为首的一个强大的派系支持，胆怯的约翰·德·阿尔伯特落荒而逃。凯瑟琳·德·福瓦曾经对丈夫说："如果你是女王而我是国王，这个王国就不会衰落。"尽管如此，凯瑟琳·德·福瓦也只能听任懦弱的丈夫摆布。1513年7月月底，阿拉贡国王斐迪南二世占领了所有属于纳瓦拉王国的山区领土。这个位于比利牛斯山脉、法兰西

---

① 神圣同盟控制基亚文纳、博尔米奥和瓦尔特林纳直到1797年。从1803年起，其他地区共同组成了瑞士的提契诺州。——原注

福瓦的杰曼

斜坡上的国家继续作为一个独立的王国存在。16世纪，随着纳瓦拉国王亨利继承法兰西王国的王位，纳瓦拉王国被并入法兰西王国。英格兰人对阿拉贡国王斐迪南二世未能与他们合作感到恼火。受到疾病的袭击，加上炎热的气候、连绵不断的雨季、南方浓烈的葡萄酒，英军的斗志被削弱了。英格兰人便从巴约讷撤退，法兰西人也因此摆脱了眼前的危险。

1513年年初，有迹象显示神圣同盟不会长久。威尼斯人发现神圣罗马皇帝马克西米利安一世觊觎康布雷同盟最初分配给威尼斯共和国的那部分领土，于是又开始寻求法兰西人的帮助。此时，神圣同盟的主要人物之一——教皇尤利乌二世——去世。这个"性格暴烈"的人曾经想征服罗马涅，并在那里牢牢建立教皇的统治。同时，教皇尤利乌二世力争将意大利从外国人手里解放出来，其中，第一个目标占主导地位，他已经实现。"无论是好是坏，教皇尤利乌二世是教皇国的创始人。"我们或许会痛惜世俗统治对教皇精神品质的影响，但至少教皇尤利乌二世的计划比教皇亚历山大六世的方案要好得多。教皇亚历山大六世曾试图建立自己家族的统治，而教皇尤利乌二世一切为了罗马教皇。为了达到这一目标，他不得不牺牲第二个目标。通过康布雷同盟，教皇尤利乌二世最终摧毁了意大利的政治生活，并引来了外国势力，而在神圣同盟中，他试图废除之前依赖外国势力的政策，并把法兰西人赶过了阿尔卑斯山脉。教皇尤利乌二世发现只能通过不断变化主子的代价来实现自己的目标。在最后的日子里，教皇尤利乌二世确实希望通过一些小小的让步与马克西米利安一世和解，然后在威尼斯人和瑞士人的帮助下，将西班牙人赶出意大利半岛，但这只是一个虚幻的梦想而已。教皇尤利乌二世曾系紧了意大利奴隶制的枷锁，并尽力增强令人惧怕的奥地利王室-西班牙王室的力量。不久，该力量便成为欧洲的主要威胁，并控制了意大利的命运。然而，教皇尤利乌二世的名字，将永远作为教皇国的创始人，作为伟大的半政治性半宗教性教派的最后一位代表，流芳百世，尽管他倡导的至高无上的西方基督教主张即将被颠覆。教皇尤利乌二世同时也是文艺复兴艺术领域最高成就者们的知音，他赞助过多纳托·布拉曼特、迈克尔·安吉洛和拉斐尔及圣彼得大教堂[①]、西斯廷教堂与梵蒂冈教堂的壁画创作。

---

① 多纳托·布拉曼特在教皇尤利乌斯二世时期开始建造圣彼得大教堂，迈克尔·安吉洛在教皇利奥十世时期加盖了圣彼得大教堂的圆屋顶。

迈克尔·安吉洛

拉斐尔

在教皇尤利乌二世的所有计划中，美第奇家族在佛罗伦萨共和国的复辟直接影响到意大利的历史和教皇的历史。导致教皇尤利乌二世政策形成的主要原因是路易十二一直顽强地扶持共和制，但路易十二的政策是错误的。佛罗伦萨共和国国力虚弱，不可能有很大的影响，而美第奇家族与西班牙结盟，佛罗伦萨共和国就可能再次变得强大。然而，教皇尤利乌二世几乎没有预见到一个刚从流亡中恢复的家族竟会复兴，并且这个家族的成员会成为教皇宝座的继承人。三十八岁的枢机主教乔瓦尼·迪·洛伦佐·德·美第奇的当选教皇，这震惊了每个人。

乔瓦尼·迪·洛伦佐·德·美第奇是洛伦佐·德·美第奇的第二个儿子，在成年之前就被任命为枢机主教。他虽然在一些方面并不突出，但在家族复兴中扮演了重要角色，这足以表明他是一位能干的政治家。乔瓦尼·迪·洛伦佐·德·美第奇当选为教皇，主要是因为枢机主教们希望在教皇亚历山大六世和教皇尤利乌二世的政治改革之后让宗教界得到休养生息。枢机主教们希望通过选举达到此目的，并看中爱好生活的美第奇家族成员，认为美第奇家族成员崇尚辉煌，热爱文学和艺术，能从一定层面代表文艺复兴的精神。但在实际生活中，枢机主教们只是渴望在佛罗伦萨共和国树立教会的威望，并想永远站在胜利者一边，除此之外，没有其他任何严肃的目标。

尽管如此，由于教皇尤利乌二世的驾崩，神圣同盟痛失了一位最真诚的成员，教皇人事的变更暂时也没有带来和平的曙光。一方面，法兰西王国和威尼斯共和国因共同利益而联合起来，形成了一个联盟；另一方面，年轻的英王亨利八世和雄心勃勃的大臣托马斯·沃尔西急切地想在欧洲政界赢得一席之地，渴望建立一个新的联盟抗衡法兰西王国。1513年4月，在梅克林，马克西米利安一世、亨利八世、教皇利奥十世和阿拉贡国王斐迪南二世签署《梅克林条约》。与此同时，阿拉贡国王斐迪南二世与路易十二也签署了一份秘密条约。

法兰西王国受到来自四面八方的威胁，几乎被压垮。在意大利，法兰西人试图在威尼斯人的帮助下重新征服米兰，却被爆发于1513年6月6日灾难般的

托马斯·沃尔西

诺瓦拉战役挫败。在诺瓦拉，瑞士人把马克西米利安·斯弗扎视为被保护的对象。在没有骑兵或大炮的情况下，果断地击败了一支人数三倍于自己的法军，并用枪支和马匹武装了自己。

亨利八世和穷得叮当响的马克西米利安一世攻入法兰西王国，围攻了特鲁恩。1513年8月16日，在吉尼盖特，亨利八世和马克西米利安一世轻松地打跑了一支法兰西援军，从而使吉尼盖特战役赢得"马刺之战"的美名，并攻占了特鲁恩和图尔奈。1513年9月，瑞士实际上已经入侵了法兰西，并强迫路易十二签

诺瓦拉战役

吉尼盖特战役

订了条约。1513年9月9日，苏格兰国王詹姆士四世试图为自己的法兰西盟友分担部分压力，但在弗洛登战役中丢掉了苏格兰贵族的荣誉和自己的性命。

　　法兰西王国，这个最初从瓜分威尼斯共和国过程中获益最多的国家，到头来自己却面临被瓜分的局面。但同以往一样，欧洲列强之间的相互猜忌阻碍了任何持久的联合。阿拉贡国王斐迪南二世和教皇利奥十世都不希望看到衰落的法兰西王国。教皇利奥十世认为，通过平衡西班牙和法兰西在意大利的力量，他和自己家族的利益将得到最大保障，并希望自己的弟弟内穆尔公爵朱利亚诺·迪·洛伦佐·德·美第奇在那不勒斯的计划能得到法兰西人的帮助。因此，教皇利奥十世与法兰西国王路易十二和好。1513年11月，他赦免了参与比萨分裂主义委员会的法兰西枢机主教。对阿拉贡国王斐迪南二世而言，重点是防止哈布斯堡家族的势力过度扩张。阿拉贡国王斐迪南二世已经和路易十二签订了一份秘密条约。现在，他正用计谋让神圣罗马帝国皇帝马克西米利安一世

英格兰军队与苏格兰军队在弗洛登激战

脱离与英格兰的联盟。英王亨利八世决心不让自己陷入危险之中。他对阿拉贡国王斐迪南二世的背信弃义和神圣罗马帝国皇帝马克西米利安一世的奸诈感到头痛。马克西米利安一世愿意做任何事来获得一分半文。因此，1514年8月，亨利八世与路易十二签署和约。和约一致认为尽管亨利八世的妹妹玛丽·都铎刚刚和马克西米利安一世的孙子查理订了婚，但应该嫁给法兰西国王路易十二。两者年龄差距很大，新郎路易十二是五十二岁的鳏夫，而新娘玛丽·都铎

玛丽·都铎

只有十八岁,但本有顾虑的少女轻信了这样的诺言:如果这次为了哥哥的利益牺牲自己,下次她就可以按自己的意愿办事。于是,法兰西和英格兰之间实现了和平。法兰西人摆脱了自身的危险,而在托马斯·沃尔西的领导下,英格兰人在欧洲赢得了有影响力的地位。

毫无疑问,路易十二的意大利政策是愚蠢的。史学家尼可罗·马基雅维利指出路易十二犯了三个主要错误:"第一,他增强了教会权力;第二,他把势均力敌的西班牙人引入意大利;第三,他毁掉了最好的盟友威尼斯人。"

的确,列强之间的相互忌妒,使法兰西王国免于被瓜分。但法兰西王国资源匮乏,西班牙夺取了纳瓦拉王国一半土地,图尔奈被英格兰夺走。而试图控制意大利的企图只是印证了那句千真万确的格言:"意大利是法兰西人的坟墓。"

如果路易十二还活着,欧洲可能会迎来和平。但不幸的是,路易十二在三个月后(1515年)就驾崩了,当时他还在积极扮演新郎角色,"8时就餐而非按习惯在中午就餐,半夜就寝而不是18时上床"。雄心勃勃的昂古莱姆的弗朗索瓦继承了王位,并于1514年与路易十二的女儿法兰西的克劳德结婚。法兰西的克劳德通过母亲布列塔尼的安妮的婚姻而成为布列塔尼公国的女继承人。

这位年仅二十一岁的年轻国王何许人也?亨利八世的大使罗伯特·温菲尔德爵士在马克西米利安一世的宫廷里是这样描述的:"弗朗索瓦一世永不知足,总是在谈论在事业上如何磨砺、鞭策与奋进。弗朗索瓦一世总是念念不忘地说自己坚信凭借勇敢和勤奋可以恢复前辈们失去和遗弃的东西。基督教世界的君主制将像从前一样在法兰西的旗帜下延续。"弗朗索瓦一世的母亲萨伏依的路易丝一门心思想把儿子打造成又一个"恺撒",积极鼓励他。弗朗索瓦一世刚登上王位,就决心进攻意大利,一雪诺瓦拉战役中法军惨败的耻辱。1515年春季和夏季,弗朗索瓦一世、亨利八世与威尼斯共和国续约,并与年轻的查理五世结成同盟。虽然查理五世只有十五岁,却奉命统治尼德兰,并在谢夫尔勋爵威廉·德·克罗伊的指导下,与法兰西实现了和解。弗朗索瓦一世也希望得到教皇利奥十世的支持。1515年2月,弗朗索瓦一世批准了教皇利奥十世之弟

萨伏依的路易丝

朱利亚诺·迪·洛伦佐·德·美第奇与萨伏依的费利贝塔的婚姻。费利贝塔是弗朗索瓦一世母亲萨伏依的路易丝同父异母的妹妹。弗朗索瓦一世希望有一天能统治那不勒斯。

然而,变化无常的教皇利奥十世和往常一样扮演着双重角色,并在1515年2月加入了反法兰西同盟,反法兰西同盟由神圣罗马帝国皇帝马克西米利安一世、阿拉贡国王斐迪南二世、佛罗伦萨共和国、米兰公国和瑞士组成。一旦

普洛斯彼罗·科隆纳

反法兰西同盟诸国联合起来，可能会对弗朗索瓦一世不利。但反法兰西同盟诸国热衷于自己的利益，从而分化了力量。弗朗索瓦一世发现塞尼山口和热内夫尔山口由瑞士人把守，便沿着阿让蒂耶尔山口穿过阿尔卑斯山脉，经这条艰难的新路线顺利地到达了萨卢佐。这令普洛斯彼罗·科隆纳大吃一惊。普洛斯彼罗·科隆纳正在维拉夫兰卡指挥米兰军队。于是，瑞士人在苏萨的处境被彻底改变了。

瑞士人回到米兰，法兰西军队向皮亚琴察和米兰之间的马里尼亚诺进发。在这里，1515年9月下旬的一个下午，法兰西军队遭到了瑞士人的袭击。在法兰西人的宿敌马蒂亚斯·施纳的鼓舞下,这些来自瑞士强悍的山地人有着顽强的斗志。马蒂亚斯·施纳现在是锡安的枢机主教,他终身致力于反抗法兰西人。瑞士人只有几名米兰骑兵相助,几乎没有长枪,但他们相信赫赫有名的方阵和长矛的杀伤力。瑞士人蔑视法军,把他们视作"穿盔甲的野兔"。瑞士人扔掉帽子,赤着脚,猛然冲向法军,希望能重新夺回诺瓦拉,但他们低估了法军。法军由号称"法兰西骑士精神之花"的波旁治安雅克·德·拉·帕利斯率领,指挥官还包括"阿登魔鬼"之子巴亚德侯爵皮埃尔·特亚尔,其自命为冒险者,以及曾参加过十七场激战的米兰人特奥多罗·特里乌尔齐奥。西班牙炮兵将军佩德罗·纳瓦拉也在法军指挥官之列,他在拉文那战役中被俘。由于小气鬼阿拉贡国王斐迪南二世拒绝支付赎金,他便参加法军,与法军一起征战。

随后发生的马里尼亚诺战役,被特奥多罗·特里乌尔齐奥称为"巨人之战",与之相比,之前的一切不过是儿戏而已。当黑暗降临时,战斗人员便躺下睡觉,切身感受到"弹如雨下"。黎明时分,战斗重新开始,一直持续到中午。当巴尔托洛梅奥·德·阿维亚诺率领威尼斯分遣队进攻瑞士人后方时,瑞士人就开始撤退。胜负已定,弗朗索瓦一世像骑士一样和巴亚德侯爵皮埃尔·特亚尔在战场并肩作战,掌握战场主动权。瑞士人尽管战败了,但仍然带着伤员井井有条地撤出了战场。

马里尼亚诺战役后,米兰割让给了法兰西人。马克西米利安·斯弗扎放弃了持有三年之久的爵位,几年后便在法兰西囚牢中死去。通过这场胜利,弗朗索瓦一世击碎了瑞士人的军事威望。后来,瑞士人仍然自认为是"不可战胜的,能掌控伦巴第,管制各诸侯"。实际上,瑞士雇佣军在意大利再也没有发挥过独立的影响。自此,弗朗索瓦一世一举登上了军事荣耀的顶峰。弗朗索瓦一世如果抓住优势,可能会削弱教皇利奥十世的势力并夺回那不勒斯王国。但他还没有准备好。而且与预期相反,一场偶发的战役促进了和平,利奥十世渴望加入获胜的一方,便赶紧达成妥协。利奥十世放弃了帕尔马和皮亚琴察,而弗朗索瓦一世则承诺支持洛伦佐·迪·皮耶罗·美第奇在佛罗伦萨共和国的地位,

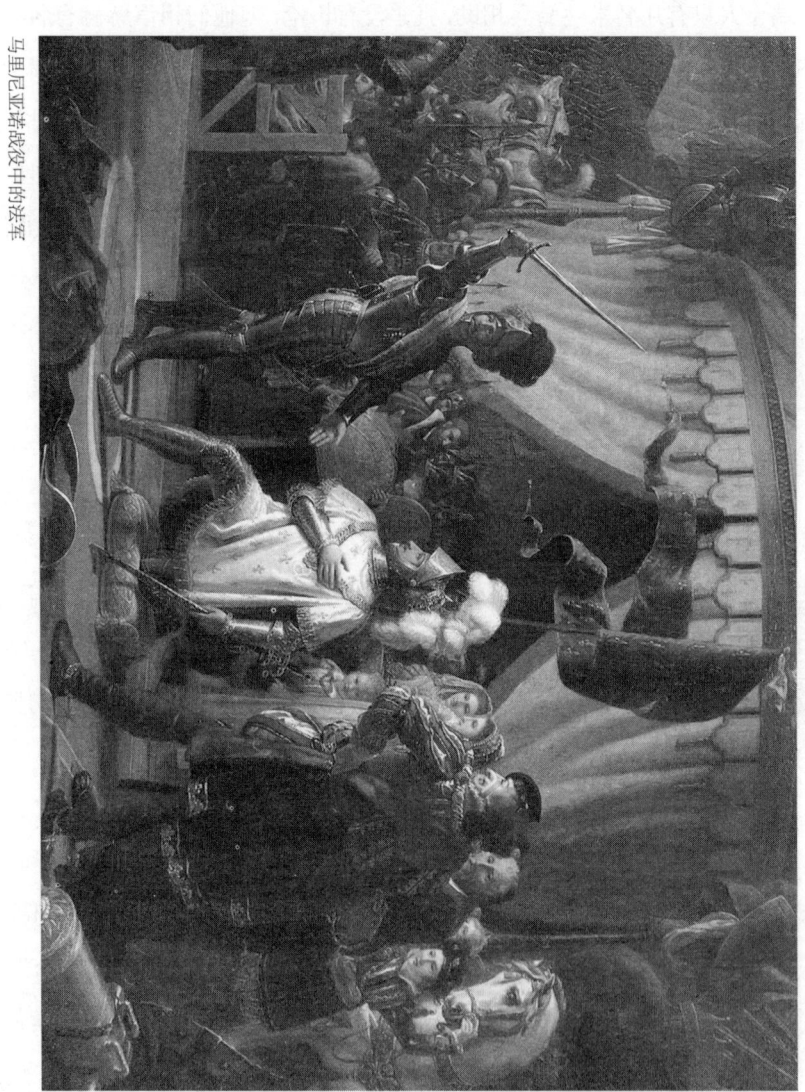

马里尼亚诺战役中的法军

马里尼亚诺战役

并批准教皇利奥十世对乌尔比诺公爵弗朗西斯科·玛利亚一世·德拉·诺维的领地进攻,当时乌尔比诺公爵弗朗西斯科·玛利亚一世·德拉·诺维已经被驱逐。不久,弗朗索瓦一世给洛伦佐·迪·皮耶罗·美第奇送来了一位与王族有关系的妻子,马德琳·德拉·陶德·奥弗涅。

教皇利奥十世和弗朗索瓦一世在解决了政治纷争后,便按照《博洛尼亚协定》共同界定高卢教派的自由权限。1439年,法兰西教会的传统特权在布尔日的《国是诏书》中得到了法王查理七世的确认和补充。诏书明确规定:自由选举主教和确定男修道院院长的职位任期;教皇不享有"初果"权,不能通过

洛伦佐·迪·皮耶罗·美第奇

马德琳·德拉·陶德·奥弗涅

"保留"和"预期"享有提名受惠权,严格限制对罗马教廷的上诉权;同时宣告大议会权力高于教皇。法兰西教会独立性令人极其不满,不仅是教皇,而且法王路易十一本人也是如此。法王路易十一曾试图废除这个《国是诏书》,但没有成功。现在,弗朗索瓦一世有了机会,利奥十世也助了他一臂之力。新修订的《博洛尼亚协定》的确约束了对罗马教廷的上诉权,并彻底废除了教皇通过"保留"和"预期"享有的提名受惠权,但它恢复了教皇的"初果"权,不再强调大议会权力高于教皇,并赋予法兰西国王提名主教和大主教的权力,但主教和大主教的提名需得到教皇的确认并受制于宗教习俗。几年后,法兰西国王获得了提名法兰西修道院院长的特权。对法兰西教会自由的严重攻击遭到了最高法院和巴黎大学的坚决反对，但在无效的抵抗之后，最高法院被迫认可《国是诏书》，巴黎大学则被王室的威胁吓得魂不附体，宗派协议于是成为法兰西王国的法律。从此，法兰西教会成为法兰西国王和教皇的奴仆。通过控制这些提名，王权力量变得无比强大，因为当时在法兰西有十位大主教、八十三位主教和五百二十七位男修道院院长。这种提名权几乎完全是为贵族出身的人而量身定做的。于是，贵族高级神职人员和大多数侍从神父及无法入列的地方神父之间存在天壤之别。在这种情况下，一方面，神职人员的地位差异反映了当时国家的社会状况，贵族和贱民之间存在着尖锐、不可调和的分裂；另一方面，教皇在王室提名上享有否决权，这使更高级别的神职人员和渴望获得职位的人被迫都向教皇行贿。从此，欧洲教会中曾经最独立的法兰西教会，变成了最奴性化、最极端的教会之一，而它的统治者则失去了与中产阶级的一切联系。

同时，弗朗索瓦一世的胜利对阿拉贡国王斐迪南二世的政策产生了重大影响。自从腓力大公去世后，阿拉贡国王斐迪南二世一直忌妒自己的外孙查理五世，唯恐查理五世可能会重新夺回卡斯蒂尔王国的摄政权，并且不看好奥地利、尼德兰和西班牙统一的前景。敌意甚至导致阿拉贡国王斐迪南二世想重新分割留给查理五世的遗产。现在，由于担心法兰西王国可能变得过度强大，阿拉贡国王斐迪南二世改变了自己的意愿，把一切遗产赠给了查理五世。这位老谋深算的外交家曾计划在西班牙建立统一的王权，并平衡欧洲的权力，可惜于1516年1月驾崩。十七岁的查理五世发现自己现在统治着西班牙、尼德兰、那不勒斯和西西里王国及整个新世界。

1515年，托马斯·沃尔西获得了枢机主教的职位。当前，托马斯·沃尔西的目标是通过查理五世、马克西米利安一世、教皇利奥十世和瑞士之间的联盟抵抗法兰西，但教皇利奥十世目前更喜欢与法兰西联盟，查理五世还没有准备好与法兰西王国斗争。查理五世的地位根本不稳固，许多人不接受他在西班牙继位的现实。尼德兰受到盖尔德雷斯公爵查理二世和布伊隆勋爵

布伊隆勋爵罗伯特·德·拉·马克

罗伯特·德·拉·马克的攻击。盖尔德雷斯公爵查理二世和布伊隆勋爵罗伯特·德·拉·马克都乐于寻找战争的借口。最后,查理五世虽然有各种各样的头衔,但非常缺钱。因此,查理五世没有资格对米兰公国的主权提出异议。查理五世听从谢夫尔勋爵威廉·德·克罗伊的建议,决定与马里尼亚诺战役的胜利者达成《努瓦永和约》(1516年8月13日)。查理五世与弗朗索瓦一世年幼的女儿路易丝订婚,法兰西人保留了米兰公国,但放弃对那不勒斯王国的申索权。查理五世答应将西班牙占领的纳瓦拉领土还给约翰·德·阿尔伯特。威尼斯同意为布雷西亚和维罗那向马克西米利安一世提供二十万达克特金币，但如果他拒绝，两位国王可能会在威尼斯事务上采取他们想采取的政策。

《努瓦永和约》是对托马斯·沃尔西的一次打击。托马斯·沃尔西试图与马克西米利安一世、威尼斯人和瑞士人结盟，结果都没成功。马克西米利安一世甚至准备好一些妙计来欺骗亨利八世在神圣罗马帝国宫廷的代表——头脑简单的罗伯特·温菲尔德爵士。罗伯特·温菲尔德爵士是老一辈的大使，他不知道新外交的诡诈。不过，托马斯·沃尔西的特别代理——理查德·佩斯——提醒他要注意容易上当受骗的罗伯特·温菲尔德爵士，幽默地形容罗伯特·温菲尔德爵士像"白纸"一样单纯，同时要提防马克西米利安一世的吝啬和对金钱的贪婪。1518年12月，马克西米利安一世接受了《努瓦永和约》，并把布雷西亚和维罗纳交给威尼斯共和国。托马斯·沃尔西在瑞士的行动不太成功。1518年11月，作为回报，马克西米利安一世在弗里堡与法兰西人达成了"永久和平"。英格兰似乎又一次被孤立了，但弗朗索瓦一世想要收复被亨利八世1513年夺去的图尔奈，这给了托马斯·沃尔西一个有利的机会。根据《伦敦条约》（1518年10月），亨利八世放弃了图尔奈。两国的联盟通过联姻得到了确认。英格兰公主、亨利八世的长女玛丽·都铎——一个两岁的孩子，和不到一岁的法兰西王王储弗朗索瓦订婚。这样一来，英格兰至少已经从孤立中拯救了自己，欧洲也恢复了和平。

教皇利奥十世在1517年3月解散了拉特兰议会，宣布教派分裂已经结束，教会改革已经完成。教皇利奥十世希望和平的欧洲能够团结起来反对土耳其人。欧洲列强公开表示支持，承诺允许教会出售赎罪券。教皇的财务官们开始筹集资金。然而，欧洲正处于哈布斯堡和瓦卢瓦两个家族又一场新的争斗边缘。这场争斗将持续八十年。马丁·路德已经将自己著名的《论纲》贴在威滕伯格教堂的门上，这将导致罗马前所未有的分裂。

上述提到的一系列条约，可以说结束了从康布雷同盟开始的断断续续的战争。人们常说，康布雷同盟毁了威尼斯共和国，但我们发现，威尼斯共和国仍

马丁·路德

然保留着在意大利大陆几乎所有领地,只有阿普利亚和其他少数地区向教皇投降,阿达仍然是威尼斯共和国的西部疆界。毫无疑问,长期的战争使威尼斯共和国的资源和财政状况严重紧张,但现在这些可能已经得到恢复。

因此,我们必须从别处寻找威尼斯共和国衰落的原因。首先,政治状况发生了变化。欧洲伟大的君主制国家,特别是法兰西王国和西班牙王国,已经得到巩固。威尼斯共和国无法再与它们竞争,其在意大利大陆的资源不足以对付强国的军队,威尼斯共和国必须心甘情愿地接受从属地位。同时,我们必须记住土耳其人入侵带来的严峻形势。欧洲时刻都在指责威尼斯共和国背弃基督教事业,而在威尼斯共和国恳切请求援助时置若罔闻。因此,面对土耳其人,威尼斯共和国几乎是孤军奋战。在这场战争中,除了偶尔停战,从16世纪到17世纪,威尼斯共和国逐渐失去了立足之地。在经历了二十四年绝望的自卫后,1571年,威尼斯共和国被迫放弃塞浦路斯,1669年又放弃了希腊的干地亚。这些战争的费用,加上刚刚遭受的战争,就算威尼斯共和国仍能保留贸易的顺畅,也很难支付得起。

但即使是贸易,也在逐渐衰落。威尼斯共和国的财富主要依靠与东方的直接贸易和东西方之间的运输贸易。东部商业的旧路线主要有三条:第一条,从中亚到黑海,再从黑海到地中海。第二条,从波斯湾到幼发拉底河流域,再到黎凡特;第三条,从红海到开罗和亚历山大港。在亚历山大港,装在威尼斯平底大船里的货物运往威尼斯共和国,再被运过阿尔卑斯山脉。通常是通过布伦纳山口,送到尹恩河、多瑙河、曼恩河和莱茵河,再经莱茵河运到布鲁日,或者用佛兰德斯船队从海上运输,但在16世纪初,通往威尼斯共和国的东线逐渐封闭。1453年,土耳其人征服君士坦丁堡后,切断了黑海和黎凡特的贸易往来,而葡萄牙人向印度的推进摧毁了通过埃及的贸易。

在非洲西海岸,热那亚人是探险的先驱。热那亚人重新发现了迦太基人熟悉的加那利群岛和马德拉岛,但他们的注意力集中在地中海。在与威尼斯人的竞争中,热那亚人耗尽了力量。14世纪,葡萄牙人重新占领了这些岛屿。葡萄牙人的伟大发现可追溯到航海家亨利时代(1394年到1460年)。航海家亨利是葡萄牙国王约翰一世的儿子,在欧洲最西南的海角——圣文森特角——的萨格雷斯建立了一个天文台,致力于地理科学研究,并鼓励科学发现,自然也包含其他动机。航海家亨利渴望报复世仇摩尔人。航海家亨利对黄金和奴隶贸易的利润垂涎欲滴,并第一个参与了奴隶贸易。在一次远征中,至少有二百一十六名黑人奴隶被带到葡萄牙,其中五分之一被分配给了航海家亨利,作为他应得的份额。史学家曾评论说:"航海家亨利非常高兴奴隶们因此而得救,否则他们注定要毁灭。"在航海家亨利的影响下,葡萄牙人在波尔图、桑

土耳其人攻克君士坦丁堡

托岛和马德拉开辟了殖民地，发现了亚速尔群岛和佛得角群岛，并开始沿着非洲西海岸扩张。1442年，航海家亨利从教皇马丁五世那里获得了从博哈多尔角到印度的所有王国和主权。航海家亨利一心想到达印度。1479年，西班牙国王斐迪南二世仍然占领着摩尔人的格拉纳达，同意不干涉葡萄牙人在非洲西海岸的买卖和发现的专属权，同时声称拥有加那利群岛。这得到教皇亚历山大六世诏书的确认。诏书确认葡萄牙的土地范围，包括新发现的所有土地以东一百里格。到了1494年，通过条约，葡萄牙的疆域延伸到佛得角群岛以西三百七十里格。

教皇马丁五世

约翰二世

在诏书颁布八年前的1417年,巴索洛缪·迪亚兹绕行过一个海角,把它命名为"暴风雨"海角,但葡萄牙乐观的君主——约翰二世——称它为"好望角"。1498年,瓦斯科·达·迦马再次绕过"好望角",向东横渡印度洋,最后在卡利卡特踏上马拉巴尔海岸。不久,葡萄牙国王伊曼纽尔一世获得了"在埃塞俄比亚、波斯、阿拉伯和印度航行、征服和经商之王"的称号,并把弗朗西斯科·德·阿尔梅达派到印度。弗朗西斯科·德·阿尔梅达的头衔是总督,尽管他在印度还没有一寸土地。葡萄牙人现在稳步地向印度西海岸推进,击败了葡萄牙贵族中的反对势力,并获得了贸易垄断。1503年,第一批葡萄牙船出现在安特卫普,把从威尼斯运来的,比布鲁日更便宜的商品贩往东方。这更严重地威胁到经埃及贸易的威尼斯共和国。当时,威尼斯共和国的贸易主要被阿拉伯商

巴索洛缪·迪亚兹航行至好望角

瓦斯科·达·迦马离开印度海岸

人和摩尔商人垄断。因此，1509年，开罗的总督响应马拉巴尔海岸一些小王公的呼吁，从苏伊士派遣一支远征军抵抗葡萄牙人。威尼斯人意识到这与他们的利益息息相关，因此伸出了援手。

1509年2月，阿尼亚德洛战役前三个月，来自苏伊士的远征军在迪乌被弗朗西斯科·德·阿尔梅达击败，史称"迪乌战役"。弗朗西斯科·德·阿尔梅达

弗朗西斯科·德·阿尔梅达

阿方索·德·阿尔伯克吉

的继任者阿方索·德·阿尔伯克吉将葡萄牙远征军的指挥中心设在果阿,并占领了波斯海湾重要港口——奥尔穆兹。自此,葡萄牙人的前进步伐没有受到阻挡。16世纪末,葡萄牙人不仅控制了非洲海岸、阿拉伯海岸和印度西海岸的商业，而且在锡兰和孟加拉扎了根，与中国和日本开展了贸易，更重要的是占领了婆罗洲和西里伯斯岛①周围的"香料群岛"（1546年）。

1509年春，在阿尼亚德洛战役中威尼斯共和国的军事力量遭到沉重打击，同时威尼斯共和国与东方的贸易遭受重创。商队不再来开罗。东方的货物被运送到好望角附近。中世纪的贸易路线发生了革命性的变化，运输和贸易主动权从威尼斯人转到葡萄牙人手中，不久又转到尼德兰人和英格兰人手中。安特卫普取代了布鲁日成为北方的"转口港"。最后，塞利姆一世征服了埃及（1516年），彻底摧毁了埃及的贸易。商业损失使威尼斯共和国无法从经济困境中恢复，这成为威尼斯共和国衰落的主要原因。

在埃及征战的塞利姆一世

---

① 今苏拉威西岛。——译者注

对威尼斯共和国内部政治的影响也是致命的。迄今为止，通过贸易致富的贵族要么进入银行业，要么把资金投在土地上，最后成为一个闲散的阶级。而银行业如果失去商业的支撑，是不可持续的。贫穷因此加剧，威尼斯共和国的贵族被内部的封建体制削弱。富人垄断了政府。大议会中占多数的不幸穷人曾经试图依靠外国势力，通过煽动、阴谋和勾结来推翻富人的统治。因此，一个政权稳定、充满崇高爱国主义精神和自豪感的威尼斯共和国，一个长期以来被欧洲人敬佩的威尼斯共和国，最终沦为自私、腐败和阴谋的牺牲品。基于这一点，可以看出为什么"十人团"权力会日益壮大。这个执行委员会最初是宪法的一个重要组成部分，1310年出于临时目的而组建。随后，它越来越具有公共安全委员会的性质。1539年，为了更有效地处理叛国罪，"十人团"下设了三个审讯机构，从而赋予它神秘、猜疑和残忍的政府特征。迄今为止，它的功能不为众人知晓，并逐渐丧失了政府的道德准则。随着国家财富的减少，无论是政府，还是私人，奢侈之风盛行。在任何时候，公共选美都不会如此壮观，私人奢侈也不会如此夸张。在严肃的道德问题上，虽然威尼斯共和国从来也没有过很高的道德标准，但即使与意大利相比，道德水准也是骤然下降，私人犯罪几乎没有受到惩罚。虽然把威尼斯共和国的堕落完全归咎于威望和权力的丧失是荒谬的，但威望和权力的丧失确实起了推波助澜的作用。然而，威尼斯共和国仍然幸存了下来。威尼斯共和国依然坚不可摧，得到睿智的外交家的保护。这些身居王宫的外交家小心翼翼地带领这个国家穿越欧洲众多阴谋诡计的迷宫。威尼斯共和国即使不再是地中海的"女工"，仍然还是区域的"女王"。独特风格的建筑、清澈的湖泊和湛蓝的天空使威尼斯共和国深受世人敬仰。

在艺术领域，威尼斯共和国为世界做出了贡献。16世纪是提香、丁托列托和保罗·韦罗内塞的时代，在他们的作品里，绘画技巧达到了顶峰，精致和谐，色彩华丽，具有很强的视觉冲击力。对于阿尔丁出版社而言，其印刷艺术上的辉煌让今天的我们受益匪浅。

在威尼斯共和国与教皇的斗争中，在16世纪、17世纪之交的几十年里，威

《奥兰德布兰迪尼·麦当娜》,提香绘

《卡纳的婚宴》,丁托列托绘

尼斯共和国再次向世界展示了昔日的荣光。尽管传承了罗马帝国的宗教信仰，但威尼斯共和国有足够的决心和能力独立地治理教会。

最后，在与土耳其人漫长的战争中，尤其是在塞浦路斯战争（1570年到1571年）和干地亚战争（1645年到1669年）中，威尼斯人展现出伟大的英雄主义，不禁让人想起威尼斯共和国过去的辉煌。但对令人憎恶的欧洲新兴强国来说，这种辉煌或许会阻碍其扩张的步伐。征服者即使征服了威尼斯共和国，也不知如何管理，如何开发其土地资源。

第2章
法兰西王国、西班牙王国与神圣罗马帝国
（1494—1519）

精彩看点

枢机主教乔治·德·安博瓦兹的行政管理——卡斯蒂尔王国和阿拉贡王国王权的统一——阿拉贡国王斐迪南二世和卡斯蒂尔女王伊莎贝拉一世的政策——枢机主教西门乃斯——西班牙征服非洲——发现美洲——伊莎贝拉一世和斐迪南二世的特点——伊莎贝拉一世和斐迪南二世的政策成果——马克西米利安一世与神圣罗马帝国——沃尔姆斯帝国会议——马克西米利安一世尝试改革——马克西米利安一世的反对派——奥格斯堡帝国会议——《格尔恩豪森协定》——马克西米利安一世尝试改革的结果——瑞士邦联——针对马克西米利安一世的战争——《巴塞尔和约》——马克西米利安一世的政策和特点

第1节　法兰西王国

查理八世和路易十二在位期间，法兰西国内史上最重要的事件，本书前面已经有过叙述。法兰西王国，这个多次发动对外战争的国家，国内却是和平的。人数不断减少的法兰西贵族发现意大利战争可以满足他们的野心，但与意大利的宿怨并没有扰乱法兰西。在路易十二的大臣——枢机主教乔治·德·安博瓦兹——的领导下，法兰西繁荣昌盛，人口增加，城镇扩大。三分之一的土地又恢复了耕种。总之，法兰西王国终于摆脱了百年战争造成的灾难性后果，展现了非凡的休养生息能力。在艺术领域，法兰西王国也可圈可点。路易十二统治时期，虽然后期的国内建筑风格过于讲究精致，但早期达到了文艺复兴时期的最高境界：看看洛卢瓦城堡的东面和安博瓦兹城堡局部，就一目了然。法兰西王国的玻璃画家如此闻名，以至教皇尤利乌二世竟邀艺术家克劳德和威廉·德·马赛来帮助装饰罗马教廷梵蒂冈宫的窗户。

路易十二赢得了"人民之父"的称号，枢机主教乔治·安布瓦斯也极受欢迎。正如谚语所说："乔治办事，我们放心。"的确，这个国家对宪法自由干预不多。三级会议很少召开，三级会议的特权也没有扩大。路易十二虽然禁止买官卖官，但在财政部门公开地买官卖官，最终使这一恶习得以蔓延。但政府即使专制，至少也是柔性的，赋税不重，穷人少受压迫。事实上，如果只考虑国内政策，我们坚持认为路易十二是受欢迎的，至少不会受到责难。如果路易十二没有参与意大利战争，他的统治可能会使法兰西王国走到历史上一个良好的转折点，几年后法兰西王国可能会成为欧洲最富有、最强大的国家。

在我们叙述的这段历史时期内，如果说法兰西王国的国内政局平稳，那么西班牙王国和神圣罗马帝国的情况就大相径庭了。

第2节　西班牙王国

1474年，伊莎贝拉一世登上了卡斯蒂尔王国的王位。1479年，伊莎贝拉一世的丈夫斐迪南二世继承了阿拉贡王国的王位。从此，这两个国家不仅摆脱了长期的内部无政府状态，而且结束了卡斯蒂尔王国和阿拉贡王国之间一直存在的矛盾。虽然两国政府维护了各自的独立地位，但两个国家实行的政策是一致

手握权杖、头戴王冠的伊莎贝拉一世

的。卡斯蒂尔女王伊莎贝拉一世和阿拉贡国王斐迪南二世决定增强王室在国内外的权威时，意见完全一致。他们统治期间最令人震惊的事件发生在16世纪之前，已经在本书前面叙述过。例如，1492年，他们征服了格拉纳达，摩尔人被赶出西班牙；驱逐犹太人；建立宗教法庭；克里斯托弗·哥伦布发现伊斯帕尼奥拉岛。这些都发生在意大利战争之前。

阿拉贡国王斐迪南二世和卡斯蒂尔女王伊莎贝拉一世的政策是致力于建立一个以婚姻关系为基础的伟大的欧洲同盟，通过联姻与强大的法兰西王国抗衡，并进一步巩固西班牙半岛上的政权。于是，阿拉贡国王斐迪南二世和卡斯蒂尔女王伊莎贝拉一世的长女伊莎贝拉嫁给了葡萄牙王储阿隆索，并在他去世后，又嫁给他同族的伊曼纽尔。1495年，伊曼纽尔继承了葡萄牙王位，也就是伊曼纽尔一世。同一时期，阿拉贡国王斐迪南二世和卡斯蒂尔女王伊莎贝拉一世最小的女儿阿拉贡的凯瑟琳与英格兰威尔士亲王阿瑟订了婚（1496年）。这是自冈特的约翰[①]以来，英格兰首次与西班牙建立亲密关系。阿拉贡国王斐迪南二世和卡斯蒂尔女王伊莎贝拉一世与哈布斯堡王室签订了两个婚约。人们一致认为，西班牙王国的继承人约翰应该迎娶马克西米利安一世的女儿奥地利的玛格丽特；而马克西米利安一世的储君腓力大公应该迎娶阿拉贡国王斐迪南二世和卡斯蒂尔女王伊莎贝拉一世的第二个女儿乔安娜。然而，阿拉贡国王斐迪南二世和卡斯蒂尔女王伊莎贝拉一世期望的婚约没有实现。1497年，阿拉贡国王斐迪南二世和卡斯蒂尔女王伊莎贝拉一世唯一的儿子约翰去世，而葡萄牙王后伊莎贝拉的独生子米格尔死于1500年，于是实现葡萄牙和西班牙统一的所有希望都破灭了。腓力大公的妻子、查理五世的母亲乔安娜成为卡斯蒂尔王国和阿拉贡王国的继承人。阿拉贡国王斐迪南二世与卡斯蒂尔女王伊莎贝拉一世原本通过联姻来对抗法兰西的设想破碎了。

[①] 冈特的约翰（1340—1399），英王爱德华三世之子，封兰开斯特公爵。1359年5月19日，在雷丁修道院，冈特的约翰迎娶了兰开斯特的布兰奇。1368年9月12日，兰开斯特的布兰奇去世。1371年，冈特的约翰续娶卡斯蒂尔国王佩德罗一世之女康斯坦丝。——译者注

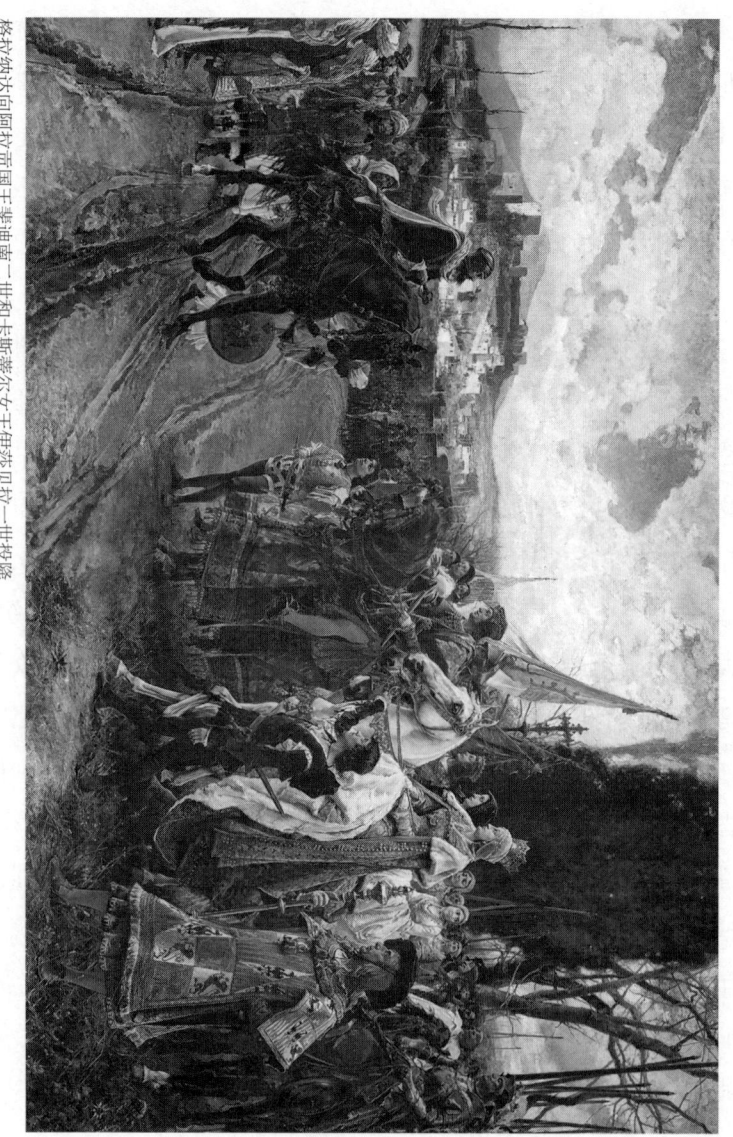

格拉纳达向阿拉贡国王斐迪南二世和卡斯蒂尔女王伊莎贝拉一世投降

阿拉贡国王斐迪南二世和卡斯蒂尔女王伊莎贝拉一世接见克里斯托弗·哥伦布

在内部政策上，阿拉贡国王斐迪南二世和卡斯蒂尔女王伊莎贝拉一世一直坚持执政之初就采取的原则。在欧洲，15世纪也许没有哪个国家像卡斯蒂尔王国和阿拉贡王国那样享有极其强大的宪法特权，而王权则很虚弱，或者说，王室特权非常有限。在这个引以为傲的国家，对传统特权的直接攻击是危险之举。因此，君主们往往只能在保证宪法外在形式完整的的情况下，间接地追求自己的利益，将政府机制集中在王室手中，并通过这个形式来加强王室的权威。在卡斯蒂尔王国，阿拉贡国王斐迪南二世和卡斯蒂尔女王伊莎贝拉一世利用贵族的厌政情绪，根本就不召集贵族参与商讨国事，甚至只让贵族参与协商地方事务。

对贵族的控制最有效的工具之一是"神圣兄弟会"。"神圣兄弟会"最初是由卡斯蒂尔王国的主要城市组建，目的是保护城市免受王室和贵族的侵害。1476年，"神圣兄弟会"在王室控制下重新组建。每一个重要城市都设立法院审判抢劫和其他暴力行为。从城市法院可上诉到王国的最高法院。法院有一支骑警，经费由每家每户出资维持。对事务的管理由最高"政务会"下设的省议会负责，省议会可制订与司法有关的法律，而且常常越权。1498年，重组后的"神圣兄弟会"过大的权力被大幅削弱。"神圣兄弟会"只保留少数低级官员执法，并被置于普通法院上诉法庭的管辖之下。

在此期间，恢复贵族对王室土地所有权的做法一直在进行。同时，将强大的军事控制权并入王权的政策也落实了，这一政策最初于1487年在卡拉特拉瓦开始执行。1494年，阿拉贡国王斐迪南二世接管了阿尔坎塔拉；1499年，接管了孔波斯特拉的圣拉戈。直到查理五世当政，教皇阿德里安六世才下诏最终批准了这些政策，阿拉贡国王斐迪南二世和卡斯蒂尔女王伊莎贝拉一世实行的政策终于收获了实际成果。王室的威望不仅在物质上得到了提高，而且王权完全控制了财团和各种势力。财团和各种势力长期以来一直对王室的权威构成威胁，如同中世纪欧洲的医院骑士团和圣殿骑士团一样。

而在阿拉贡王国，王权不够强大。议会拥有更广泛的权力，贵族们更多地

教皇阿德里安六世

参政议事,而王权没有和军权合并。更重要的是,"最高司法官"的特权构成了王权专制的严重障碍。由议会选出的最高司法官声称有权听取所有上诉,调查任何逮捕令的合法性,有权就宪法问题向国王提供建议,并与国王分享行政权。然而,即便如此,阿拉贡国王斐迪南二世也尽可能地将贵族排除在政治权力之外,并借助那些忠诚可靠的力量统治国家。

天主教高层也开始认真关注教会改革。在西班牙,教会和国家之间的关系一直很密切。长期对抗摩尔人的十字军运动使王权占有特殊地位。阿拉贡国王斐迪南二世和卡斯蒂尔女王伊莎贝拉一世的目的是使教会进一步服从王室的意志,并把它作为一个工具来铲除异端,增加王室的权威。1482年,阿拉贡国王斐迪南二世和卡斯蒂尔女王伊莎贝拉一世从教皇西图斯四世那里得到一份宗教协议。宗教协议做出让步，承认君主拥有独立提名教会高级教士的权力。这些特权被阿拉贡国王斐迪南二世和卡斯蒂尔女王伊莎贝拉一世充分利用。西班牙教会充满了精力旺盛和有献身精神的人，宗教改革的工作开始了。枢机主教佩德罗·冈萨雷斯·德·门多萨、卡斯蒂尔女王伊莎贝拉一世的御用神父埃尔南多·德·塔拉维拉及著名的方济会修士弗朗西斯科·西门乃斯·西斯内罗斯，都是王室政策的主要决策者。

1492年，在佩德罗·冈萨雷斯·德·门多萨的极力举荐下，弗朗西斯科·西门乃斯·西斯内罗斯首次被任命为卡斯蒂尔女王伊莎贝拉一世的御用神父，接

枢机主教佩德罗·冈萨雷斯·德·门多萨

埃尔南多·德·塔拉维拉

替于1492年去世的前任，这是欧洲最富有的主教职务，同时是大法官职位。把弗朗西斯科·西门乃斯·西斯内罗斯提拔到这个重要的位置是对特权阶层的重大打击，因为托莱多的主教职务迄今只留给贵族出身的人。这一任命甚至与阿拉贡国王斐迪南二世的愿望背道而驰。阿拉贡国王斐迪南二世曾希望自己的私生子萨拉戈萨大主教阿隆索·德·阿拉贡保住这个梦寐以求的职位。卡斯蒂尔女王伊莎贝拉一世的信心并没有因此而受到影响。卡斯蒂尔王国傲慢的贵族们突然学乖了,在这位坚韧正直的方济会修士面前谨小慎微。弗朗西斯·西门乃斯·西斯内罗斯修士做到了"威武不能屈,贫贱不能移,富贵不能淫"。弗朗西斯科·西门乃斯·西斯内罗斯的精力也不仅局限于世俗事务。1494年,弗朗西斯科·西门乃斯·西斯内罗斯被任命为方济会的省级官员,热切地要求改革方济会的教令。此时,方济会已经远离了其最初的质朴,拥有大量的财产,教士们生活奢侈而且懒散。弗朗西斯科·西门乃斯·西斯内罗斯增强了改革思想,其目的不仅是对方济会进行全面改革,而且对他所在省的僧侣和世俗神职人员进行全面整治。弗朗西斯科·西门乃斯·西斯内罗斯受到多方反对,其中

弗朗西斯科·西门乃斯·西斯内罗斯

不仅有方济会会长——该会长亲自到卡斯蒂尔王国抗争，而且连教皇本人也反对，不过，他的努力最终还是成功了。一个世纪后，一位卡斯蒂尔王国历史学家曾断言，曾经是欧洲最马虎、最松懈的卡斯蒂尔神职人员、僧侣和修士如今可以与其他国家的僧侣相提并论了。同时，弗朗西斯科·西门乃斯·西斯内罗斯致力于促进神学和其他学术的发展。弗朗西斯科·西门乃斯·西斯内罗斯坚持编撰1474年的教皇诏书，每章都为文学家、神职人员和神学家留有篇幅。弗朗西斯科·西门乃斯·西斯内罗斯对旧大学进行了改革，创立并发展了阿尔卡拉大学，还开办了其他学校，并出版了著名的《多语圣经》。《多语圣经》是用古代语言书写的《圣经》，包括用希伯来语写的《旧约圣经》原著，《旧约圣经》的希腊文译本，带有拉丁文变体的古巴比伦人释义的《旧约圣经》；《新约圣经》希腊文原著；杰罗姆的拉丁文《圣经》。在弗朗西斯科·西门乃斯·西斯内罗斯的影响下，西班牙出现了天主教人文主义学派。由于弗朗西斯科·西门乃斯·西斯内罗斯及其王室赞助人的努力，该学派没有受到异端邪说的玷污和影响。新教在西班牙受到严格限制。后来，西班牙成为天主教各派活动的中心。

不幸的是，弗朗西斯科·西门乃斯·西斯内罗斯的热情并不局限于这些伟大的目标。后来，弗朗西斯科·西门乃斯·西斯内罗斯因被定为异端邪说者而被活活烧死。1492年，格拉纳达沦陷时，摩尔人已经获得很多权益。摩尔人享有做礼拜自由、受教育自由及人身自由。摩尔人生活在伊斯兰教法律之下，由自己的法官管理，案件经由混合法庭审判。由于生活幸福，摩尔人平静地定居下来，许多人被格拉纳达大主教埃尔南多·德·塔拉维拉积极的和解政策和感化而改变信仰。但格拉纳达大主教埃尔南多·德·塔拉维拉的措施不够严厉，不足以让狂热的弗朗西斯科·西门乃斯·西斯内罗斯满意。最后，格拉纳达大主教埃尔南多·德·塔拉维拉的承诺被"推翻"。《古兰经》和其他神学著作的阿拉伯文本被没收，并被付之一炬。暴力分子被召来推动教派改革。1500年至1501年发生了一系列叛乱，叛乱严重削弱了卡斯蒂尔王国的军事力量，并使西班牙人与摩尔人的关系陷入僵局。1502年，一项关于镇压叛乱的法令颁布。法

弗朗西斯科·西门乃斯·西斯内罗斯视察正在建设的慈善医院

弗朗西斯科·西门乃斯·西斯内罗斯在格拉纳达为摩尔人洗礼

令规定不幸的摩尔人要么改变信仰,要么选择被流放。与此同时,宗教裁判所袭击了犹太人和任何被怀疑持有邪说的西班牙人。

既然穆斯林已经从伊比利亚半岛被赶走,西班牙人自然会把目光投向海峡对岸的非洲。摩尔人海盗在西班牙海岸上的肆意蹂躏,强大民族欲望的复苏,对葡萄牙人在非洲东岸取得显著进展的忌妒,以及西班牙历史上曾有过的十字军精神,都激励着西班牙人去开拓非洲大陆北部的疆土。人们毫不惊讶地发现,具有真正卡斯蒂尔人精神的弗朗西斯科·西门乃斯·西斯内罗斯正急切地推行这种政策。在弗朗西斯科·西门乃斯·西斯内罗斯的策动下,巴巴里海岸的海盗巢穴——马扎奎弗——于1505年9月被占领。1509年,重镇奥兰被部分攻占。1509年,阿尔及尔和的黎波里向西班牙军队投降。

尽管西班牙王国在非洲的这些功绩充斥着其编年史,但相比之下克里斯托弗·哥伦布及其追随者的远征得到的王室支持少得可怜,并且很少引人关注。不过,毋庸置疑,他们注定要在未来西班牙历史上和欧洲历史上发挥极其重大的作用。

我们如果能了解以下事实,就不会惊讶为什么美洲的发现竟然被拖延了这么久。迦太基人本来开拓过非洲海岸的岛屿,但被罗马人打败了。而罗马人原本就不是一个航海民族,因为欧洲太大,大到他们把主要的力量都投放在欧洲了。除了欧洲,罗马人或者把目光转向非洲,或者转向东方,这与他们的传统密不可分。罗马帝国灭亡后,日耳曼征服者又不足以强大到去开拓外面的疆土。当时机来临时,欧洲人往东看也是很自然的,东方是他们的宗教发源地,巴勒斯坦在撒拉逊人手中,后来又被土耳其人控制。东方是传说中的财富宝库。因此,冒险家、商人和朝圣者转向东方,而地中海是必经之路。

此外,地图上显示,与中欧同纬度的那片大西洋地区的风向和洋流也不利于向西开拓。那里全年都有西风,比偶尔从北方和东方吹来的风猛烈得多。更加重要的是,有一股叫墨西哥暖流的大洋流继续东移。在这片区域的南部和北部,情况截然不同。在北部,强大的北极洋流从戴维斯海峡向南流过格陵兰,

克里斯托弗·哥伦布

然后再从那里流向北美海岸。在南部,赤道洋流从非洲海岸向巴西移动,而在赤道以北,信风持续吹向西南,赤道以南的风则持续吹向西北。因此,可以预知,美洲很难发现,除非某个地处欧洲北部或南部的航海国家出现,并拥有足够的资源和航海知识,能勇敢地面对海洋未知的危险。

10世纪,古代挪威人确实发现了拉布拉多、纽芬兰,甚至北美大陆,他们称之为"风地",但"风地"的数量微不足道。欧洲为古代挪威人的迁入和定居提供足够的空间,"风地"的记忆仅存于他们的传说之中。在与欧洲同纬度以南地区,开拓的机会在14世纪末之前都很少。后来,如前所述,热那亚人和葡萄牙人开始慢慢染指非洲沿海。葡萄牙人远征的主要目的是寻找一条通往印度和东方的航海之路。13世纪末,自从杰出旅行家的马可·波罗出现后,这条新航路因可以通向充满黄金和香料的"人间天堂"而显得极其重要。

当时人们认为,非洲大陆并没有延伸到赤道以南。但随着探险者在非洲大陆的发现不断增加,人们的观念改变了,萌生了西渡大西洋去寻找亚洲的希望。中世纪的欧洲人越来越相信,大西洋冲刷着亚洲的东海岸。13世纪,古人的这种猜测被牛津方济会学者罗吉尔·培根"首次明确地再次提出来"。15世

马可·波罗

罗吉尔·培根

纪初，这种猜测被巴黎大学校长彼得·德·阿利在其论著《想象世界》中采纳。同时，遥远的大西洋上素有群岛存在的传说，随着洋流漂向欧洲的漂木及1474年6月25日佛罗伦萨天文学家保罗·托斯卡内利寄给里斯本一个教士的信，都使之得到进一步的证实。当时，葡萄牙沿非洲西海岸的探险有了显著的进展。1486年，巴塞洛缪·迪亚兹发现了好望角，从而最终使葡萄牙人将精力集中于东线。

葡萄牙人放弃的想法现在被克里斯托弗·哥伦布采用。要充分了解这位热那亚人的发现在历史上的确切价值，就必须记住，克里斯托弗·哥伦布根本不知道他发现了一个新大陆。克里斯托弗·哥伦布唯一的目标只是寻找一条去印度的更短的路。克里斯托弗·哥伦布在这方面的看法与他所处的那个时代相符。克里斯托弗·哥伦布的知识仅仅来自前面提及过的学术权威。克里斯托弗·哥伦布之所以能从同时代人中脱颖而出，只是因为他决心向西航行，直到抵达亚洲大陆。出于这一意图，凭借彼得·德·阿利的论著《想象世界》与他提供的一张图表及保罗·托斯卡内利的信，克里斯托弗·哥伦布首先向里斯本宫廷提出向西远航的申请。在里斯本宫廷，他已经与弟弟巴塞洛缪·哥伦布达成

彼得·德·阿利

巴塞洛缪·哥伦布

了和解。但葡萄牙国王约翰二世一心想环游非洲，就拒绝了克里斯托弗·哥伦布的提议，而且如果某些说法成立[①]，克里斯托弗·哥伦布向威尼斯和热那亚寻求援助的努力同样没有成功。1484年，克里斯托弗·哥伦布便转向英格兰和西班牙寻求帮助。

克里斯托弗·哥伦布的弟弟巴塞洛缪·哥伦布乘船前往英格兰，但不幸的是，在英吉利海峡遇到了海盗。回到葡萄牙后，克里斯托弗·哥伦布陪同巴塞洛缪·迪亚兹远征，到达了好望角。后来，克里斯托弗·哥伦布尽管向英王亨

---

① 有关克里斯托弗·哥伦布向威尼斯和热那亚寻求援助的史料值得怀疑。——原注

利七世求援，并受到善待，但为时已晚。克里斯托弗·哥伦布已经与阿拉贡国王斐迪南二世和卡斯蒂尔女王伊莎贝拉一世进行了谈判。这件事确实耽搁了很久。阿拉贡国王斐迪南二世和卡斯蒂尔女王伊莎贝拉一世听从了克里斯托弗·哥伦布诱人的计划，但当时收复格拉纳达的战争正在进行，王室的财政压力很大，克里斯托弗·哥伦布提出的条件又很高：他要求在所有可能发现的土地和岛屿上担任世袭的皇家海军上将和总督一职，并享有卡斯蒂尔王国海军上将的所有特权；获得的财富（黄金或其他）应该占其中的十分之一。格拉纳达被占领后，克里斯托弗·哥伦布与王室终于签订了协议（1492年4月）。1492年8月，克里斯托弗·哥伦布从帕洛斯出发，开启了令人难忘的航行。随行的有三条武装商船、一百二十名船员和十二个月的补给。克里斯托弗·哥伦布随身带着天主教主教给中国可汗的一封信。克里斯托弗·哥伦布宣布，不仅要开辟从印度去西班牙的财富之路，而且要领导一场新的反对异教徒的十字军运动。本书我们不再详述克里斯托弗·哥伦布的航海细节，只做重点小结。

克里斯托弗·哥伦布第一次远征，从加那利群岛向西航行了五个星期，先到达巴哈马群岛的某个岛屿，不久抵达克鲁克德岛和长岛①。克里斯托弗·哥伦布从当地人的手势中了解到在附近可以发现黄金后，就驾船抵达古巴海岸，然后又到达伊斯帕尼奥拉岛或海地。在平安夜晚上，克里斯托弗·哥伦布的船搁浅到沙滩上。为了能在西班牙抢先发布消息，文森特·平松②——克里斯托弗·哥伦布的一位下属——抛弃了他。克里斯托弗·哥伦布则将失事的"圣玛利亚"号上的船员留在海地，自己乘坐剩下的唯一一艘船——"尼娜"号——回到西班牙。

1493年第二次远航中，克里斯托弗·哥伦布发现了牙买加和安的列斯群岛的部分岛屿。第三次航海中，克里斯托弗·哥伦布终于到达了美洲大陆，并发现了委内瑞拉海岸。这时是1498年，也就是瓦斯科·达·伽马绕过好望角到达

---

① 克鲁克德岛和长岛都是巴哈马群岛中的岛屿。——译者注
② 森特·平松（约1460—1523），西班牙航海家、探险家和征服者。——译者注

克里斯托弗·哥伦布在美洲登陆

印度的那一年。1502年，克里斯托弗·哥伦布在洪都拉斯海岸登陆。尽管克里斯托弗·哥伦布发现了美洲大陆，但意大利人约翰·卡伯特则抢先了一步。约翰·卡伯特从英格兰布里斯托尔港出发，在亨利七世的资助下，到达了北美海岸靠近圣劳伦斯河河口的地方。1497年，约翰·卡伯特沿着海岸往南走，可能到达科德角了。因此，克里斯托弗·哥伦布并不是第一个发现美洲大陆的人。而且直到去世那天，克里斯托弗·哥伦布都相信古巴是亚洲大陆的一部分，伊斯帕尼奥拉岛和他发现的其他岛屿都是位于亚洲的群岛。

与此同时，克里斯托弗·哥伦布在殖民地伊斯帕尼奥拉岛的管理工作非常失败，最终在1498年被西班牙王室撤职。尽管阿拉贡国王斐迪南二世和卡斯蒂尔女王伊莎贝拉一世可能受到指责，不该对一个为西班牙做出杰出贡献的

约翰·卡伯特

克里斯托弗·哥伦布从美洲归来，为西班牙王室带来财宝和印第安人

人忘恩负义，但克里斯托弗·哥伦布的表现确实不称职，王室不可能履行原先做出的所有承诺。的确，克里斯托弗·哥伦布只是无意间发现了南美洲，但在第一次航海中他表现出来的决心和毅力完全值得赞赏。克里斯托弗·哥伦布发现美洲的真正意义有待后人去评价。

1500年，克里斯托弗·哥伦布最初的同伴之一文森特·平松向南航行，到达后来巴西北端的圣阿戈斯蒂纽角，并在那里发现了位于巴西与委内瑞拉之间的海岸。1500年，葡萄牙人佩德罗·阿瓦雷斯·卡布拉尔在前往好望角途中向西航行，再次到达巴西。当时葡萄牙人声称，巴西已经属于《托德西利亚斯条约》划定的界限范围之内。接下来的1501年，亚美利哥·韦斯普奇在巴西进行了更全面的探测。这位曾经受雇于西班牙的佛罗伦萨人，放弃了葡萄牙的差事，现在一直沿着海岸线向南探索，到达了里约热内卢——南部一个未开垦的处

佩德罗·阿瓦雷斯·卡布拉尔抵达巴西

亚美利哥·韦斯普奇探索巴西

女地。亚美利哥·韦斯普奇于是萌发了一个文字上的奇思异想，把这里命名为"新世界"。然而，"新世界"仍然被认为是亚洲的一个巨大的海角，或者是靠近大西洋的一个大岛屿。1506年，克里斯托弗·哥伦布在西班牙默默无闻地死去，几乎被遗忘了。在克里斯托弗·哥伦布死后，远航探索迅速开展。

1512年，伊斯帕尼奥拉岛的殖民者庞塞·德·莱昂发现并探索了佛罗里达。不久，人们再次进入墨西哥湾，于是北美洲和南美洲之间的连续性得到证

庞塞·德·莱昂探索佛罗里达

瓦斯科·努涅兹·德·巴尔波

实。1513年,瓦斯科·努涅兹·德·巴尔波穿越了达里恩地峡,从科迪勒拉山系的顶峰瞭望太平洋。然而,人们对克里斯托弗·哥伦布假说深信不疑,所以许多人仍然相信这片巨大的海洋只不过是一片内陆湖而已。

仍然将新发现的地方看作是亚洲的想法可能是源于葡萄牙在东方开拓的进展。16世纪早期,葡萄牙人的势力逐渐向亚洲海岸渗透。费南·德·安德拉德探索了亚洲部分群岛,并于1517年到达广州。斐迪南·麦哲伦参与了葡萄牙人的探险。正是由于对亚洲东部大片海域的了解,斐迪南·麦哲伦便构想探索出一

瓦斯科·努涅兹·德·巴尔波站在科迪勒拉山系的顶峰瞭望太平洋

瓦斯科·努涅兹·德·巴尔波来到太平洋

条从新发现的美洲到达亚洲的航线，从而建功立业。由于不满葡萄牙国王伊曼纽尔一世拒绝追加报酬，斐迪南·麦哲伦便开始在查理五世的军队里服役，并于1519年9月开始了著名的航行。经过十三个月的航行，斐迪南·麦哲伦发现了后来以他的名字命名的海峡。斐迪南·麦哲伦又花了三个多月的时间到达菲律宾。1521年4月27日，这位勇敢的航海家在莱德隆群岛[①]不幸被杀。当时，斐迪南·麦哲伦试图帮助一个当地的基督徒去说服敌人。1522年9月，斐迪南·麦哲伦的五艘船只有一艘返回了西班牙。终于有人绕地球航行了一圈。尽管后来美洲的确切面积及其与亚洲的距离花了两个世纪才算出，但至少从某种意义上说，美洲是一个前所未有的"新世界"。与斐迪南·麦哲伦远航的同一年，也

1519年的查理五世

---

① 即今马里亚纳群岛。——译者注

斐迪南·麦哲伦被杀

就是1519年,墨西哥被西班牙议会纳入版图。1524年,弗朗西斯科·皮萨罗开始征服秘鲁。

克里斯托弗·哥伦布最后一次航海回来后大约二十天,也就是1504年11月26日,卡斯蒂尔女王伊莎贝拉一世驾崩,享年五十四岁,在位长达三十年。不管是西班牙女王,还是欧洲其他国家的女王,没有几个能享有她那样的声誉。卡斯蒂尔女王伊莎贝拉一世以惊人的方式展现出那个时代的美德和弱点。她纯真而虔诚,和蔼而庄重,严于履责,不偏不倚,具有罕见的坚韧、大度和无私的

弗朗西斯科·皮萨罗在秘鲁

弗朗西斯科·皮萨罗征服秘鲁

天赋,并且能真正洞察王国的需求。作为女人她备受钦佩,作为女王她备受拥戴。美中不足的是,卡斯蒂尔女王伊莎贝拉一世具有宗教迫害倾向。建立宗教裁判所,驱逐犹太人,违反许诺给摩尔人在格拉纳达投降后的条件,这些恶行都得到她的批准。但要公证地评价卡斯蒂尔女王伊莎贝拉一世,就必须记住,和同时代最优秀的人一样,她思想褊狭,因为宽容还不属于那个时代。

阿拉贡国王斐迪南二世比妻子卡斯蒂尔女王伊莎贝拉一世多活了十二年。他的性格似乎没有那么好,也不那么有吸引力,但狡诈的为人倒值得一提。在一个以外交失信为突出表现的时代,阿拉贡国王斐迪南二世引以为荣的是他常常欺骗别人,而自己却从未被欺骗过。多疑和忘恩负义是他的另一个特点。他对那些忠心耿耿的人常常心存疑虑。他心地冷漠,工于心计,很少被慷慨大度打动。因此,他无法与他的妻子相提并论。然而,必须记住,那个时代治国才能被视为国君的美德,和他同时代的人,即使不善于撒谎,也不会真正诚实。总体上,他的政治才能取决于他对国家真正利益的洞察和理解。他在很大程度上巩固了王室的权威。只要自己的妻子活着,他就会为这两个王国的统一而尽心尽力地工作。

卡斯蒂尔女王伊莎贝拉一世驾崩后,阿拉贡国王斐迪南二世的政策有时显得摇摆不定。1505年秋,他迎娶了杰曼·德·富瓦,希望她能生下一个儿子,并继承阿拉贡王国的王位,其目的是破坏阿拉贡王国与卡斯蒂尔王国迄今为止的统一。斐迪南二世之所以这样做,是因为他忌妒哈布斯堡家族。卡斯蒂尔女王伊莎贝拉一世一驾崩,卡斯蒂尔王国的的王冠就属于乔安娜了。因为乔安娜已经开始出现疯癫的迹象①,所以阿拉贡国王斐迪南二世就宣布自己是摄政王。然而,乔安娜的丈夫腓力大公对此提出了异议。最终,1506年6月,阿拉贡国王斐迪南二世不得不让步。1506年9月25日,腓力大公去世,这消除了阿拉贡

---

① 古斯塔夫·伯根罗斯1868年在伦敦出版的《国家文件》第二卷补编中否认乔安娜疯癫。其他观点参见加查德1869年在布鲁塞尔出版的《珍妮·拉福勒》;罗斯勒1870年在维也纳出版的《乔安娜传》;利奥波德·冯·兰克所著《拉丁和条顿民族史》第二章注释。——原注

在丈夫雕力大公椁木边伤心欲绝的乔安娜

国王斐迪南二世最直接的担忧,但腓力大公在卡斯蒂尔王国的继位权转到了其年幼的儿子查理手中。阿拉贡国王斐迪南二世对自己第二任妻子未能生出男性继承人感到失望,晚年便想把自己的领地留给自己的最小的外孙斐迪南[①]。这位老外交家预感到,查理五世统治如此辽阔的疆域,西班牙和欧洲其他国

外孙斐迪南

---

① 乔安娜与腓力大公共生四女二子。长女埃莉诺,1498年12月15日生,1558年2月25日去世,享年五十九岁。1518年,她嫁给葡萄牙国王曼纽尔一世,生一子,此子早夭,寿两岁;1530年,她嫁给法兰西国王弗朗索瓦一世,无生育。次子查理,1500年2月24日生,1558年9月21日去世,享年五十八岁。从乔安娜子嗣方面看,他是阿拉贡国王斐迪南二世的第一个外孙。第三女伊莎贝拉,1501年7月18日生,1526年2月19日去世,享年二十四岁。1515年,她嫁给丹麦国王克里斯蒂安二世,生四子三女,其中四子均早夭。第四子斐迪南,1503年3月10日生,1564年7月25日去世,享年六十一岁。从乔安娜子嗣方面看,他是阿拉贡国王斐迪南二世最小的外孙。第五女玛丽,1505年9月18日生,1558年10月18日去世。她嫁给匈牙利国王路易二世,无生育。第六女凯瑟琳,1507年2月14日生,1578年2月12日去世,享年七十一岁。她嫁给葡萄牙国王约翰四世,生四子五女,其中,四子均早夭。——译者注

家都会受到威胁。阿拉贡国王斐迪南二世决心为查理五世的弟弟斐迪南保住意大利和西班牙的政权，从而通过西班牙和法兰西来平衡哈布斯堡家族的实力。但1515年9月，法军在马里格亚诺战役的胜利再次激起了阿拉贡国王斐迪南二世对法兰西的担忧。弗朗西斯科·西门乃斯·西斯内罗斯的忠告终于见分晓了。1516年1月23日，阿拉贡国王斐迪南二世驾崩，整个阿拉贡王国的宏伟遗产都完整地传给了奥地利哈布斯堡家族的查理五世。

阿拉贡国王斐迪南二世和卡斯蒂尔女王伊莎贝拉一世的统治形成了西班牙历史上的转折点。在经历长期的无政府状态和动荡之后，阿拉贡国王斐迪南二世和卡斯蒂尔女王伊莎贝拉一世继承了各自王国的遗产，重新建立了秩

哈布斯堡家族纹章

序，平息了贵族的暴乱。被民族纷争长期割裂的西班牙又统一了，再也没有被肢解。征服格拉纳达和纳瓦拉王国的部分领土扩大了西班牙人的疆域。现在，除了葡萄牙，整个伊比利亚半岛都是西班牙人的。此外，西班牙人征服了意大利和非洲北部海岸。"新世界"的发现使西班牙很快拥有了"日不落"的辽阔的疆域。由冈萨尔沃·德·科多瓦和佩德罗·纳瓦拉重组的炮兵和步兵，已经对欧洲构成了威胁。西班牙首次真正成为欧洲强国。

然而，在所有这些辉煌的表象下，即将到来的麻烦可能已经显现。两国的统一不过是个人的统一，而没有实现宪法统一，国家之间的竞争也根深蒂固。贵族被控制住了，但阿拉贡国王斐迪南二世和卡斯蒂尔女王伊莎贝拉一世的影响并没有消失，没有真正的宪法自由，最终导致查理五世统治时期"平民公社"起义爆发。尤其是偏执地成立宗教裁判所，驱逐犹太人和剥夺摩尔人的权利，很快破坏了所有的思想自由。随着"新世界"的发现，人们对贵金属的贪婪滋生出拜金主义，并导致忽视甚至禁止贸易状况的出现，而禁止贸易很快就会摧毁了西班牙的商业繁荣。

第3节　神圣罗马帝国

我们叙述的神圣罗马帝国史（1494年到1519年），恰好是马克西米利安一世在位期间。在其父腓特烈三世有生之年的后期，马克西米利安一世实际统治着国家。1493年，腓特烈三世驾崩后，马克西米利安一世悄悄继位。在整个统治期间，人们的注意力集中在对帝国宪法改革的思考上。改革的起源和相对失败，有力地表明了神圣罗马帝国的弱点及普遍存在的致命的利益冲突。

当北欧其他王国在强大的君主统治下日益巩固时，神圣罗马帝国则迥然不同。神圣罗马帝国皇帝至少在理论上还是欧洲世俗世界的元首，所以仍然享有极大的威望。不过，神圣罗马帝国皇帝在神圣罗马帝国的实际权威是欧洲君主中最弱的。皇帝这个职位被认为太过神圣，不可能世袭。因此，像欧洲的精神领袖教皇一样,神圣罗马帝国皇帝是选举产生的[①]。选举权属于七名选帝侯:美因茨大主教、特里尔大主教兼科隆大主教、萨克森公爵、勃兰登堡公爵、巴拉丁选帝侯和波希米亚国王。七位选帝侯中,除了不参与帝国立法事务的波希米亚国王,其余人员组成了帝国议会的第一议院。帝国议会还有另外两个议院——第二议院和第三议院。第二议院为诸侯议院,由帝国议会中所有世俗诸侯和教会诸侯组成。第三议院由自由城市代表组成。帝国议会审议帝国有关事务,在获得皇帝的同意后通过法律,并颁布帝国压制顽固派的禁令。但三个议院之间、议会和皇帝之间的权力争夺阻碍了有效的立法,而令行禁止就更难实现了。

帝国议会并不是真正意义上的代表大会。在帝国议会中,自由城市的代表人数很少,在国事中扮演着无足轻重的角色。帝国议会其他成员凭借自身的实力参政[②],而势力较小的贵族、帝国骑士则被完全排除在外。于是,人数众多而有影响力的贵族、骑士立即声称要控制皇帝,并拒绝支付帝国议会应征收的赋税。庄园主守着坚固的城堡,征收通行费,行使小规模的领主权力,并凭借在之前私人战争中获得的特权,通过暴动和掠夺扰乱国家秩序。帝国司法制度也没有摆脱困境。这一切取决于帝国法院,也就是1486年之后的最高司法法院。但人们不喜欢帝国议会的司法机构,因为它太受皇帝的控制。选帝侯们声称要摆脱帝国议会的司法机构的限制,除非是不服判决而进行的上诉,否则在其他情况下可以不执行帝国议会的司法机构的判决。

神圣罗马帝国制度的弱点也体现在军队建制上。帝国军人是从每个选帝侯、其他诸侯或城市领主的管辖区征募的。但征募环节没有受到重视,往往征

---

① 神圣罗马帝国皇帝一旦当选,就同时冠以"罗马国王"的头衔,但要获得"神圣罗马皇帝"的称号,必须要有教皇的加冕仪式,腓特烈三世是罗马最后一位加冕皇帝。1508年,马克西米利安一世在教皇的同意下获得了神圣罗马皇帝的称号;查理五世在博洛尼亚加冕(1529年)之后,再也没有皇帝向教皇寻求加冕。——译者注
② 除了享有个人投票权的诸侯,还有三种形式的集体选票,包括不是诸侯的高级神职人员及土瓦本人和维特尔斯巴赫人中权贵们的选票。——译者注

募到的军人是一群装备不良、训练不善的乌合之众。他们没有统一的组织，甚至没有必备的粮草。总之，除了在抵抗土耳其人时少数几次展现过斗志昂扬的民族精神，帝国军队已成为德意志人和其他欧洲人的笑柄。

帝国权威至少从理论上说曾经是统一和最高权力的中心，现在已经沦落到无人重视的地步，并且无有效的替代品。帝国宪法完全不能维持秩序，于是神圣罗马帝国的人们只好通过结盟来自保。结盟通常局限于一个阶级或阶层，然而，1488年，一个由城市领主、骑士和诸侯组成的、现有联盟合并的大联盟在士瓦本成立了。士瓦本联盟组建了一支共同的武装部队，拥有统一的财政支持，并由两个机构组成的联席会议来管理。因此，著名的士瓦本联盟得到了神圣罗马帝国皇帝腓特烈三世的青睐。在德意志迄今为止最不安的地区，士瓦本联盟使秩序得到了一定的维持，它的权威也就远远超过了帝国议会。

在神圣罗马帝国皇帝腓特烈三世统治期间，选帝侯曾试图治理国家存在的积弊。以前治理国家积弊的尝试都失败了，现在他们要再次努力。由美因茨大主教贝托尔德·冯·亨尼勃格-勒姆希尔德、特里尔大主教巴登的约翰二世、萨克森选帝侯腓特烈三世和勃兰登堡选帝侯约翰·西塞罗等人领导的改革目标简单明确：

（一）建立和执行"公共和平"，结束封建制度。

（二）建立联席法院，解除皇帝的绝对控制权，从而解决争端和维持和平。

（三）在帝国议会控制下，构建更加平等的税制。

（四）建立和完善有利于行政管理的"阶层和行业"制度。

（五）建立一个更有效的帝国中央委员会，以期控制政府，并监管皇帝本人。

总之，选帝侯的目的是让神圣罗马帝国在联邦组织的基础上启用更有效的司法制度，使政府摆脱皇帝不负责任的统治，最终使神圣罗马帝国重新统一。

1495年的沃尔姆斯帝国会议上，当马克西米利安一世为远征意大利寻求援助时，选帝侯们要求马克西米利安一世进行上述改革。实行这些改革对神圣

萨克森选帝侯腓特烈三世

罗马帝国是否有益，存在很大的争议。有人把改革的呼声完全归因于少数选帝侯巩固自己势力的期待与寻求独立的私欲，这当然是错误的。然而，大家都心存疑虑，如果改革成功，会不会出现一个主要维护选帝侯和贵族利益的联邦，并且这个联邦会不会受到势力较小的诸侯、骑士和其他阶层的抵制？这样一个联邦是否能阻止分裂、重新统一神圣罗马帝国值得怀疑。神圣罗马帝国的历史发展使人们更容易相信，按照这个方向进行改革，找不到治理神圣罗马帝国弊政的良方。

在任何情况下，马克西米利安一世反对改革都是很自然的。父亲在世时，马克西米利安一世的确同情过改革，而不是反对改革，只要改革没有削弱他的权力就行。然而，现在马克西米利安一世更清楚地看到了改革的本质。改革不仅要限制皇权，而且严重地阻碍皇族扩大规模的计划。虽然神圣罗马帝国皇帝显赫的头衔会影响随心所欲的马克西米利安一世，但他的政策毕竟着眼皇室，而不是考虑神圣罗马帝国的前途。马克西米利安一世希望在皇族中建立一个实际上而非理论上的世袭帝国。这一宝座的尊严将由哈布斯堡家族的资源来强化，同时将被用来促进哈布斯堡家族的利益。马克西米利安一世目前的目标是确保尼德兰的安全，夺回匈牙利，如果可能，还要夺回波希米亚，重申自己对意大利的主权，从而消除法兰西的威胁。同时，马克西米利安一世时时刻刻梦想着通过一连串令人羡慕的联姻和扩大世袭统治基础来建立一个"世界帝国"，从而部分实现自己父亲设想的"奥地利是世界帝国"的美梦。

马克西米利安一世和选帝侯之间的目标是根本不同的，所以不可能事先调和。在所有计划的改革中，只有税收方面的改革得到他衷心的赞同，因为这可补充他曾经空空如也的财政，使他能够组成一支更有效率的军队来实施自己的计划。然而，这是选帝侯最不关心的改革。改革计划能否执行取决于马克西米利安一世。只有当马克西米利安一世需要改革派在人力和金钱上提供帮助时，他才有可能被迫让步，但春风得意时，他会变得冷漠起来，反对或推迟改革。

1495年3月，沃尔姆斯帝国会议召开时，马克西米利安一世亟需帝国议会的帮助，以便加入威尼斯同盟。威尼斯同盟是为了防止法兰西势力在意大利过度扩张而成立的。马克西米利安一世设立了"普通税"，即所有财产都要交税，并对收入微薄的人征收人头税。作为回报，他允许帝国议会宣布"公共和平"，并使其永久化，而破坏和平的人将受到严惩。

为了消除一切私人纠纷产生的借口，帝国最高法院必须改组。皇帝保留提名帝国最高法院院长的权力，十六名陪审法官由帝国议会选举产生。法庭不随皇帝流动，而是有一个固定的开庭地点，其运作由帝国税收来保障。在神圣罗马帝国范围内诸侯国之间的所有案件中，最高法院拥有最高的管辖权。除了享有特权的诸侯，帝国最高法院可以审理宫廷中产生的所有上诉案件。同时，它可以未经皇帝的同意宣布帝国禁令。马克西米利安一世同意每年召开一次帝国议会会议，并允许帝国议会有权动用"普通税"的收入。

马克西米利安一世拒绝了由帝国议会控制中央政府行政的要求，因为他担心失去自己的特权。然而，1500年的奥格斯堡帝国会议上，马克西米利安一世遇到了极大的困难，亟需帝国议会的帮助，便在帝国议会的问题上让步了。1495年的意大利远征和1498年的意大利远征相继失败。在会议召开的当天，卢多维科·斯弗扎被俘，1500年4月10日，米兰再次落入法兰西军队的手中。

卢多维科·斯弗扎被俘后被移交给法军

由于筹集资金困难，马克西米利安一世的"普通税"征收宣告失败。因此，帝国议会下令向出生六个月的人征税。每四百名居民要征募一名士兵，骑兵则从诸侯中征募。不当兵就要交税。作为回报，马克西米利安一世同意成立摄政委员会，摄政委员会的常务委员会由一名主席、一名选帝侯、一名主教、一位诸侯、一位伯爵和十六位小邦国代表组成。它可以召集议会，行使常务委员会的权力，提名议会议员，征税，维持国内秩序，决定和平与战争的问题。虽然摄政委员会的常务委员会由皇帝或者皇室委员会领导，但如果没有摄政委员会的常务委员会的许可，任何重要的事情都做不成。因此，摄政委员会的常务委员会与皇帝分享了行政权。

　　然而，马克西米利安一世并不打算看到自己的权力受到控制。最后，摄政委员会的常务委员会只存在了几个月。从此，马克西米利安一世对自己的让步得不到足够的支持感到失望，因为奥格斯堡帝国会议投票通过的征税从未得到认真执行。于是，马克西米利安一世决心依靠自己的力量。马克西米利安一世说："作为神圣罗马帝国皇帝，我受尽屈辱。未来我将只扮演奥地利哈布斯堡王室成员的角色。"因此，1502年，马克西米利安一世依靠执掌帝国法院的权力，建立了一个完全由他控制的常设法院——或称"帝国宫廷法院"，处理与领土有关事务及君主应裁决的案件。

　　马克西米利安一世甚至想成立一个属于自己的议会来取代摄政委员会。于是，为了自己的利益，1502年6月，选帝侯在格尔恩豪森达成了一项庄严的协定——史称《格尔恩豪森协定》，一致反对皇帝危险的革新，同时与路易十二进行了谈判。1503年，选帝侯甚至提出罢免马克西米利安一世，推选法兰西国王——马克西米利安一世的对手——来取而代之。

　　这时，马克西米利安一世的地位开始得到巩固。马克西米利安一世发现许多怀念帝国的文人支持他，同时得到了许多诸侯、帝国骑士和其他害怕选帝侯势力日益增大的人士支持。1504年，巴伐利亚-兰茨胡特公国爵位继承问题给了马克西米利安一世一个机会，让他可以挫败主要对手巴拉丁选帝侯腓力。

巴拉丁选帝侯腓力

1503年12月，巴伐利亚-兰茨胡特公爵巴伐利亚的乔治去世。他没有直系继承人，所以有两个人竞争巴伐利亚-兰茨胡特公国的爵位。第一个人是巴拉丁的鲁普雷希特。他既是巴拉丁选帝侯腓力第三子，也是巴伐利亚-兰茨胡特公爵巴伐利亚的乔治的女婿。巴拉丁的鲁普雷希特遵照岳父的遗嘱提出继承巴伐利亚-兰茨胡特公国爵位的要求。第二个人是巴伐利亚-慕尼黑公爵阿尔伯特四世。马克西米利安一世支持巴伐利亚-慕尼黑公爵阿尔伯特四世，号召对巴拉丁选帝侯腓力不满的诸侯一起行动。在贵族的帮助下，马克西米利安一世击败了巴拉丁的鲁普雷希特的军队，巴拉丁的鲁普雷希特被杀。1505年，科隆帝国会议宣布瓜分巴伐利亚-兰茨胡特公国，其领土分别划给巴伐利亚-慕尼黑公

巴伐利亚-兰茨胡特公爵巴伐利亚的乔治

巴伐利亚-慕尼黑公爵阿尔伯特四世

爵阿尔伯特四世和神圣罗马帝国皇帝马克西米利安一世,而巴拉丁的鲁普雷希特的儿子奥托·亨利只得到多瑙河北岸的狭小地带。

打败了巴拉丁选帝侯腓力,马克西米利安一世更加春风得意。此外,1504年,特里尔大主教巴登的约翰二世去世、美因茨大主教贝托尔德·冯·亨尼勃格-勒姆希尔德去世严重削弱了改革派的力量。马克西米利安一世在国外的地位显得更加重要。

1504年9月的《布洛瓦条约》承诺马克西米利安一世的孙子查理五世一门不错的联姻。通过联姻,布列塔尼、勃艮第和法兰西在意大利北部的领地不仅可以归哈布斯堡家族,而且马克西米利安一世希望能因此最终统一神圣罗马帝国和法兰西王国。1504年11月，卡斯蒂尔女王伊莎贝拉一世驾崩，接着马克西米利安一世的儿媳乔安娜成为卡斯蒂尔女王。同时波兰国王兼匈牙利国王乌拉斯洛二世年事已高。1489年，乌拉斯洛二世曾签署协议，如果他没有男性继承人，匈牙利应该在他驾崩后并入哈布斯堡王朝。

马克西米利安一世痴迷于建立"世界帝国"的疯狂计划，不愿意听取改革派进一步改革的要求，所以选帝侯们就无法实施改革，改革的尝试实际上已经停止。马克西米利安一世的希望也落空了。1507年，在康斯坦斯，马克西米利安一世再次要求议会提供人力和财力去对付不履行条约的路易十二。作为回报，马克西米利安一世承诺恢复已经三年没有召开的帝国最高法院。马克西米利安一世得到需要的物资，但这些人力物力既不是以征收"普通税"的方式，也不是通过教区税，而是通过征收各诸侯国花名册上的人头税来兑现的。人头税根据各诸侯国的资源情况征收。这种征税方式突出了各诸侯国的独立性。得到物资保障后，马克西米利安一世再次入侵意大利，却遭受比以往更可笑的失败。1509年至1512年的帝国议会中，马克西米利安一世与议会相互指责。马克西米利安一世对议会提出强烈抗议，指责议会拒绝提供足够的支持，企图削弱皇帝的权威。而议会则反驳，马克西米利安一世组建同盟和发动战争是在未经议会批准的情况下进行的，而且他阻止了已经颁布的改革计划的实施。

在特里尔帝国会议和科隆帝国会议中，帝国的组织机构划分为六个地域集团①，原本只用于摄政委员会和帝国最高法院法官选举的区域集团权力扩大

---

① 将神圣罗马帝国划分为地域集团的设想可以追溯到神圣罗马帝国皇帝阿尔伯特二世统治时期。当时设想为四个，后来扩大为十个：（一）法兰克尼亚；（二）土瓦本，包括符腾堡公国、巴登辖区和三十二个帝国城市；（三）巴伐利亚与萨尔斯堡大主教辖区；（四）上莱茵，包括洛林和弗朗斯-孔泰；（五）下莱茵河，由三个教会选侯的臣民组成；（六）威斯特伐利亚、尤利希、克里维茨、贝格、奥尔登堡和许多主教区；（七）上萨克森，由萨克森公国和波美拉尼亚公国及勃兰登堡地区组成；（八）下萨克森，由不伦瑞克、鲁内堡和荷尔斯泰因公国（被丹麦国王控制）、梅克伦堡、马格德堡和不来梅大主教辖区，以及汉堡、吕贝克和戈斯拉尔等组成；（九）奥地利；（十）勃艮第，包括尼德兰。值得注意的是，波希米亚不属于任何地域集团。地域集团选出的首脑和两名行政官，管辖警察和行政人员。——原注

了,地区的行政和军事现在掌握在地域集团手中。议会拒绝马克西米利安一世具有提名地域集团首领的权力,同时拒绝他拥有地域集团最高统帅或提名八人组成枢密院的权力。总之,长期的冲突还在继续,马克西米利安一世虽然不反对改革,因为这些改革可能会使神圣罗马帝国的行政和司法工作更有效率,但他害怕特权受到影响,而议会则会削弱他的权威。议会措施得以实施,地域集团的首领却一直未能选出,直到马克西米利安一世驾崩后三年——1521年,区域集团才最终建立。

马克西米利安一世统治期间其尝试的改革——"普通税"和帝国摄政委员会,到了查理五世时期再次复活,但随后很快被彻底抛弃。尽管帝国最高法院、宫廷会议、地域集团、税收制度和通过人头征税等措施,经过一定修改后得到执行。只要神圣罗马帝国存在,这些措施就不会被废止,但这一切都没能将帝国从衰弱和混乱中拯救出来。通过的条款既不受皇帝欢迎,也被大多数诸侯冷遇,更遭到帝国骑士的一致反对。而一些城市,因为害怕增加的税收会落在市民身上,便抱怨它们在最高法院中没有代表。这些改革的失败证实了这样一种观点——兼顾帝国利益与贵族利益是没有希望的,只有两种选择是可行的:要么把德意志合并成一个由世袭君主统治的强大的集权帝国;要么放弃国家统一的梦想,将神圣罗马帝国分裂成若干主权独立的诸侯国。

诸侯国的状况与神圣罗马帝国的状况如出一辙。那些想建立强大势力的选帝侯和其他诸侯,也纷纷遭到封臣、市民甚至农民的反对,因为这些人站在马克西米利安一世一边。诸侯国议会也像帝国议会一样纷争不断。然而,神圣罗马帝国明确无误的统治权威,是基于领土主权独立的原则之上的,而这一原则最终是不可战胜的。

诸侯们惧怕的帝国骑士是建立稳固的诸侯王国的主要反对者。马克西米利安一世便不顾尊严地去笼络这些声名狼藉的同盟者,因为帝国骑士靠突然袭击来破坏商业,并爱与狼群为伍。据说一位帝国骑士,当他看到群狼正扑向一群羊时,对群狼喊道:"祝你好运,亲爱的同志们,祝我们大家万事如意。"

在这种情况下，农民的处境可能是最悲惨的，暴乱和起义必然不断出现。例如"农民之鞋"起义，起义最后被残酷镇压。总之，神圣罗马帝国正遭受着混乱的痛苦，旧的体制正在衰败，新的机构还没有建立，很快宗教问题又增添了新的不和谐因素。

但如果因15世纪末的神圣罗马帝国政治领域和社会领域处于无政府状态而认定其处于野蛮时代，那就错了。许多诸侯，甚至马克西米利安一世本人，都是艺术家和文学家的赞助者。当时，至少自由城市是例外的，没有出现无政府状态。自由城市利用坚固的城墙、健壮的市民，以及城市间的同盟，保护自己免受骑士的袭击。同时，尽管没有摆脱动荡的影响，例如存在市政管理机构与想进入市议会的弱势阶层之间的暴力冲突，但市民之间时经常出现的冲突并没有破坏让他们发家致富的贸易。

这些自由城市也是教育、文学和艺术的发源地。15世纪末，有十六所大学，其中九所是新近建立的。于是一批人文主义学者出现了，例如格奥尔格乌斯·阿格里科拉、德西德里乌斯·伊拉斯谟·鹿特丹姆斯、约翰内斯·罗伊希

格奥尔格乌斯·阿格里科拉

德西德里乌斯·伊拉斯谟·鹿特丹姆斯

约翰内斯·罗伊希林

林、菲利普·墨兰顿等。这些文人给古代语言注入活力,用写作丰富了自己的母语。在自由城市里,印刷、蚀刻、金属加工和绘画艺术也在蓬勃发展,出现了老汉斯·霍尔拜因、阿尔伯特·迪鲁尔、纽伦堡金属工人彼得·菲舍尔等耀眼的名字。总之,神圣罗马帝国正处于一个过渡时期,动荡不安、政治混乱伴随着思想变迁,而思想变迁为神圣罗马帝国政治改革打下了基础。

马克西米利安一世统治时期,神圣罗马帝国丧失了领土。尼德兰作为勃艮第集团成员,虽然曾在短期内名义上并入了神圣罗马帝国,但瑞士实际上独立了。神圣罗马帝国濒临灭亡,为了自保,瑞士形成了邦联,瑞士邦联是在神圣罗马帝国建立的众多联盟之一。

菲利普·墨兰顿

老汉斯·霍尔拜因

阿尔伯特·迪鲁尔

彼得·菲舍尔

1291年，位于卢塞恩湖畔的乌里、施维茨、翁特瓦尔登这三个森林州签署了《永久协约》，以更好保护自己抵御实力强大的哈布斯堡家族的影响。哈布斯堡家族既拥有位于阿勒河下游的哈布斯堡城堡，又拥有大量财富，在本地区的政治影响力很大。

在接下来大约二百年的时间里，瑞士的历史是一部反抗哈布斯堡家族入侵的历史。

通过1315年的莫尔加尔滕战役和1386年的森帕赫战役，瑞士摆脱了除神圣罗马帝国皇帝外的哈布斯堡家族及其他强权在政治上和司法上的控制。1468年，提洛尔的西吉斯蒙德把侵占的瑞士领土——除阿尔高的弗里克塔尔外——都还给了瑞士。

1474年至1477年，通过与勃艮第公爵"大胆的"查理之间的战争，瑞士人不仅建立了威名远扬的强大步兵，而且在萨伏依家族控制的法语地区取得了立足之地。

马克西米利安一世加入"永久同盟"时，森林州邦联成员数量已经增至十个，统治着一大片疆土，西边是侏罗山脉和纳沙泰尔湖，南边是伯恩阿尔卑斯山脉，东南边、东边和北边分别是是里申阿尔卑斯山脉、康士坦茨湖和莱茵河。[①]康斯坦斯是神圣罗马帝国的自由城市，不是瑞士邦联成员。

邦联宪法以1291年的《永久协约》为基础，并不断得到新协约的补充和印证。特别是1370年的《神职条例》、1343年的《桑帕赫条例》和1481年的《斯坦茨公约》，这些几乎涵盖了司法问题和警察问题及与外交有关的互助问题和共同行动问题。邦联宪法设想了中央机构的性质，即中央机构如何裁决协约、条例和公约。

[①] 截至1499年，各州名称与各州加入"永久同盟"的日期如下：1291年，三个森林州——乌里州、施维茨州、翁特瓦尔登州——加入"永久同盟"；1332年，卢塞恩加入"永久同盟"；1335年，苏黎世加入"永久同盟"；1352年，克拉鲁斯、楚格加入"永久同盟"；1353年，伯尔尼加入"永久同盟"；1481年，索洛图恩、弗里堡加入"永久同盟"。——原注

议会由邦联各成员国委派的两名代表和各"城邦"委派的一名代表组成，只是各成员国使者的一个聚会，权力极其有限。同时，决策时少数也不用服从多数，但涉及"共同辖区"的问题除外。虽然联盟所有成员都与三个森林州结盟，但三个森林州彼此之间并非盟友关系。因此，伯尔尼与苏黎世没有直接结盟，卢塞恩与克拉鲁斯也没有结盟。各州的内部结构也不尽相同。有些州，如森林州和苏黎世，都是务实的民主政体，而伯尔尼则是由专制的城邦贵族统治。因此，宪法上的"永久同盟"是一种松散关系，只是各自拥有主权的地区之间的联盟，既不相互约束，也不要求内部组织结构一致。其他主权存在的不同方式和特点加剧了"永久同盟"的复杂性。其中有三种主权类型：

一、"主体领土。"其中一些是独立州，另一些是"自由地区"，如图尔高和阿尔高，它们被瑞士邦联的几个成员或所有成员视为共同的辖区。"自由地区"不享有政治权利，常常像民主政体的附庸一样，接受最严厉的管治。

二、"相关地区。""相关地区"分三类：修士辖区、圣加尔镇和以比尔湖命名的比尔镇，它们被视为"城邦国"，在议会只能各投一票。

还有更多的阶层组成的联盟，没有被承认为正式成员而享有特权。在和平与战争问题上，它们必须服从瑞士邦联的命令。①

三、"被保护地区。""被保护地区"之间的相互联系更加松散。

"被保护地区"造成异常复杂的利益冲突，不时导致内部和外部的严重争端。争端让瑞士人卷入了与神圣罗马帝国的战争。

在瑞士人看来，虽然他们实际上享有自由，但只要神圣罗马帝国不被可恶的哈布斯堡家族统治，他们就会一直忠于神圣罗马帝国。1440年，腓特烈三世当选神圣罗马帝国皇帝再次引起瑞士人担忧。瑞士人担心腓特烈三世会利用自己的权威重新控制他们。提洛尔的西吉斯蒙德放弃在提洛尔的大部分家族财产后，短暂的和平友好局面出现了。1475年，《永久协约》进一步确认提洛

---

① 邦联成员名单：瓦利斯或瓦莱联盟；沙夫豪森；米约桑；罗特韦尔；阿彭策尔。——原注

莫尔加尔滕战役

森帕赫战役

的西吉斯蒙德放弃家族财产这一事实。同时，提洛尔的西吉斯蒙德承诺帮助瑞士人对抗勃艮第公爵"大胆的"查理。但瑞士惊人的成功使马克西米利安一世和提洛尔的西吉斯蒙德放弃了原有的承诺。过去的忌妒又占了上风。瑞士邦联厌恶地注视着北方组建的士瓦本联盟（1488年）。神圣罗马帝国贵族则公然蔑视新兴的瑞士邦联以示不满。神圣罗马帝国自由城市康斯坦斯对图尔高管辖权的声索，导致摩擦进一步升级。该管辖权曾被提洛尔的西吉斯蒙德抵押给了康斯坦斯。腓特烈三世驾崩后，事情变得更糟了。选帝侯中的改革派渴望将瑞士邦联置于神圣罗马帝国最高法院的管辖之下，并迫使瑞士邦联承担神圣罗马帝国由沃尔姆斯帝国会议（1495年）分配的税收份额。马克西米利安一世对

勃艮第公爵"大胆的"查理

提洛尔的西吉斯蒙德

此采取两手措施。一方面他希望通过议会发出声索以威胁瑞士邦联，另一方面又不强制执行，以期获得瑞士邦联援助他对抗法兰西王国。在这件事上，马克西米利安一世犯了双重错误。选帝侯们急于行使帝国机构的职能，坚决执行议会的法令，而瑞士人则认为这是欺诈，目的是恢复哈布斯堡家族的权力。长期以来，瑞士人实际上——虽然不是在法律上——既不受神圣罗马帝国的管辖，也不受税收方面的限制。瑞士人在议会中没有代表，议会也没有满足过他们的要求。瑞士人认为神圣罗马帝国宣布的"普通税"向农民征税，代表诸侯的利益。简而言之，瑞士人对这件事的看法与18世纪英属北美十二殖民地人民的看法非常相似。当年，英国就是这样征税的。瑞士人不仅不肯屈服，甚至在圣加尔集会上宣称要独立，这当然不会得到批准。1497年，神圣罗马帝国的禁令下发到圣加尔。马克西米利安一世仍然继续自己的两手措施。马克西米利安一世推迟了禁令的执行，妄想瑞士人会与自己达成私下协议，并在战争中为他服务。与此同时，其他分歧激化了危机。瑞士邦联中出现了几股强大的势力，最重要的是三个雷蒂亚联盟：一是"上帝之家"联盟，位于库尔地区，以其大教堂而命名；二是位于莱茵河上的"格劳尔外滩"（也叫格劳宾登）联盟；三是位于普拉蒂高和达沃斯山谷的十大行政管辖区联盟。1496年，提洛尔的西吉斯蒙德去世。马克西米利安一世继承了其在提洛尔的家族财产，这自然引起瑞士邦联的恐惧，尤其是马克西米利安一世在这个时候获得了普拉蒂高的部分领地。1497年"格劳尔外滩"联盟、1498年"上帝之家"联盟先后与瑞士人结盟，并成为战略伙伴。瑞士邦联因此陷入财产和司法管辖权上无休止的纷争。这些纷争长期以来一直存在于这两个联盟和提洛尔之间。1499年，因斯布鲁克当局占领了连接阿迪杰河上游的蒙恩斯特塔尔山谷，这导致冲突进一步升级。

1499年，战争爆发。这场战争最初是由马克西米利安一世以奥地利大公的身份发动的，得到士瓦本联盟的协助，直到1499年神圣罗马帝国才卷入。就马克西米利安一世而言，最佳策略应是集中优势兵力进攻，继而以一场决定性的战役击败瑞士人。因为瑞士军队是在各加盟州征兵组建的，所以不太适应协同作战，而且军事指挥艺术有所欠缺。但马克西米利安一世没有抓住这个机会，而是分散自己的部队，其结果便是落入敌人的圈套之中。

瑞士军队或以密集的纵队进攻，或以三个联合的梯队进攻，前面是四排手执十八英尺长矛的长矛兵，后面是手执长戟——一种由战斧和矛组合的武器——的长戟兵作后盾。事实证明，瑞士军队足以抗衡神圣罗马帝国的雇佣兵。法兰西国王路易十二资助了瑞士人金钱和大炮，连威尼斯人也捐了钱。法兰西人不愿看到哈布斯堡家族增加对瑞士的影响力。马克西米利安一世唯一的盟友——米兰的卢多维科·斯弗扎——此时被赶出了米兰（1499年9月2日）。

布鲁德霍兹战役

士瓦本联盟的军队在布鲁德霍兹和巴塞尔附近的多尔纳赫被击败。马克西米利安一世的军队在提洛尔的弗雷斯滕茨陷入困境。1499年9月22日，马克西米利安一世又一次在蒙恩斯特塔尔的卡尔文峡谷被迫求和。

根据《巴塞尔和约》，马克西米利安一世和雷蒂亚联盟之间的所有争端都交由仲裁决断。帝国最高法院针对瑞士邦联的所有决定都被废除。虽然没有明

多尔纳赫战场

多尔纳赫战役

确界定瑞士邦联与神圣罗马帝国之间的未来关系，但瑞士邦联再也不用接受神圣罗马帝国的税收限制、司法管辖或征兵。瑞士邦联虽然名义上仍然是神圣罗马帝国的成员，实际上已经独立。所有这些条款最终在1648年的《威斯特伐利亚和约》中得到承认。

1501年，为了加强北部边界，瑞士邦联承认巴塞尔和沙夫豪森为邦联成员。1513年，阿彭策尔的加入使瑞士邦联成员增至十三，为本世纪最高成员数。瑞士人仍然充当着欧洲的雇佣兵。1502年和1512年，瑞士邦联已经在阿尔卑斯山脉以南相继获得了更多的领地。马克西米利安一世从失败中至少有一点收获：他仿制了瑞士人的武器。在某种程度上，他也效仿了瑞士的军队建制。因此，他为组建强大的步兵做出了很大的贡献。后来，步兵在查理五世对意大利的战争中起到了良好作用。然而，即便如此，缺点也是显而易见的：神圣罗马帝国的雇佣兵发现，有时他们被要求养成瑞士雇佣兵的习惯，并且与他们的敌人一起服役。

尽管马克西米利安一世迷恋"皇帝"的称号，但对他说来，就像早年的神圣罗马帝国皇帝查理四世一样，他实际上只是神圣罗马帝国的"继父"。此外，马克西米利安一世的目的是压制选帝侯。马克西米利安一世剥夺了巴拉丁人对巴伐利亚-兰茨胡特公国的主权声索。在贝格和朱利希的主权声索问题上，马克西米利安一世欺骗萨克森选帝侯马格努斯一世。通过克里维斯公爵约翰二世的婚约，充当黑森领主伯爵腓力一世的监护人，宣布这位十四岁的年轻领主已经成年等方式，马克西米利安一世巩固了自己的地位。虽然马克西米利安一世支持勃兰登堡家族，同意推举该家族晚辈勃兰登堡的阿尔伯特成为普鲁士条顿骑士团的大统领（1512年），但有一件事激怒了勃兰登堡家族，因为马克西米利安一世确认了1466年的《托恩和约》，从而迫使条顿骑士团把普鲁士西部割让给波兰王国的拉迪斯拉斯家族，并把东普鲁士作为波兰王国的领地。这里有深刻的家族原因：拉迪斯拉斯二世的儿子路易刚刚娶了马克西米利安一世的孙女玛丽，而路易的妹妹安妮，嫁给了马克西米利安一世的孙子斐迪

克里维斯公爵约翰二世

南,如果法兰西国王路易十二驾崩后没有继承人,他们便成为匈牙利王位和波希米亚王位的继承人。

总之,马克西米利安一世的政策主要是为了维护哈布斯堡家族的利益。马克西米利安一世的总目标是巩固哈布斯堡家族的权力和发展前途,并尽可能地通过征服、外交斡旋和成功的联姻为神圣罗马帝国谋利。只要将哈布斯堡家族1485年的情况和1519年马克西米利安一世驾崩时的情况进行对比,就知道他的计划实现得很成功。

在马克西米利安一世当选神圣罗马帝国皇帝一年前，也就是1485年，马蒂亚斯·科维努斯不仅控制了从1437年到1457年一直属于哈布斯堡家族的匈牙利和波希米亚，还把腓特烈三世赶出了维也纳。提洛尔和阿尔萨斯被马克西米利安一世的表兄提洛尔的西吉斯蒙德控制。施第里尔和卡林西亚遭到土耳其人蹂躏。1482年，因为他的妻子——勃艮第的玛丽去世，马克西米利安一世本人对尼德兰的管辖权便被剥夺了，甚至不能亲自培养儿子腓力。1519年的情况则大不相同。马克西米利安一世不仅重新夺回奥地利的所有领土，而且随着1496年提洛尔的西吉斯蒙德去世，从而将哈布斯堡家族的所有领地都控制在自己

马蒂亚斯·科维努斯

勃艮第的玛丽

的手中,土耳其人的进攻也在一段时间内停止。如果说马克西米利安一世失去了瑞士,在意大利恢复权力的努力失败了,但这些都只是神圣罗马帝国的损失,而哈布斯堡家族并没有损失什么。

通过联姻,马克西米利安一世获得了最大成功。马克西米利安一世的孙女玛丽与拉迪斯拉斯二世的儿子路易的婚约最终使匈牙利王国和波希米亚王国于1526年归哈布斯堡家族所有。马克西米利安一世的妻子勃艮第的玛丽是勃艮第公爵"大胆的"查理的女儿,因此获得了强大的勃艮第家族的大部分财产和领地。马克西米利安一世主导的一系列联姻的焦点是腓力大公迎娶阿拉贡国王斐迪南二世的女儿乔安娜。1516年，腓力大公和乔安娜的儿子查理五世终于统治了尼德兰、西班牙和那不勒斯。

尽管马克西米利安一世与选帝侯们进行了长期的斗争，尽管意大利战争未能取得成功，但神圣罗马帝国的人们并非不喜欢他。尽管马克西米利安一世惹人厌恶又难以对付，但他的确是个很有魅力的人。虽然马克西米利安一世并不英俊，肤色苍白，狮子鼻翘起在灰色的胡须上，但他外貌很有男子汉气概。马克西米利安一世体力充沛，充满活力，这一点可以从他追击岩羚羊看出。马克西米利安一世智力同样毫不逊色。他受过良好教育，会说七种语言或方言，兴趣广泛，反应迅速，有着骑士气概和卓越的想象力，精力旺盛，赢得了各阶层人士的崇拜。当然，马克西米安的一些品质也成为自己成功路上的绊脚石。他一心沉迷于宏伟蓝图，其中许多虚无缥缈，无法实现，正是他的多才多艺和足智多谋引起人们的责备——他优柔寡断，变化无常。路易十一曾说："他晚上说的话，明早就不会算数。"马克西米利安一世的自信使他容不下任何强者。史学家尼可罗·马基雅维利如此评价马克西米利安一世："拒绝任何人的建议，却又被所有人欺骗。"马克西米利安一世野心过大，常陷入困境。而这些困境又使他饱受屈辱，尤其是与那些称他为"一文不名"的外国势力打交道时。外国势力常把马克西米利安一世视作一个顽固不化、难缠的乞丐，一点蝇头小利就足以把他收买。

但马克西米利安一世至少没有自欺欺人。在史诗《崇高的敬礼》中，马克西米利安一世这样描绘了自己：这位敢于冒险的具有"光荣思想"的骑士，本是想去寻找自己的新娘，最后却与土耳其人开战。就这样，马克西米利安一世让世人看到了他的自命不凡和冒险的愿望。自命不凡和冒险的愿望令马克西米利安一世羡慕好奇，同时一直困扰着他。这位迷人、可爱、不切实际、令人恼火的梦想之人，虽然神经过敏，注意力时常出现偏差，但的确是他统治那个时期过渡阶段的典型代表。随着1515年弗朗索瓦一世继位，1519年马克西米利安一世驾崩，欧洲必将进入一个新的时代。一个有趣的事实是，"教皇之家"的意

马克西米利安一世狩猎

大利带领日耳曼人走出了野蛮，并给了他们早期的培育，向他们传授了罗马的法律、政府和文明等无价遗产。如果没有这一幕，历史或许被改写。

正是在意大利战争中，欧洲各国首次展现出对民族身份的充分认识。这些国家，尽管相互之间曾经你死我活，但它们认识到，作为欧洲的成员，它们的命运必然联系在一起。在此基础上，相互制衡的权力体系、现代外交体系和国际法体系的基石便出现了。总之，在意大利期间，欧洲的政治体制得以确立并延续至今。而且通过意大利战争，各国意识到保持大量步兵的必要性，战争手段也因火药的广泛使用而发生了革命性的变化。

意大利在战争中遭受了巨大的苦难。其间，国家的自私本性赤裸裸地展现出来。意大利半岛被外国人糟蹋，直到19世纪末才获得独立。然而，在极度的痛苦中，意大利给欧洲带来了一份无价的礼物。意大利复活了希腊的艺术、文学、完美的油画，新兴的建筑风格、人文知识及批判的精神。这些都是意大利通过文艺复兴运动最终留给欧洲的遗产，而文艺复兴运动则展现出意大利独特的一面。

从此，欧洲历史的重心从意大利转移。然而，为争夺美丽的意大利平原而进行的斗争并没有结束。教皇仍将引起我们的关注，教皇与宗教改革、神圣罗马帝国的关系仍然是我们关注的对象。意大利的地位下降了。地中海不再是联系东西方的要道。人们的目光会转向阿尔卑斯山脉以北，关注哈布斯堡王朝和瓦卢瓦王朝之间的激烈斗争及宗教改革所涉及的诸多重大问题。

第3章

从查理五世当选神圣罗马帝国皇帝到帕维亚战役

(1519—1525)

精彩看点

神圣罗马帝国的皇帝选举——查理五世和弗朗索瓦一世备战及战争的推迟——自治公社起义——沃尔姆斯帝国会议——摄政委员会——文艺复兴和宗教改革——德西德里乌斯·伊拉斯谟·鹿特丹姆斯和马丁·路德——神圣罗马帝国禁令——查理五世和弗朗索瓦一世之间的战争——查理五世和弗朗索瓦一世同盟——神圣罗马帝国军队的胜利——教皇利奥十世去世——新教皇阿德里安六世——阿德里安六世与查理五世的争吵——比科卡战役——《温莎条约》——马丁·路德和摄政委员会——纽伦堡帝国会议——骑士战争——雷根斯堡代表大会——帕维亚战役——德意志农民战争

第1节　神圣罗马帝国选举

1519年1月15日，马克西米利安一世驾崩。欧洲的命运便落入三个年轻的君主之手，个性都极强，野心皆勃勃。三人中，英格兰国王亨利八世二十五岁，年龄最大。亨利八世白皙的肤色给外国人留下了深刻的印象，他在欧洲大陆一直很受人钦佩。亨利八世尽管晚年变得非常肥胖，但年轻时鲜明的肤色，巨大的额头，浓眉大眼，高大强壮、魅力四射的身材，格外引人注目。加之亨利八世在竞技和格斗中的出色表现，对音乐和语言熟练的驾驭程度，从容自若的性格，人们对他赞不绝口。

弗朗索瓦一世小亨利八世三岁，几乎和他一样高。弗朗索瓦一世黑皮肤，身躯肥胖，腿却纤细，令当代人印象深刻。弗朗索瓦一世赞助艺术，爱好娱乐，崇尚文艺复兴精神，是文艺复兴忠实的支持者，但他远见不足、谨慎有余，欠缺政治家风度。从这一点来说，弗朗索瓦一世算不上一个好国王。弗朗索瓦一世胆子很大，甚至有些鲁莽，像他的对手一样野心勃勃。然而，弗朗索瓦一世天生具备查理五世所欠缺的骑士精神，这种精神成了他无足挂齿性格的可取之处。

当时，查理五世鲜为人知，无人看好。查理五世只有十九岁，完全受控于佛

威廉·德·克罗伊

兰德斯人威廉·德·克罗伊。查理五世中等身材,步态悠闲,前额饱满,鼻梁坚挺。遗憾的是,哈布斯堡家族低垂的下颚和小坏牙,使他有点儿美中不足。童年的烦恼,父亲和祖父之间的争吵,外公阿拉贡国王斐迪南二世后来表现出的对他的忌妒,加上母亲的疯癫,或许挫伤了他的热情,使他变得沉默寡言、严肃而内向。这些品质留给人一种迟钝的印象。然而,查理五世很快就向世人表明,在冷漠的外表之下,他有着清醒的头脑,一种商业能力,一种超越感情冲动的果断决心,证明他是这三个人中最能干的政治家。

  这些年轻的国王是马克西米利安一世驾崩后神圣罗马帝国空缺皇位的重要候选人。选举成为欧洲最大的关注点。马克西米利安一世在世时曾经挥霍大把金钱和许下很多承诺,以得到选帝侯们的支持。马克西米利安一世深信已经赢得其中五个选帝侯的选票支持他的儿子当选，但他一驾崩，选帝侯们就收回承诺，又开始寻隙索贿，讨价还价。亨利八世并不是一个重要的候选人。在另外两位候选人中，弗朗索瓦一世的机会起初似乎被相当看好。马里格纳诺战役的胜利及弗朗索瓦一世在军事上的野心，都表明弗朗索瓦一世最有可能成为欧洲多次谈论过的十字军远征的领导人，尽管十字军远征一直未实施。弗朗索瓦一世发誓，如果当选，他将在三年内进入君士坦丁堡。教皇利奥十世虽然宣布自己不愿意参加神圣罗马帝国皇帝的选举，但希望看到弗朗索瓦一世当选。法兰西人占据着米兰，要确保美第奇家族及其佛罗伦萨共和国安然无恙，他们之间的友好关系非常必要。教皇利奥十世的传统政策就是防止那不勒斯王国和神圣罗马帝国都落入同一人手中。利奥十世说："你知道吗，从罗马到那不勒斯王国边境只有四十英里？"选帝侯们，尤其是萨克森选帝侯腓特烈三世和勃兰登堡选帝侯约阿希姆一世·内斯特，都被马克西米利安一世反对改革和针

勃兰登堡选帝侯约阿希姆一世·内斯特

对他们的相关政策激怒。莱茵河流域的选帝侯们，即美因茨大主教勃兰登堡的阿尔伯特、特里尔大主教理查德·冯·格雷芬克劳·祖弗尔拉德和科隆大主教维尔德的赫尔曼及巴拉丁选帝侯奥托·亨利，都担心如果拒绝投票就会遭到弗朗索瓦一世的报复。而特里尔大主教理查德·冯·格雷芬克劳·祖弗尔拉德是盖尔德雷斯公爵查理二世的盟友，是哈布斯堡家族的死敌。

弗朗索瓦一世决心获得梦寐以求的神圣罗马帝国皇位。尽管年收入微薄，但弗朗索瓦一世宣称"即使花掉不胜其数的黄金，也要成为皇帝"。弗朗索瓦一世向选帝侯行贿的金额比查理五世还要高。查理五世的前途实在太渺茫，

美因茨大主教勃兰登堡的阿尔伯特

巴拉丁选帝侯奥托·亨利

有些人劝他退出,支持弟弟斐迪南,但查理五世婉言拒绝。这一举措对家族利益是致命的,尽管查理五世承诺如果当选,将说服神圣罗马帝国的诸侯们接受他弟弟作为继任者。当时,查理五世正在西班牙。他指示自己在神圣罗马帝国的代理人,要不遗余力、不惜一切代价确保他当选。于是,不光彩的交易在选帝侯中继续进行着。选帝侯们却在选举中誓言旦旦,他们投出的选票没有接受任何承诺、契约、或者保证金。

很难预料选帝侯们对神圣罗马帝国皇帝选举结果的影响。但随着大选的临近,神圣罗马帝国人们的情绪一目了然地显现出来。不仅知识界宣布支持

符腾堡公爵乌尔里希一世

查理五世,而且士瓦本联盟也开始支持查理五世。强大的士瓦本联盟在1518年5月就以残忍和统治不当为由,把符腾堡公爵乌尔里希一世赶出了领地,并着手新的治理。士瓦本联盟由巴伐利亚公爵的威廉四世领导,其姐巴伐利亚-慕尼黑的萨拜娜受到丈夫符腾堡公爵乌尔里希一世和著名的皇家骑士弗朗茨·冯·济金根的粗暴对待。弗朗茨·冯·济金根已经受雇于查理五世。士瓦本联盟军宣布不支持弗朗索瓦一世,瑞士人也加入了士瓦本联盟。瑞士邦联一般都是反对哈布斯堡家族的。1499年,根据《巴塞尔和约》,瑞士邦联结束了与马克西米利安一世的最后一战。自此,瑞士邦联不再受神圣罗马帝国法律、司法和税收的约束。然而，在锡安枢机主教马蒂亚斯·施纳的影响下，瑞士邦联现在转而支持查理五世。

在北方，不伦瑞克-吕讷堡公爵亨利十世也威胁要为查理五世拿起武器。这种强烈的帝国情绪自然影响着选帝侯们。因此，选帝侯们降低了要求，接受了查理五世的金额和承诺，尽管这些金钱和许诺比起弗朗索瓦一世提供的要少。罗斯柴尔德家族和富格尔家族也拒绝了弗朗索瓦一世的提议。教皇利奥十世看到"胳膊拧不过大腿"，就不再反对查理五世了。

赢得选举最关键的一票来自美因茨大主教勃兰登堡的阿尔伯特，即勃兰登堡公爵约阿希姆一世·内斯特的弟弟。这一票肯定会影响犹豫不决的科隆大主教维尔德的赫尔曼，并对勃兰登堡公爵约阿希姆一世·内斯特产生影响。美因茨大主教勃兰登堡的阿尔伯特素有"贪婪之父"的称号，他曾承诺支持法兰西国王弗朗索瓦一世。他已经收受了弗朗索瓦一世十二万弗罗林银币和永久担任神圣罗马帝国使者的承诺。然而，经过漫长的讨价还价，美因茨大主教勃兰登堡的阿尔伯特转而接受查理五世许诺的七万两千弗罗林银币和出任神圣罗马帝国使者的承诺，并在1519年6月18日举行的选举团会议上，拥护查理五世当选。特里尔大主教理查德·冯·格雷芬克劳·祖弗尔拉德掉进了法兰西人的钱袋子里不能自拔，敦促弗朗索瓦一世加价，并暗示如果不加价，就推选一位比查理五世威胁较小的神圣罗马帝国诸侯，例如，巴伐利亚公爵、勃兰登堡侯爵或萨克森选帝侯。这是弗朗索瓦一世的最后一步棋。萨克森选帝侯腓特烈三世是唯一一位刚正不阿地拒绝一切贿赂的人。他善良正直，无比虔诚，拥有独特的智慧，美名远扬，只要他愿意参与竞选神圣罗马帝国皇帝，极有可能当选。然而，萨克森选帝侯腓特烈三世太精明了，不愿接受如此危险的职位，而且他的爱国之心促使他希望一位神圣罗马帝国人当选，于是拒绝了竞选的提议，并宣布支持查理五世。萨克森选帝侯腓特烈三世的行为起了决定性作用。年轻的波希米亚国王路易二世，迎娶了查理五世的妹妹玛丽，自然也给姐夫投了票。科隆大主教维尔德的赫尔曼和美因茨大主教勃兰登堡的阿尔伯特投了

巴伐利亚公爵威廉四世

巴伐利亚－慕尼黑的萨拜娜

不伦瑞克-沃尔芬比特尔公爵亨利五世

同样的票。剩下的三位选帝侯,特里尔大主教理查德·冯·格雷芬克劳·祖弗尔拉德、巴拉丁选帝侯奥托·亨利和勃兰登堡选帝侯约阿希姆一世·内斯特跟着投了同样的票,查理五世被一致推选为神圣罗马帝国皇帝。取得皇帝的头衔不再需要获得教皇的认可,尽管查理五世后来在博洛尼亚(1529年)由教皇加冕。查理五世立即继承皇位,但不是尊称为"神圣罗马帝国皇帝",而是"当选皇帝"。至此,神圣罗马帝国历史上最引人注目的选举落下帷幕。同时这场选

16 世纪 30 年代的查理五世

举很快给历史蒙上了阴影——由它产生的无耻腐败和阴谋超越了以往历次选举。亨利八世的幕僚佩斯曾宣称，这场选举是"有史以来代价最高的交易"。

弗朗索瓦一世想获得神圣罗马帝国皇位的愿望证明他缺乏政治远见，因为他成功当选神圣罗马帝国皇帝可能会给国家带来灾难，或许会因此而引发神圣罗马帝国乃至整个欧洲的敌对，法兰西王国的资源也会在无利可图的战争中消耗殆尽。

查理五世的胜选部分实现了神圣罗马帝国两位先皇——腓特烈三世和马克西米利安一世——的宏伟梦想。哈布斯堡家族现在统治着神圣罗马帝国、尼德兰、西班牙、那不勒斯和"新世界"的大部分，并再次拥有神圣罗马皇帝的称号。然而，人们可能会质疑，神圣罗马帝国的尊严是否真的会带来源源不断的力量。查理五世当选神圣罗马帝国皇帝的代价是他不得不签署"妥协条款"，而且此后每一位"当选皇帝"都被要求这样做。"妥协条款"清楚地表明了神圣罗马帝国诸侯们的观点。诸侯们要求：德语或拉丁语应该作为官方语言；神圣罗马帝国的政权机构应由德意志人管理；神圣罗马帝国不应受任何外国司法管辖；未经帝国议会同意，任何外国军队都不应参加神圣罗马帝国内战。这些要求让新皇帝感受到具有西班牙血统和佛兰德斯血统的诸侯们是多么可怕。诸侯们因为反对教皇，所以坚持废除由罗马法院提出的每一项改革，这违反了康斯坦斯帝国会议（1418年）之后达成的协议。最后，诸侯们坚持享有特权，要求查理五世承认他们的独立主权，并设立一个常设委员会参与政府机构的管理。最后几项要求非常重要，从而导致了严重分歧。至于其他要求，正如后来的结局显示的那样，查理五世提出的无数过分的财产和权力要求使谈判陷入僵局。最后，查理五世不得不屈服。

由查理五世的当选引发的战争几乎是不可避免的。对手的胜选让弗朗索瓦一世的虚荣心受到致命的打击，而法兰西人真正担心的仍然是哈布斯堡家族主导的奥地利和西班牙的结盟。

在这种情况下，争吵在所难免。双方各执一词，都没有执行《努瓦永条约》

纳瓦拉国王亨利二世

（1516年）。弗朗索瓦一世抱怨西班牙没有将占领的纳瓦拉王国的领土归给纳瓦拉国王亨利二世，而查理五世则声称米兰公国属于自己，并要求恢复勃艮第公爵领地，作为勃艮第遗产的一部分。尽管如此，战争推迟显然对查理五世有利。现在，查理五世统治的范围如此广大，头衔数量如此众多，而这些恰恰是他不敢轻举妄动的根源。弗拉芒人对西班牙人的统治感到愤慨，叛乱一触即发。查理五世当选神圣罗马帝国皇帝后，一直待在西班牙，没有回过神圣罗马帝国。德意志人对他迟迟不回感到很恼火。帝国议会不好对付，查理五世决不可怠慢；"小修士"路德[①]的问题也需立即引起注意。

弗朗索瓦一世则恰恰相反，主宰着一个统一的王国，战争包袱不大。虽然

---

① 即马丁·路德。——译者注

享有的特权比查理五世要少，尤其是在财政和军队方面，但弗朗索瓦一世占据了中心地位。只要弗朗索瓦一世留在米兰，就能切断查理五世在神圣罗马帝国和意大利之间的一切陆路联系。在这种情况下，谢夫尔勋爵威廉·德·克罗伊的观点可能是正确的。弗朗索瓦一世希望除考虑尼德兰的特殊利益外，至少推迟发起军事行动。法兰西本应立即发动战争，但由于弗朗索瓦一世的铺张浪费、上一次战争的开支及为神圣罗马帝国选举的拉票开支，法兰西国库早已空虚，而增加新的关税必然会引起不满。最重要的是，如果可能，弗朗索瓦一世首先要维系与英格兰的同盟关系，至少让英格兰保持中立。查理五世也意识到了英格兰援助的重要性。弗朗索瓦一世与查理五世这两个竞争对手势均力敌，于是英格兰有了一个前所未有的、做和事佬的机会。

英格兰大臣托马斯·沃尔西急切地抓住了这个机会。他的策略是：同双方继续做朋友，不得罪任何一方，同时使双方互相猜疑以维持原状。防止任何一方宣战，以免进攻的一方发现英格兰可能对自己动手。如果可能，即使不能延缓，也能防止战争马上爆发，同时能使英格兰成为欧洲事务的仲裁者。托马斯·沃尔西的目标是让这一策略在近两年内取得成功，使欧洲两个最强大的君主变成他和自己的君主顺从的追随者。

1520年5月，查理五世急忙离开西班牙去桑威奇会见亨利八世。查理五世的屈尊俯就震惊了欧洲。1520年7月，在加莱帕莱附近的圭斯尼，亨利八世和弗朗索瓦一世在"金缕地"①会晤。值得注意的是，会晤是在英格兰领地进行的。这次会晤意义重大，不仅场面壮观，而且亨利八世亲自展示武器，同时得到了当时艺术家和作家们的关注，尽管武器展示让弗朗索瓦一世狼狈不堪。1520年7月5日，亨利八世在格拉沃利讷与查理五世进行了第二次会晤。这些会晤的结

---

① 亨利八世与弗朗索瓦一世会面的地方之所以被称为"金缕地"，是因为他们都把这次会面看作炫耀财富、成就和品味的机会。当时，亨利八世的竞技盔甲据说镶嵌了两千盎司黄金和一丁一百颗大珍珠。亨利八世的随从人都住在用昂贵丝绸做成的帐篷里。丝绸里添加了金丝。——译者注

亨利八世和弗朗索瓦一世在"金缕地"会晤

亨利八世与查理五世第二次会晤

果并不明朗,只是历史学家的推测而已。部分原因可能是托马斯·沃尔西拒绝签订任何明确的协议,因为他的策略是避免让英格兰选边站队。

因此,谈判拖了很长时间,这引起教皇利奥十世的愤怒。利奥十世尽管曾与英格兰王国、神圣罗马帝国签订了条约,但迫切希望战争马上爆发,以便在做出让步之前看出谁是胜者。

1520年年末,托马斯·沃尔西的外交斡旋失败。弗朗索瓦一世决定发动攻势,并指责托马斯·沃尔西向教皇利奥十世泄露了自己的秘密。而查理五世一直犹豫不决,是履行与英格兰公主玛丽的婚约还是迎娶葡萄牙的公主?查理五世试图把亨利八世拉入与法兰西人的战争,并要求亨利八世履行诺言。然而,这并没有难倒托马斯·沃尔西。托马斯·沃尔西召回了查理五世宫廷里的代理人库斯伯特·滕斯托尔。查理五世无意宣战,战争被推迟到1521年。

与此同时,西班牙的麻烦、议会的混乱、对马丁·路德问题的定罪,都需要查理五世关注。

库斯伯特·滕斯托尔

第2节　自治公社起义

阿拉贡国王斐迪南二世的驾崩立刻给西班牙带来了麻烦。尽管阿拉贡国王斐迪南二世和卡斯蒂尔女王伊莎贝拉一世的政策取得了暂时的成功，但政权的巩固绝对谈不上高枕无忧。阿拉贡王国和卡斯蒂尔王国不仅各自独立，甚至连阿拉贡王国的附属国巴伦西亚和加泰罗尼亚也有各自独立的议会和独特的管理机构。它们的宪法机制呈现的多样性展现了深刻的差异、本质的区别——这些差异与区别是各国的自然特性、种族差异和过去历史累积的结果。卡斯蒂尔人和阿拉贡人之间的竞争由来已久，这里有欧洲最尖锐的矛盾。这些矛盾存在于贫困而质朴的阿斯图里亚斯人与骄傲的卡斯蒂尔贵族之间，也存在于巴塞罗那忙忙碌碌的商人和加泰罗尼亚的民主政治之间，更存在于各个王国内部谋求统一之间。卡斯蒂尔王国的社会分裂极其严重。贵族享有许多特权，特别是免税的特权。贵族获得收入的领域非常广泛，在某些情况下其总收入甚至超过了王室的全部收入。贵族生活在与世隔绝的环境中，傲视一切，鄙视城镇居民为争取在议会享有宪法权利的斗争。贵族早已懒得参加这些他们认为无足轻重的会议。

在阿拉贡王国，贵族们没有那么孤立。他们在议会仍然有代表，并与神职人员和城镇代表一起共同捍卫政治权利。然而，即便如此，阿拉贡王国的社会分裂也很严重，而在巴伦西亚，情况几乎和卡斯蒂尔王国一样糟糕。一方面，西班牙人因民族仇恨和阶级仇恨而遭受痛苦；另一方面，西班牙人也为争取自身权益坚强地斗争着。统治者的更迭使西班牙人有机会重申自己的权益。1517年，查理五世在外祖父阿拉贡国王斐迪南二世驾崩一年后来到西班牙，遭到了许多人的反对。阿拉贡王国的议会在查理五世宣誓确认其自由权后才承认他为国王，并对查理五世提出的拨款要求置若罔闻。而在加泰罗尼亚和巴伦西亚，查理五世也遇到了类似的困难。

与此同时，卡斯蒂尔王国的情况更糟。卡斯蒂尔人对弗拉芒人谢大尔勋爵威廉·德·克罗伊的统治充满愤怒。谢夫尔勋爵威廉·德·克罗伊被卡斯蒂尔人戏称为"山羊"。在查理五世来到西班牙之前,谢夫尔勋爵威廉·德·克罗伊一直统治着卡斯蒂尔王国。查理五世到达西班牙后,因不会说卡斯蒂尔人的语言而伤害了卡斯蒂尔人的自尊心,因无情地对待枢机主教弗朗西斯科·西门乃斯·西斯内罗斯而令卡斯蒂尔人愤怒。枢机主教弗朗西斯科·西门乃斯·西斯内罗斯忠心耿耿,获得卡斯蒂尔人称赞,却在被解职后死在教区(1517年11月17日)。查理五世还把枢机主教弗朗西斯科·西门乃斯·西斯内罗斯的职位给予了卡斯蒂尔人痛恨的弗拉芒人。于是,查理五世疏远了卡斯蒂尔人。托莱多主教教区交给了谢夫尔勋爵威廉·德·克罗伊的外甥图尔奈主教,另一位弗拉芒人让·索瓦热则出任卡斯蒂尔王国总理大臣。1518年,根据瓦拉多利德议会的条款,查理五世和他母亲乔安娜共主的地位得到承认;投票授权查理五世可在两年内征收一笔款项;不允许任何外国人获得公职;不得从西班牙出口金银和马匹;查理五世应当迅速结婚;查理五世的弟弟斐迪南应担任他的全权代表,直至他诞下子嗣。这些要求即使获得批准,也不一定会执行。与此同时,卡斯蒂尔人担忧神圣罗马帝国皇帝的选举。卡斯蒂尔人说查理五世很少待在西班牙,如果选查理五世,他们将不得不为神圣罗马帝国皇帝选举支付一切费用。查理五世急于离开西班牙到桑威奇与亨利八世会晤,并准备在亚琛加冕,于是就同意在离开之前召开一次议会会议。然而,由于卡斯蒂尔人的不满,查理五世避开了大城镇,把开会地点定在加利西亚的圣地亚哥(1518年3月31日),而不是瓦拉多利德。随后,1518年4月25日,查理五世把会议地址移到科伦纳,那里靠近查理五世的船队。在会议上,查理五世勒索了一笔钱,承诺三年后归还,以国王的信用担保。同时,查理五世承诺不会任命任何外国人担任公职,并且承诺一切决策都维护卡斯蒂尔人的利益。然而,出席议会的代表人数不全,只有十七个城市的代表出席。萨拉曼卡的代表被排除在外,托莱多等城市拒绝派出代表。即便如此,支持查理五世决议的投票仍然以微弱多数通过。

托莱多人近来非常愤怒。托莱多人认为任命谢夫尔勋爵威廉·德·克罗伊

胡安·洛佩斯·德·帕迪拉

的外甥为大主教是对他们的侮辱,于是派使者同查理五世交涉,但被拒绝了。市民开始起义,领导人是两位贵族,佩德罗·拉福·德·拉·维加和胡安·洛佩斯·德·帕迪拉,后者是莱昂总督的儿子。在勇敢的妻子逼迫下,他干了一件自己不胜任的事。佩德罗·拉福·德·拉·维加和胡安·洛佩斯·德·帕迪拉假借卡斯蒂尔国王和王后的名义夺取政权,将查理五世任命的大臣赶出城,并在该市教区成立了一个由代表们组成的"自治公社"(1520年4月21日)。

  这时,查理五世,第一次但不是最后一次,经历了特殊的考验——一次由他特殊的身份而引发的利益冲突。作为西班牙国王,查理五世迫切想要待在那里,但从整个欧洲利益考虑,他又不得不立即离开西班牙。亨利八世曾答应他,只要桑威奇会晤如期举行,就会在1520年5月或6月初会见弗朗索瓦世，因此时间紧迫。于是，1520年5月19日，查理五世迅速离开西班牙，任命年迈的导师阿德里安为卡斯蒂尔王国摄政，胡安·德·兰纳扎为阿拉贡总督，迭戈·德·门多萨为巴伦西亚总督。

查理五世的离去只会增加西班牙人的不满。西班牙人认为，从今以后，国家利益将不再是查理五世关注的重点，西班牙只不过是他的一个省而已。因此，起义迅速地蔓延开来。在塞戈维亚，查理五世的代理人被杀。萨拉曼卡、萨莫拉、马德里、布尔戈斯及其他许多城镇纷纷响应。最后，当时的政府所在地瓦拉多利德也出现了武装反抗。与此同时，在巴伦西亚，一场冲突在贵族和平民之间暴发，尽管巴伦西亚的骚乱与卡斯蒂尔王国的起义没有任何关系。

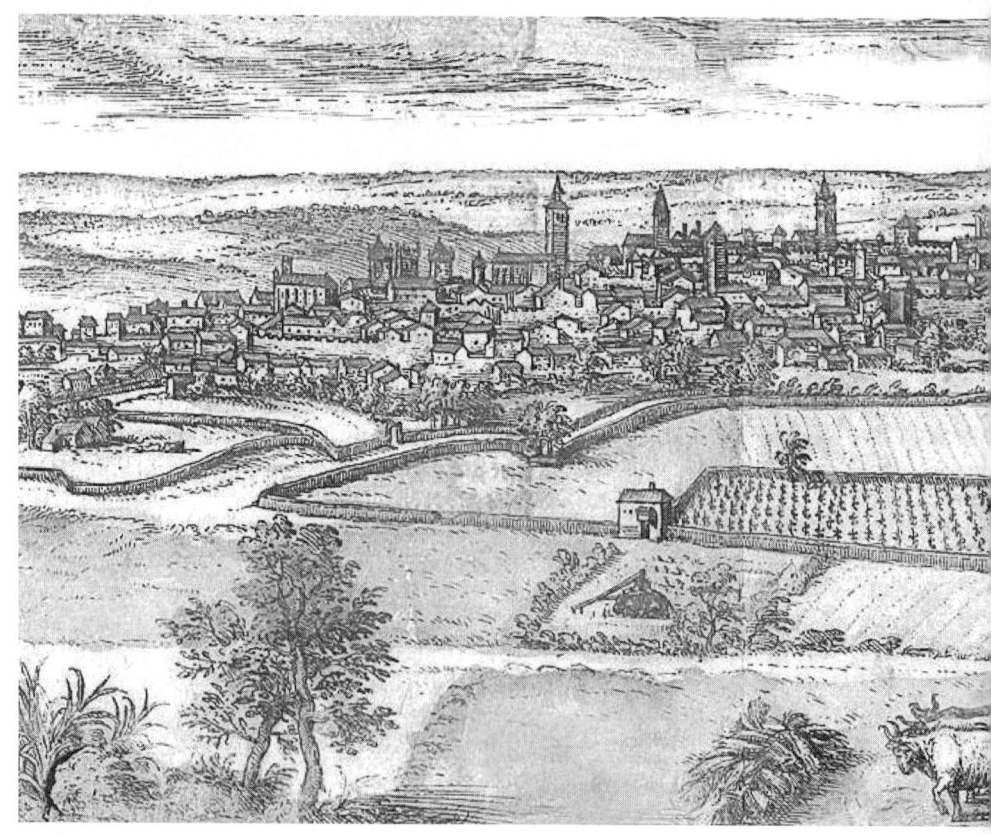

瓦拉多利德

1520年7月月底，原本孤立的卡斯蒂尔王国起义与托莱多市民运动联合起来，并接受统一的领导。接着，由来自起义城镇代表组成的"公民自治公社"在阿维拉成立了。1520年8月，起义领导人之一——胡安·洛佩斯·德·帕迪拉向离瓦拉多利德不远的托德西利亚斯进军，抓住了查理五世的母亲乔安娜——她现在完全是个白痴，并以她的名义建立了革命政府。对于这场可怕的叛乱，查理五世的代理人阿德里安完全应付不了。查理五世没有给他留下足够的兵力和资金，他甚至得不到完全授权。阿德里安曾经试图镇压起义，但没有成功。阿德里安逃到里奥塞科，急忙写信给查理五世，要求查理五世召回自己，并敦促查理五世尽快来西班牙，否则西班牙将不保。然而，查理五世既无法答应他

的要求，也无法派军增援，而是要求阿德里安继续观望。阿德里安打算召开议会，提出放弃"摄政"一职，并承诺按照以前的法律治理西班牙。然而，阿德里安的承诺没有触及皇家的特权。同时，查理五世任命弗德里克·亨利克斯为海军上将，任命卡斯蒂尔的高级治安官伊尼戈·费尔南德斯·德·维拉斯科为联合摄政，希望借此获得贵族们的支持。

与此同时，"公民自治公社"无法证明乔安娜是在神志健全的情况下登上王位的，便起草了一份自由宪章。"公民自治公社"呼吁查理五世回到西班牙，与葡萄牙的伊莎贝拉公主结婚，像他的前辈那样生活，减少开支，并通过了以下法令：不再让外国人担任公职；减税并取消贵族免税权；收回已经转让的王室土地，今后若再次转让，便宣布为非法；每三年举行一次由贵族、神职人员和

葡萄牙的伊莎贝拉公主

市民代表参加的三级会议。"公民自治公社"宣布这些法令为基本法律，不得被国王或议会撤销。查理五世只有宣布"接受"这些条件，才能返回西班牙。

形势发展到这种地步，贵族仍然表现出异常的冷漠。贵族对从前阿拉贡国王斐迪南二世和卡斯蒂尔女王伊莎贝拉一世的政策感到恼火。不过，除了少数人，大部分贵族没有积极参与起义。即便如此，贵族也没有给予阿德里安任何帮助。但现在，贵族开始恐惧起来。"公民自治公社"提出的一些法令触及了他们的特权。卡斯蒂尔的起义者威胁说要仿效巴伦西亚，发动社会各阶层进行反抗。此外，两名贵族被查理五世任命为联合摄政，这表明查理五世的政策发生了变化，出台了安抚贵族的措施。贵族随即生发了反对起义的情绪，"公民自治公社"的地位遭到否定。内部爆发的争吵、纠纷严重地威胁着"公民自治公社"的成功。

卡斯蒂尔王国以前的首都布尔戈斯的市民对新首都托莱多的市民成为起义领导角色产生忌妒，而"公民自治公社"比较温和的首领佩德罗·拉福·德·拉·维加则反对人们对起义领导人胡安·洛佩斯·德·帕迪拉的极端看

布尔戈斯

法。贵族们便抓住机会，设法将布尔戈斯从"公民自治公社"中分离出来（1520年10月）。1520年12月，治安官伊尼戈·费尔南德斯·德·维拉斯科的儿子哈罗伯爵佩德罗·费尔南德斯·德·维拉斯科重新占领了托德西利亚斯，并接管了乔安娜的职权。然而，尽管成功纷至沓来，但危险仍然没有消除。贵族暴露出缺乏团结的劣势，甚至连治安官和海军上将也吵了起来。与此同时，起义得到了宝贵的支持。支持不仅来自北方的强大贵族萨尔瓦蒂拉伯爵，而且来自扎莫拉主教安东尼奥·奥索里奥·德·阿库尼亚。扎莫拉主教安东尼奥·奥索里奥·德·阿库尼亚聪明、雄心勃勃，试图通过起义获得更大的利益，并希望建立民主政体从而使自己获得托莱多大主教的位子，该位子因谢夫尔勋爵威廉·德·克罗伊外甥的死恰好空缺。

　　扎莫拉主教安东尼奥·奥索里奥·德·阿库尼亚的这些想法得到了弗朗索瓦一世的支持，教皇利奥十世也表示保持中立。"公民自治公社"受到鼓舞，恢复了信心。胡安·洛佩斯·德·帕迪拉向瓦拉多利德附近的托勒洛巴顿进发，攻占托勒洛巴顿并将之洗劫一空（1521年3月3日）。布尔戈斯市市民对保王党拒绝信守承诺感到愤怒，再次拿起武器。查理五世的命运似乎再次变得岌岌可危。起义者在很短的时间内拒绝了摄政阿德里安提出的让步，并决心要么赢得所有，要么输掉一切。因此，查理五世恢复了以逸待劳的策略，让事情顺其自然，但拒绝放弃任何特权。

　　这种以逸待劳的策略取得了意想不到的成功。所有起义者的共性是，一旦失去意志坚强的领导人，就会变成一盘散沙。现在这一切就发生在西班牙。起义的领导人缺乏真正的魄力。胡安·洛佩斯·德·帕迪拉是一个不切实际的狂热者。扎莫拉主教安东尼奥·奥索里奥·德·阿库尼亚是一个不诚实、自私自利的人。他们在斗争中缺乏政治家风范和自我牺牲精神。"公民自治公社"失去了所有控制权，领导人佩德罗·拉福·德·拉·维加对事态的变化感到厌恶，信心开始动摇，随之而来的是许多人担心会出现无政府状态。贵族彻底慌了，把争吵搁置一边，表现出高度的团结。如果贵族一开始就这样，起义早就被扼杀在萌芽之中了。最终,哈罗伯爵佩德罗·费尔南德斯·德·维拉斯科得到纳杰尔公爵安东尼奥·曼里克·德拉拉从纳瓦拉派来的军队的增援,去进攻"公民自治公社"的军队。自托勒洛巴顿沦陷后,"公民自治公社"的军队就一直无人指挥。当"公民自治公社"的军队试图撤退到托罗时,哈罗伯爵佩德罗·费尔南德斯·德·维拉斯科在维拉亚尔平原与其遭遇,并取得了决定性的胜利。起义军,特别是其中的骑兵,都逃跑了,指挥官胡安·洛佩斯·德·帕迪拉被俘。第二天,胡安·洛佩斯·德·帕迪拉被处决。起义的失败和领袖的丧失,让事件划上了句号。扎莫拉主教安东尼奥·奥索里奥·德·阿库尼亚试图逃往法兰西时被抓。一个镇接一个镇投降,1521年4月27日,查理五世派遣阿德里安的副手进入瓦拉多利德。

在第一个起义城市托莱多,胡安·洛佩斯·德·帕迪拉无畏的遗孀玛丽亚·帕切科仍然坚持战斗。但在1521年10月,玛丽亚·帕切科发现无法约束市民,便逃到葡萄牙。城市和城堡大门大开。不久,巴伦西亚的起义被镇压,主要是贵族动的手。

起义失败的原因可以一言以蔽之:不团结。起义只限于卡斯蒂尔王国境内,孤军作战,阿拉贡王国和加泰罗尼亚都冷眼旁观。巴伦西亚的起义军只为自己的利益而战,没有提供任何支持。卡斯蒂尔王国的"公民自治公社"思想不统一,目标存在分歧,没有表现出集中行动的力量。同时,起义的力量还因领导人的无能和忌妒而进一步被削弱。君主制的威望因阿拉贡国王斐迪南二世和卡斯蒂尔女王伊莎贝拉一世当初实施的政策而得到巩固,其实力强大,不可能轻易地被推翻。的确,要不是查理五世在欧洲遇到困难及贵族对王室态度冷淡——这种态度很大程度上是由于他们对查理五世不满——起义要么永远不会发生,要么马上就会被镇压。

直到1522年,查理五世才来到西班牙。随后,他召开了议会,命令议会在发表不满言辞之前,应先批准"政府管理"事项,并禁止在他提名的议长缺席的情况下进行所有讨论。此后,政府提名政府管理人员,并常常出现行贿情

胡安·洛佩斯·德·帕迪拉被俘

胡安·洛佩斯·德·帕迪拉被处决

玛丽亚·帕切科收到丈夫胡安·洛佩斯·德·帕迪拉被处决的消息

况。在议会谋取席位的代价昂贵。1534年，一名议会代表曾花掉一万四千达克特金币为自己谋得议会一席。贵族们仍然坚持免税特权，继续被排除在议会之外，并且迅速失去了所有的政治影响力。在西班牙军事力量衰落后，高层贵族属于"富有人士"，重新陷入奢侈懒散的状态；下层贵族属于"没落绅士"和骑士，被迫到王室当差，成为王室仆从；而平民则寻求贵族头衔，以分享官差的薪酬，并享受贵族的其他特权。教会也没有更多的独立性。王室有权任命圣职，而每个圣职都有大批信徒。于是，王室就掌控了教会。宗教裁判所是王室手中最有力的武器。这个可怕的法庭变成了王室司法法庭，以教会的名义行使审判权，以惩罚异端的名义整治政治上的各种不同见解。宗教法庭完全在国王的控制之下。刑犯的财产被没收，归国王所有。任何臣民，无论是神职人员还是贵族，都摆脱不了王室的控制。虽然阿拉贡王国不像卡斯蒂尔王国那样处于附属地位，受到宪法的约束，但阿拉贡王国贵族的特权也仅仅是名义上的。阿拉贡王国也实行与卡斯蒂尔王国相同的政策。其中，宗教裁判所也起了关键的作用。因此，在查理五世统治时期，人们几乎听不到西班牙的声音。西班牙军队用人力和财力帮助查理五世推行他的欧洲计划。但在专制的枷锁下，西班牙衰落了。西班牙人要求宪法权利或权益的呼声被压制了。

第3节　1521年沃尔姆斯帝国会议

查理五世听任西班牙的"公民自治公社"起义自生自灭，是因他作为神圣罗马帝国皇帝被一系列严重的问题纠缠而难以脱身。1520年7月月初，在格拉沃利讷与亨利八世会面后，查理五世便赶往神圣罗马帝国加冕。部分因为需要钱，部分因为亚琛爆发了鼠疫，加冕被推迟到1520年10月。第一次沃尔姆斯帝国会议直到1521年1月才召开。这次重要的会议需要考虑四个主要问题：（一）哈布斯堡家族在神圣罗马帝国世袭领地的划分；（二）神圣罗马帝国宪法的确立；（三）与法兰西的战争；（四）对马丁·路德的态度。

查理五世最初想把奥地利的部分领土掌握在自己的手中。最终，在保留尼德兰和弗朗什-孔泰的前提下，以弟弟斐迪南与安妮公主的婚姻为基础，将奥地利的全部世袭土地，连同匈牙利和波希米亚，交给了弟弟斐迪南。这一让步得到了议会的批准。于是，西班牙和奥地利在查理五世手中仅仅两年就再次出现分裂，后来再也没有统一。

改革帝国宪法的问题重新引起争论。前面谈到马克西米利安一世时就谈到过这些争论，现在出现非常类似的结果。查理五世在"妥协条款"中曾承诺要恢复已经存在两年的摄政委员会（1500年到1502年），但现在旧的争议再次

安妮公主

暴发。选帝侯们希望议会能够组建处理国内外事务的最高行政机构，即使查理五世在德意志时也是如此。同时，议员应由各地选举产生，只有由皇帝提名的帝国议会议长除外。然而，查理五世决心捍卫自己的皇权，他对皇权的期望值比自己祖父马克西米利安一世更高。1521年1月28日是值得查理五世纪念的一天，他在会议开幕词中宣布："其他任何君主制都无法与神圣罗马帝国的君主制相提并论。这是全世界都公认的，甚至连救世主基督也赋予神圣罗马帝国荣誉和忠诚。不幸的是，神圣罗马帝国的光辉已经不复存在。希望借助强国的力量和盟友的帮助，借助上帝赋予的力量，让神圣罗马帝国重新恢复古代的荣耀。"查理五世随后说道："我的意愿，不是需要多位，而是只需一位符合神圣罗马帝国传统的主人。"不过，查理五世雄心勃勃，想要的太多了。如果议会精诚团结，或许可以改变查理五世的想法。然而，旧的忌妒心理在议会中仍然存在，查理五世便利用这种忌妒心理，使议会的诉求有所减少。最后，查理五世不仅有权提名帝国议会议长，而且有权提名两名陪审员。在其余二十名议员中，七名选帝侯各派一名代表；六个区域集团及奥地利和尼德兰各派一名。帝国自由城市可派两位代表担任议员，选帝侯轮流担任议员，一位世俗诸侯和一位神职诸侯担任议员。这样组成的议会，可以就解决与外国结盟的谈判和封建体制问题提出议案，但最终议案都必须经过皇帝同意。议会的权力，至少在目前来说，只有在查理五世不在时才能存续。与此同时，帝国最高法院略有改变。查理五世将提名帝国议会议长和两名陪审员，其余的将由选帝侯和各区域集团选出，其中两人将代表哈布斯堡家族的世袭领地。迄今为止，最困难的问题是，政府机构的成员应如何获得报酬？如果没有固定的收入，就不可能有连续性，如果查理五世给他们钱，真正的控制权就掌握在他手里。因此，旧的争论又开始了。"普通税"早已失败。对所有进口到帝国的货物征税的新关税制度被提出。如果新关税制度能实施，关税同盟就可以建立，从而建立更密切的政治联盟。然而，城镇和商人对此强烈反对。城镇和商人说征税负担将落在他们身上，并会破坏贸易。因此，帝国议会只好重启1507年的"人头税"制。

军队方面也出现了问题。对法兰西战争已经开始。法兰西人入侵了西班牙的纳瓦拉，并在卢森堡进攻布伊隆勋爵罗伯特·德·拉·马克。查理五世急于进入意大利，希望与法兰西一决雌雄。"要么查理五世因战一贫如洗，要么弗朗索瓦一世因战一蹶不振。"然而，查理五世面临难题。根据"人头税"制，议会只能向各诸侯国征募约四千名骑兵和两万名步兵。另一项规定是，每支部队都应由自己的军官指挥，而统帅虽然是皇帝指定的，但必须是德意志人。"人头税"制为最后的定案，成为未来帝国征兵的规范。从1535年开始，"人头税"制逐渐被采用，以代替之前个人支付部队所需费用的做法。旧的做法是根据1521年人头登记，按照不同的财政收入，由各个诸侯国分摊。这些分摊被称为"罗马月银"，因为它们起源于1521年远征罗马。

在宪法斗争中，查理五世有所收获，他至少比父亲能更好地控制了摄政委员会和帝国最高法院。然而，议会收获更大。议会在帝国的行政和司法管理中拥有很大的决策权，查理五世以后会经常陷于被动。至于其他方面，就像以前一样，改革主要是为了维护选帝侯和更有权势的诸侯的利益。虽然帝国自由城市在议会中有代表，但代表们的提议很容易被多数票否决。代表们代表发出紧急抗议，但常常无效。因缺乏广泛的支持，帝国最高法院不能有效实施司法职权。随后几年的情况证明摄政委员会形同虚设，无力维持秩序。

最后一个问题是议会对马丁·路德的态度。这是一个当时任何人都想象不到的极其严重的问题。这个问题不仅深刻地影响着神圣罗马帝国的未来，而且影响着欧洲的未来。

宗教改革是两股力量发展的结果。两股力量起源不同，观点迥异。一股力量是文艺复兴，另一股力量是对宗教教义和仪式改革的渴望。第一股力量要归功于它诞生的意大利。意大利人尽管对政治团结或稳定感到绝望，但在追求物质繁荣和生活舒适方面胜过其他人。意大利人致力于研究过去，与罗马语言和历史的密切联系为研究过去提供了得天独厚的便利。文艺复兴运动始于15世纪前半叶。在文艺复兴运动结束之前，它已经取得了迅速的进步，呈现出多

柏拉图

元效果。在艺术上,文艺复兴运动的标志是回归古典研究;在文学上,文艺复兴运动发展了以经典为基础的清新散文和诗歌;在学术上,文艺复兴运动发现了古代的手稿,并复兴了学术批评;在哲学上,文艺复兴运动复兴了对柏拉图的认知;在自然科学上,文艺复兴运动对地球的性质及其与宇宙系统的关系进行了更严谨的探讨。

　　引发和驱动不同改革力量的原理是相同的。中世纪的思想一直是试图牺牲个人自由,教给人们要承受身体因肉欲而钉在十字架上的折磨,要抑制独立叛逆和个性释放的激情,让人们毫无疑问地接受教会的权威和世俗的权力,而文艺复兴的精神则背叛所有教义。文艺复兴运动宣扬人的尊严,以及今生的尊严。文艺复兴运动质疑禁欲主义,宣扬在思想和行动上去享受生活。文艺复兴运动宣称个人有权根据理性的要求进行思考,感受和塑造自己。文艺复兴运动极力主张探究、批评精神和自然主义。因此,一个新的天堂在想象中打开了。人类兴奋而自由地拥抱这个新天堂。在这场解放运动中,许多有价值的东西得到发展。文艺复兴运动带来更准确的观察,更认真的批评,对文学更多的尊重,以及个人主义的胜利。尽管如此,文艺复兴运动还是存在黑暗的一面。文艺复兴运动产生了许多骚乱和放纵。追求形式上和色彩上的感官愉悦暴露了一些人的欲望;对世界事物的过分推崇导致了一种世俗的异教精神;批评导致怀疑和信仰丧失。文艺复兴运动的氛围确实与基督教生活背道而驰。然而,除了少数例外,意大利人没有直接攻击教会。只要能远离政府和教条,文学家就很乐意离群索居,一心关注过去的传统和时代文化,并从中受益。与文学家相比,哲学家有很大不同。他们质疑的是基督教教义而非基督教本身。马尔西略·费奇诺试图通过柏拉图主义把人们引导到基督教的道路上来,彼得罗·彭波那

马尔西略·费奇诺

劳伦提乌斯·瓦拉

齐质疑灵魂的不朽。这些学者研究科学和宗教。进行哲学思考时，他们自认为是基督教徒。因此，意大利很少有纯粹的人文主义者，但劳伦提乌斯·瓦拉除外，唯独他敢于攻击教皇至高无上的主张或《使徒信经》的权威。不过，即使是劳伦提乌斯·瓦拉，为了得到教皇的庇护，也会撤回不当言论。

至于其他人，意大利的人文主义者很少认真地对待宗教改革。他们的性情，就算不是反宗教的，也是无宗教信仰的。意大利的人文主义者的生活，除了少数人，都像他们嘲讽的教徒那样，是放荡无羁的。意大利确实有改革者，但这些人与人文主义者毫不相干，他们是萨沃纳罗拉人，唯一的改革目标是宗教仪式方面的改革，而对教条和教会组织没有异议。

文艺复兴运动刚刚传播到阿尔卑斯山脉北边就被严肃认真的神圣罗马帝

国的人们接受。运动变得更加严肃,更加注重神学,更加教条化,而不是太讲究哲学性。人们批评教会,甚至质疑《圣经》,但目的不是破坏基督教,而是恢复它的原始纯洁。

在15世纪末神圣罗马帝国出现的众多学者中,最能代表这一时代特征的两个人分别是约翰内斯·罗伊希林和德西德里乌斯·伊拉斯谟·鹿特丹姆斯。约翰内斯·罗伊希林的主要贡献是恢复了对希伯来语的研究。这一研究被他应用于对拉丁文《圣经》的批评,并且他尽力将犹太人的作品从心胸狭隘的多明我会信徒雅各布·霍奇斯特手中抢救过来,避免雅各布·霍奇斯特不分青红皂白地毁掉这些作品。约翰内斯·罗伊希林虽然是一位语言学家,不是神学家,但仍可称为"《旧约》批评之父"。在犹太文学的发展中,新旧观念的冲突十分激烈。

神圣罗马帝国文艺复兴最著名的启蒙者是德西德里乌斯·伊拉斯谟·鹿特丹姆斯,他在代芬特尔接受过教育,受到"众生皆兄弟"思想的影响。在沃尔姆斯帝国会议时期,德西德里乌斯·伊拉斯谟·鹿特丹姆斯被认为是同时代最伟大的学者,并享有从未有过的极高声誉。如果把约翰内斯·罗伊希林称为"《旧约》批评之父",那么德西德里乌斯·伊拉斯谟·鹿特丹姆斯则是"《新约》批评之父"和"科学神学之父"。1505年,德西德里乌斯·伊拉斯谟·鹿特丹姆斯重新发表了维拉《新约》札记,这是来自意大利的有关《圣经》批评的个案。1506年之后,德西德里乌斯·伊拉斯谟·鹿特丹姆斯出版了希腊版本的《新约》并附以拉丁文翻译和注释。出版这些作品的目的是恢复对原著的认识,并通过可收集到的原稿,尽可能地提供正确的版本。在注释中,德西德里乌斯·伊拉斯谟·鹿特丹姆斯将普通批评的准则应用于《新约》,从而奠定了现代《圣经》学的基础。德西德里乌斯·伊拉斯谟·鹿特丹姆斯的第三部作品《基督教徒手册》的创作目的可通过一封信略知一二。这封信是写给朋友圣保罗学院院长约翰·科利特的。在信中,德西德里乌斯·伊拉斯谟·鹿特丹姆斯写道:"我写这封信是为了纠正宗教错误,这种错误使宗教依赖于仪式和对

圣保罗学院院长约翰·科利特

身体行为的遵守,而忽视了真正的信仰。"带着这种看法,德西德里乌斯·伊拉斯谟·鹿特丹姆斯自然严厉批评了现状。德西德里乌斯·伊拉斯谟·鹿特丹姆斯痛惜许多神父的无知。这些神父害怕新知识,对新知识一无所知,只知道一味地谴责希伯来语和希腊语,认为它们不是公认的语言。在与约翰·罗伊希林的争论中,他们的偏执表现得淋漓尽致。约翰内斯·罗伊希林鄙视修道士的懒散,鄙视学究们的狭隘,鄙视他们之间琐碎的争论和没完没了的相互揪辫子。约翰内斯·罗伊希林谴责教会的愚蠢行为,认为教会只是坚持外在的繁琐礼节和教条,忽视了内在的实际虔诚。这些观点都发表在1509年约翰内斯·罗伊希林在英格兰以讽刺笔墨写下的《愚蠢颂》里。在这篇精彩的讽刺文章中,愚蠢被戏称为"幸福的真正源泉",同时被描绘成世间一切迷信的发言人,迂腐、懒惰和虚伪随处可见。

塞巴斯蒂安·勃兰特

德西德里乌斯·伊拉斯谟·鹿特丹姆斯的讽刺作品不是唯一的。1494年,塞巴斯蒂安·勃兰特出版了《愚人之船》。与约翰内斯·罗伊希林论战中还涌现了著名的《默默无闻者之信》。它尽管没有北方学者的文雅,但揭露了许多邪恶。而《愚人之船》之所以特别引人注目,是因为它最初是用德语写的,因此完全是为人民而写,而非只是给学者看看而已。尽管这些著作都表明教会的腐败已经深深地侵蚀着德意志,尽管这些著作做了大量的准备工作去讽刺、揭露罪恶,但到目前为止良方妙药仍然没有找到。人们仍然期待着帝国议会进行内部改革,如果不是这样,就通过其他方法进行改革。

人们通常多方指责德西德里乌斯·伊拉斯谟·鹿特丹姆斯,说他在宗教事业上三心二意，私生活不拘小节；说他的公共行为是趋炎附势，随波逐流。这些攻击有的肯定是事实，但不能以他的行为作为教徒的标准。正如德西德里乌斯·伊拉斯谟·鹿特丹姆斯自己承认的那样，他并不是天生的殉道者，只是一个热爱和平的学者，对宗教没有一丝热情，更不用说他的性格了。他的整个知识构架与宗教改革运动格格不入，正如新教徒对"改革"一词的理解那样。德西德里乌斯·伊拉斯谟·鹿特丹姆斯属于广教派。广教派不相信在新教教义中可以找到铲除罪恶的灵丹妙药，在广教派看来，已经有太多的教义在实施，许多教义无法让大多数人理解，如果要改变，就应该通过学术批评来慢慢改变。与教义一起进行改革意味着一种逐渐成熟的变化出现了。这种变化不会与过去发生激烈冲突，而所有达成共识的道德原则将得到执行，并且更加接地气。总之，德西德里乌斯·伊拉斯谟·鹿特丹姆斯是宗教信仰的"科学神学之父"，也是"《新约》批评之父"。德西德里乌斯·伊拉斯谟·鹿特丹姆斯的本性促使他远离暴力，他害怕暴力冲突的后果。德西德里乌斯·伊拉斯谟·鹿特丹姆斯预见到难以避免的奢侈、争议与分裂会延缓理性神学取得胜利。德西德里乌斯·伊拉斯谟·鹿特丹姆斯无法引导16世纪的宗教改革。但正如大家所言，即将到来的宗教改革又将追溯至德西德里乌斯·伊拉斯谟·鹿特丹姆斯本人。

与罗马的最后决裂不是来自具有世界声誉的学者，而是来自一位图林根农民的儿子——马丁·路德。虽然他头脑灵活，但他是一位默默无闻的希腊学者，并且不懂希伯来语。要了解马丁·路德，最重要的是要记住他职业生涯的各个阶段。

心怀原罪意识，渴望精神安宁，二十二岁时，马丁·路德在爱尔福特加入了奥古斯丁教团成为一名修士，这完全违背了父亲的愿望（1505年）。在奥古斯丁教团，马丁·路德受到最严厉的纪律惩戒。马丁·路德后来说："如果有一名修士想通过僧侣生活进天堂，我就是这个人。一名教士能做的一切，我都做了。"然而，反复的忏悔并没有使马丁·路德免受新的诱惑。上帝在他眼中仍然是一个无情的判官，要求他服从一条不可能遵循的戒律。在绝望中，马丁·路

奥古斯丁教团神父约翰·史道毕斯

德得到奥古斯丁教团神父约翰·史道毕斯的启发，他建议马丁·路德更仔细地研究《圣经》，特别是要重视圣保罗和拉丁语神父圣奥古斯丁的著作。值得一提的是，在圣奥古斯丁的"因信称义"的教义中，马丁·路德终于找到了精神的安宁。《圣经》所说——"正义者将以信仰为生"，似乎解决了他的一切困惑。罪人不是因自己的努力工作而被拯救，而是要毫无保留地投入上帝仁慈的怀抱以接受上帝的恩典。忠实的信徒会发现赎罪并不痛苦，而是一种自发的爱的行为。只有一切为上帝，工作和生活才能变得容易。马丁·路德后来发现希腊语中的"忏悔"可以理解为：忏悔的效力不是来自外部教会的惩罚，而是来自内心的变化。通过这一发现，他更坚定了自己的信念。从此，在圣奥古斯丁阐述的"因信称义"的教义中，马丁·路德只是重申了早期教会许多神父持有的教义——这一教义尽管已经被夸夸其谈、似是而非的书本说教掩盖，但从未被完全抛弃。毫无疑问，这些对立的、相互矛盾的教义不可能实现整体和解，也不能使它们得出合乎逻辑的结论，因为如果唯有神的恩典能证明教徒的行为是正当的，夸夸其谈的必要性又何在？人们如果只要夸夸其谈就能得救，又何必需要救世主呢？毫无疑问，"因信称义"的教义如果被带到一个极端，实际上就很容易导致狂热的宿命论和唯信仰论。然而，在马丁·路德看来，如果采用与"因信称义"相反的教义，其带来的后果似乎更糟，就像一个羸弱的人可以通过自己的努力使万能的上帝施恩救赎。坚持这种观点是为了维护一种精神上的自豪感，而这正是目前腐败出现的根源。马丁·道德改革的唯一希望是使人们相信自己在上帝面前是无足轻重的。只有这样，人民才能获得谦卑的精神，这是开启敬虔生活的基石。

1508年，马丁·路德被约翰·史道毕斯召去维滕贝格大学任教。这所大学是由萨克森的智者腓特烈创办的。1510年，马丁·路德访问了罗马。这次访问增强了他的信念。马丁·路德坚信文艺复兴时期特有的错误就是精神上的骄傲。这正是他要抵挡的敌人，加深了他对教会严格奉行的仪式的厌恶，而这些仪式促使信徒们把宗教著作奉为至宝。马丁·路德回到维滕贝格大学继续任教。当时，多米尼加人约翰·特泽尔正在访问神圣罗马帝国，向那些为在罗马建造圣

约翰·特泽尔

彼得教堂而捐赠的人兜售赎罪券。这种行为促使马丁·路德立即采取行动。赎罪券制度起源于一种人为的观点，即虽然忏悔能使罪人取得上帝的谅解，但罪人所犯的错误并未受到惩罚，而宗教惩罚可以通过交罚金来减轻，就像对世俗罪行的惩罚一样。然而，赎罪券制度遭到了无耻的滥用。教会宣称从至高无上的忠诚活动中抽取一笔赎罪金就可以减轻罪人遭受的惩罚。但教会利欲熏心，随意发售赎罪券，也不坚持像以往那样惩戒罪人。教会甚至声称有权豁免对在炼狱中涤罪的人的惩罚。无论怎样为赎罪券制度辩护，不可否认的是，其言过其实的形式都导致了严重的滥用，从而彻底否定了赎罪的必要性。于是，按照惯例，马丁·路德便在维滕贝格教堂门口钉上了著名的《九十五条论纲》。在《九十五条论纲》中，马丁·路德批驳了赎罪券制度，并对所有质疑他观点的人发出挑战（1517年10月17日）。

马丁·路德的观点并非原创。在马丁·路德之前的几位神学家，甚至枢机主教弗朗西斯科·西门乃斯·西斯内罗斯本人都曾抗议赎罪券的可耻滥用。马丁·路德从未打算反抗教会，也没有完全否认赎罪的价值，但在他的主张中，教皇不能因为有人把钱转到他的账簿上就免除其罪责或减轻其刑罚。同时，马丁·路德宣称，他反对铺张浪费的观点是学者的发明，不是教会的发明，教会从未正式接受过关于铺张浪费的观点。因此，马丁·路德要求教皇利奥十世和教会对此给出说明，进行讨论和辩论，但遭到拒绝和谴责。约翰·特泽尔极其轻视讨论赎罪券的问题。他赞同教皇主张，按教皇的意见去判断问题和解释《圣经》。多明我会的普列立亚宣布，无论是由教皇主持的委员会，还是教皇本人，在做出正式决定时都不会犯错，并将所有不接受教会和教皇教义的人称为"异教徒"，并且以此作为信仰的准则。1518年，枢机主教卡耶坦被罗马教皇利奥十世指定为派往奥格斯堡帝国会议的教廷使者，他尽管私下赞同马丁·路德关于赎罪券被滥用的观点，但拒绝所有辩论，并要求马丁·路德改变态度并在未来保持沉默。马丁·路德后来承诺，如果枢机主教卡耶坦遵守约定，他将保持沉默。当然他的承诺是不可能实行的，辩论很快重新开始了。

约翰·特泽尔兜售赎罪券

与此同时，争论的焦点发生了变化，不再是赎罪的问题，而是有关教皇的权力和传统的权威问题。教皇拥护者滥用职权的主张遇到了更加直言不讳、更加露骨的批评，有时受到马丁·路德抨击。博览群书后，马丁·路德坚信自己的观点并非独创，有广泛的认同基础，例如约翰·胡斯、约翰·韦塞尔，甚至包括人文主义者洛伦佐·瓦拉。同时，来自神圣罗马帝国越来越多的支持更加坚定了马丁·路德的信心。酷爱讽刺、文笔超凡的乌尔利希·冯·胡登在自己所著的《罗马的三位一体》中使用挖苦的警句，导致争议更加激烈："罗马教廷的

乌尔利希·冯·胡登

尊严来自三样东西——教皇的权威、圣徒的遗物和赎罪券的买卖。罗马教廷害怕的三件事——宗教会议、教会改革和德意志人的觉醒。罗马教廷忌讳的三样东西——贫穷、原始教堂和宣扬真理。"最后，马丁·路德在《关于教会特权制的改革致德意志基督教贵族公开信》（1520年7月），更多是在他的《论教会的巴比伦之囚》（1520年10月）中，不但否认教皇的权力，而且质疑祭祀的神圣制度和传统的权威，并攻击中世纪的化质说①。马丁·路德现在已经确定无疑地站在了教会的对立面。不过，有一点应该记住的是，马丁·路德之所以持有上述立场，是因为他知道自己已经被定罪，早在1520年6月，教皇利奥十世就发布了把马丁·路德逐出教会的敕书，尽管敕书直到后来才在神圣罗马帝国公之于众。因此，马丁·路德把所有和解的希望都抛诸脑后，宣称敕书是伪造的，它的作者是反基督教的人。1520年12月10日，他在维滕贝格公开焚烧了敕书。

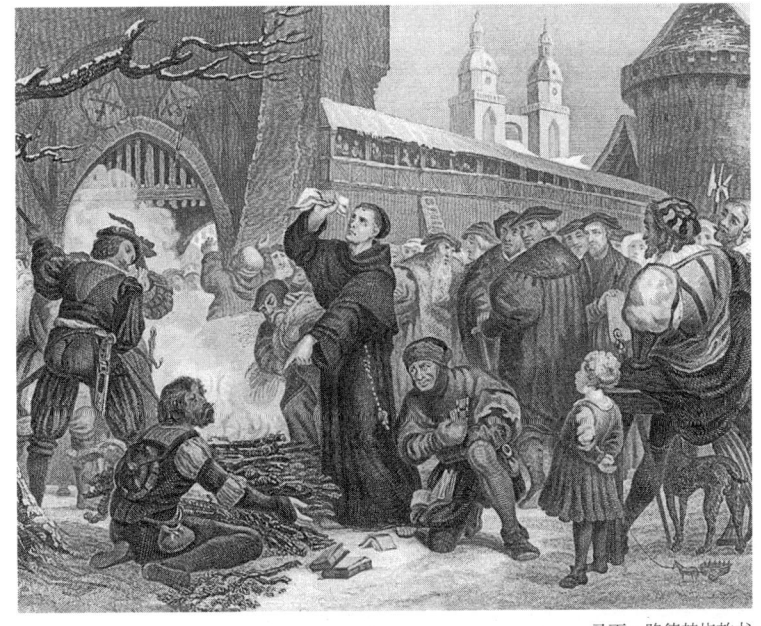

马丁·路德焚烧敕书

---

① 基督教典故。在最后的晚餐上，耶稣祝圣饼时说："这是我的身体。"他祝圣酒时说："这是我的血。"按照基督教的传统观点，饼和酒转变为耶稣的血和肉。——译者注

鉴于马丁·路德的诚恳、直率、无畏、学术修养的欠缺与宗教狂热，他的对手是否会采取更加温和的态度来制衡他，或者如果马丁·路德被安抚，在神圣罗马帝国会不会出现另一位激昂的领袖，所有这些设想都有可能受到质疑。同时，教会的行为极不谨慎，最没有风度。由于对教会存在的问题漠不关心，教皇利奥十世很有可能采取适得其反的举措。不过，对赎罪券制度的攻击威胁到教皇利奥十世的财政系统和行政系统，罗马教廷的官员们会逼他继续施压。令人们感到遗憾的是，一个能够在灵魂不朽等基本问题上对异端采取宽容态度的教会竟然拒绝听取对赎罪券制度的批评，尤其是当人们知道赎罪券制度的滥用无论如何都伤害了教会许多忠诚信徒的良知时。马丁·路德也应为此承

16世纪20年代的马丁·路德

担一定的责任。马丁·路德过于轻率地抛弃了教会的传统，过于自信地相信能找到救赎所需的一切，并仅仅遵照《圣经》来组织教会。马丁·路德的许多学说被夸大了，从而导致许多灾祸发生。不可否认的是，宗教改革的直接结果既没有促进学术研讨，也没有促进宗教宽容。宗教改革会破坏了教会的团结，导致无止境的分裂，把利剑带到了人间，令人感到遗憾，但罗马教廷心意已决。对教会腐败的铲除是否能以更小的代价实现，对此人们产生了怀疑，因为腐败已经深深地侵蚀了教会的体制。

当沃尔姆斯帝国会议召开时，情况就是这样的。现在的问题是，议会是否会强制执行教皇敕书，并将马丁·路德置于帝国的禁令之下——这是一个亟待解决的重大问题。在不允许马丁·路德为自己辩护的情况下，教皇利奥十世敦促查理五世执行敕书。虽然查理五世本人也赞成这一做法，并得到了告解神父让·格拉皮安的支持，但他的许多顾问，特别是谢夫尔勋爵威廉·德·克罗伊和马库瑞诺·迪·加蒂纳拉都表示反对，因为他们知道马丁·路德在德意志已经得到了贫穷的贵族、诗人、律师和文人的支持。这种支持意味着什么？我们可以从教皇利奥十世心腹亚历山大那里得到答案："神圣罗马帝国十分之九的人为马丁·路德奔走呐喊，而另外的十分之一即使不关心马丁·路德，至少也会向罗马教廷哭诉，并要求在神圣罗马帝国举行一次听证会议。"沃尔姆斯帝国会议不敢无视民众的普遍感受。此外，尽管大部分人反对马丁·路德所持的教义，但不少人同情马丁·路德对教会治理和纪律的改革。因此，沃尔姆斯帝国会议要求听取马丁·路德的意见，同时宣布如果马丁·路德坚持自己的观点，违背传统的教条和信仰，就准备谴责他。除此之外，查理五世的顾问们不会忽视可能从中得到的政治好处。神圣罗马帝国皇帝马克西米利安一世曾经说过："让维滕贝格的修士受到好好照顾吧，我们总有一天会需要他的。"现在，这一天已经到来。利奥十世仍然在为与查理五世结盟还是与弗朗索瓦一世结盟犹豫不绝，而把问题交给沃尔姆斯帝国会议处理的威胁可能迫使他动手处置马丁·路德。

马丁·路德得到安全承诺后，奉召来到沃尔姆斯。这时，马丁·路德如果同意撤回自己在信仰问题上的教义，并保证只关注教会内部改革的问题，就将得到沃尔姆斯帝国会议的真诚支持，但这与他的意图相去甚远。马丁·路德不妥协的行为使他陷入罗马教廷的掌控之中。马丁·路德原以为可以为自己的观点进行辩护，却被命令收回他在教义上的异端论点。马丁·路德拒绝这样做。当被问到是否认可由查理五世和沃尔姆斯帝国会议仲裁他的教义时，马丁·路德回答道，他不允许凡人评判上帝的言论。马丁·路德甚至拒绝服从沃尔姆斯帝国会议的决定，"除非他的观点被《圣经》或令人信服的理由驳倒"。这样一来，在查理五世看来，马丁·路德不仅成了异教徒，而且成了叛逆。教皇及其盟友已经得到了秘密担保，马丁·路德不会再因政治目的而被通缉。因此，查理五世急于公布禁令，并下令烧毁异教徒的书籍。然而，这种行为极不受欢迎，引起沃尔姆斯帝国会议的强烈反感。直到在萨克森州的萨克森的智者腓特烈和巴拉丁选帝侯奥托·亨利缺席后的最后一次会议，禁令才获得通过（1521年5月25日）。与此同时，马丁·路德逃到了萨克森的瓦特堡。在智者腓特烈的保护下，他一直藏在这里。现在，沃尔姆斯帝国会议批准了将马丁·路德逐出教会的决定。未来的情况就要看查理五世是否执行该决定了。

第4节　1522年至1523年的战争

这时，查理五世的注意力转向了对法兰西的战争。查理五世的当务之急是要洗雪弗朗索瓦一世带给自己的屈辱和征服意大利。在此之前，他不会急于处置马丁·路德。法军首先发起了进攻。1521年5月，法军入侵纳瓦拉，而在此之前的1521年3月，布伊隆勋爵罗伯特·德·拉·马克袭击了卢森堡。然而，法军最终都失败了。查理五世不仅巩固了与摇摆不定的教皇利奥十世之间的联盟，而且实现了与英王亨利八世的结盟。教皇利奥十世很满意对马丁·路德的禁令，并认为与查理五世在意大利的胜利相比，弗朗索瓦一世在意大利的胜利，后果更

马丁·路德在沃尔姆斯受审

糟糕。于是，1521年5月25日，他坚定地加入了神圣罗马皇帝查理五世的阵营。费拉拉和帕尔马将重归教皇利奥十世所有。米兰将作为神圣罗马帝国的领地由卢多维科·伊尔·莫罗·斯弗扎的儿子弗朗西斯科·斯弗扎掌管。法军被赶出了热那亚，安东尼奥·阿多诺成为总督。查理五世承诺保护佛罗伦萨的美第奇家族，并与教皇利奥十世一道铲除马丁·路德的异端教义。

1521年11月，托马斯·沃尔西在加来会议上曾试图继续进行斡旋，但徒劳无功，最后被迫加入了查理五世和教皇利奥十世的联盟，并承诺帮助查理五世进攻法兰西，查理五世则忙着准备与英格兰的玛丽公主的婚事。

在意大利，英格兰军队没有采取任何行动，神圣罗马帝国军队和教皇的军队取得了胜利。1521年11月19日，法军指挥官洛特雷克伯爵奥代·德·富瓦因瑞

洛特雷克伯爵奥代·德·富瓦

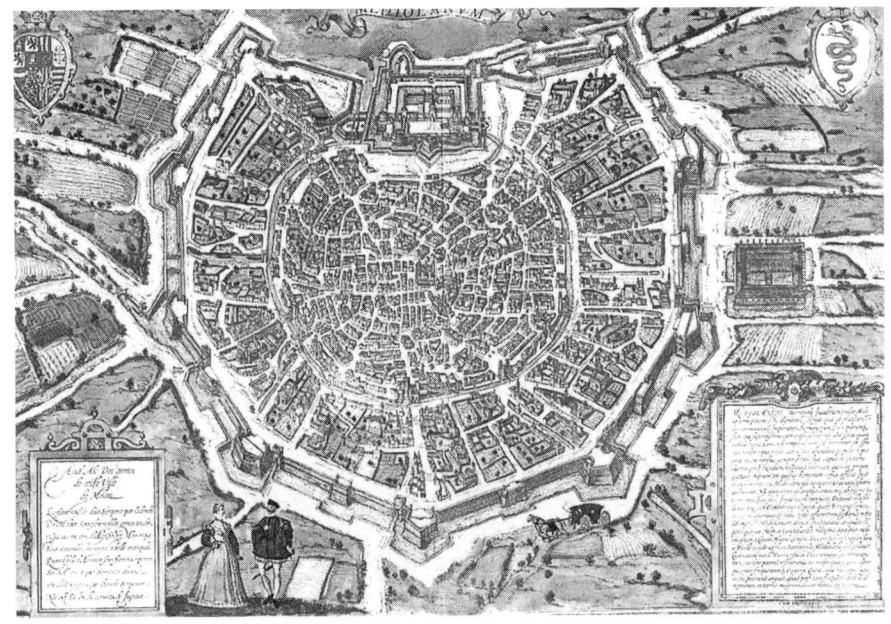

米兰

士雇佣军的离去而被迫撤离米兰外城,内城的要塞除外。瑞士雇佣军被当局禁止在故里和同胞作战。随后,帕尔马和皮亚琴察很快也投降了。

现在,利奥十世时来运转了,但他因发烧病故了(1521年12月1日)。从洛伦佐·德·美第奇的这个儿子身上,我们能一窥他作为教皇的所作所为。利奥十世的名字将永远与拉斐尔·桑西的艺术成就联系在一起。人们会铭记他对文学的大力赞助,这也是他唯一值得骄傲的荣誉了。利奥十世在教皇选举中说过:"现在我们掌握教皇的职位,让我们尽情享受吧。"这句话充分表明了他的性格。利奥十世虽然不放荡挥霍,但宽容别人的放荡挥霍。他从不奢侈,在罗马的生活从不放肆。利奥十世享受生活,尽管对神职几乎不感兴趣,但恪尽职守。当时社会存在的严重问题,利奥十世丝毫没有察觉。利奥十世的粗犷和慷慨个性虽然给他带来了声望,但严重影响了他的财政状况。利奥十世去世时,天空似乎晴朗,但这只是暴风雨来临之前的晴朗——这场风暴来临的主要原因在于他缺乏严肃性、洞察力和政治家的风范。

令人惊讶的是，接替利奥十世的人是乌得勒支主教阿德里安·弗劳伦斯佐恩·波伊斯，史称"阿德里安六世"。他曾经是查理五世的导师，后来又成为西班牙的总督，他之所以当选，是因为选举团中无人能获得足够的票数。托马斯·沃尔西，一个认真严肃的候选人，只得了七票。枢机主教朱利奥·德·美第奇和亚历山大·法尔内塞，两位最终注定要登上罗马教皇宝座的人，就像克莱门特七世和保罗三世一样，同样没能获得足够的票数。教皇职位的长时间空缺被认为是危险的。枢机主教朱利奥·德·美第奇本来已经得到查理五世大力支持，但他对自己胜选感到绝望，便把自己的选票给了阿德里安·弗劳伦斯佐

克莱门特七世

保罗三世

恩·波伊斯。因此,到目前为止,有两位关系密切的弗拉芒人①在基督教世界中拥有最高的地位,这一重大事件带来了很多期待。然而,这些期望并没有实现。事实上,新教皇阿德里安六世与他的前任利奥十世形成了惊人的对比,但这种反差只会让他的处境更艰难。罗马人对"野蛮人"的当选感到很恼火。罗马人担心阿德里安六世可能会将教皇的职位转给西班牙,于是在梵蒂冈的墙上贴出了讽刺布告:"罗马是个旅店。"枢机主教们起初与罗马平民的生活方式格格不入,但很快就后悔了。他们开始憎恨这位与前任大相径庭的新教皇,因为他试图削减主教们的薪水和养老金。同时,新教皇阿德里安六世只会关照弗拉

---

① 分别是指乌得勒支主教阿德里安·弗劳伦斯佐恩·波伊斯(也就是后来的教皇阿德里安六世)和生于佛兰德斯的查理五世。——译者注

芒追随者。学者们也对阿德里安六世不关注新知识而感到厌恶。甚至阿德里安六世正直和圣洁的生活方式也不能使他与渴望改革的人成为朋友。阿德里安六世的节俭被视为吝啬，他的内敛与欠缺务实、开创的精神，使他失去了本来可以获得的支持。阿德里安六世对马丁·路德的态度及对当时政治问题的态度，也没有改善他的处境。阿德里安六世坚信，针对权力滥用，必须进行内部改革，但他对新神学一点也不同情。作为西班牙教会对异教徒的审判者，阿德里安六世采纳了西班牙人的观点，认为镇压必须先于改革。当异教徒问题解决后，阿德里安六世就可以开始内部改革了。

在这一点上，查理五世同意阿德里安六世的观点，但就在这时，他们之间的默契消失了。阿德里安六世曾经担任过查理五世的导师，后来又接受查理五世任命，担任西班牙总督。现在，查理五世曾经的仆人登上了教皇的宝座，当然希望能继续为他服务下去。然而，查理五世忘了，阿德里安已经不可同日而语了，他现在是教皇阿德里安六世了，他们的观点不尽相同了。查理五世决心彻底控制意大利，这不仅是因为有路德派的问题，而且因为对土耳其人战争迟迟无法进行，尽管此时苏莱曼一世正虎视眈眈。相反，阿德里安六世并不急于看到查理五世在意大利势力的增强。作为新上任的教皇，他希望从已故教皇卷入的政治束缚中彻底解脱出来，使查理五世与弗朗索瓦一世和解，然后把基督教国家团结起来，再去对抗土耳其人。这是阿德里安六世的梦想。为此，阿德里安六世采取中立立场，并试图进行调解，但结果极其不妙。在意大利，法兰西的势力开始抬头；1522年，费拉拉公爵阿方索一世·德·埃斯特蠢蠢欲动；美第奇家族在佛罗伦萨和锡耶纳的敌人与弗朗索瓦一世继续联手；瑞士人再次为法兰西王国服役，并派一支特遣部队进入意大利，威尼斯对此进行了配合。事态看上去很严峻，曼纽尔从罗马写信给查理五世，建议查理五世与弗朗索瓦一世休战。

然而，就在这时，1522年4月27日比科卡战役的胜利给查理五世带来了好运。1522年3月，洛特雷克伯爵奥代·德·富瓦向米兰挺进，然后在科隆纳坚守。

苏莱曼一世

弗朗西斯科·斯弗扎率军立刻从帕维亚出发去增援科隆纳。经过稍许调整,他的军队在离科隆纳几英里的比科卡站稳了脚跟,占据了十分有利的地形。瑞士人不服从命令,坚持发动进攻。但瑞士人错误地估计了自己的实力,结果被击退。洛特雷克伯爵奥代·德·富瓦与法军绕道而行,本想夺取瑞士人后方的阵地,那里似乎有一个突破口。然而,洛特雷克伯爵奥代·德·富瓦没有及时到达,现在被迫直面瑞士人的进攻。这时,瑞士人士气高涨,仿佛已经战胜法军。最后,洛特雷克伯爵奥代·德·富瓦的军队被击退,虽然损失惨重,但在这场重要战役的第一次战斗中仍掌握着主动权。

失败沉重地打击了法军。法军仍然占领着米兰城堡和诺瓦拉镇,但不得不从米兰其他地方撤离。1522年5月30日,法军被赶出了热那亚。法军指挥官奥塔维奥·弗雷戈索连同西班牙将军佩德罗·纳瓦拉被俘。当年,他们都是因阿拉贡国王斐迪南二世吝啬而被迫转投法军的。安东尼奥·阿多诺作为查理五世的封臣,被定为热那亚总督。法军失去了进入意大利的重要良港——热那亚。

查理五世的胜利只会增加阿德里安六世对和平的渴望,但神圣罗马帝国和法兰西王国都不愿听他的意见。1522年6月,查理五世在前往西班牙的途中签署了《温莎条约》。亨利八世和查理五世一致认为,彻底击败弗朗索瓦一世是对土耳其人开战的必要准备。因此,他们打算联合进攻法兰西,并请求教皇阿德里安六世和威尼斯共和国加盟。

地中海里的罗得岛原本由圣约翰骑士团占据,是抵抗穆斯林的重要前哨。1522年12月20日,罗得岛沦陷。罗得岛的沦陷尽管在欧洲引起巨大的恐慌,教

16世纪初的罗得岛

土耳其人攻打罗得岛

皇阿德里安六世也很伤心,但没有使神圣罗马帝国和法兰西王国弃战言和。1523年8月,教皇阿德里安六世受到在意大利的法军的警告——任何斡旋的想法都是徒劳的,而且如果法兰西人获胜,教皇国将陷入危险之中。于是,教皇阿德里安六世便与查理五世结成了防御联盟,这个联盟包括英格兰、米兰、热那亚、佛罗伦萨和威尼斯。六周后,教皇阿德里安六世驾崩(1523年9月14日)。

尽管教皇阿德里安六世心胸狭窄,缺乏政治家风度,但他是个好人,非常渴望改革,然而,这种渴望使他受到枢机主教和罗马民众根深蒂固的仇恨。人们用花圈装饰着死者的门框,说教皇阿德里安六世只顾献身于"自己国家的解放"。教皇阿德里安六世可悲的失败也许是马丁·路德背叛教廷的最好证明。

第5节　马丁·路德与摄政委员会

　　1522年7月到1529年8月,查理五世在西班牙待了重要的七年,其余时间则不得不离开西班牙,这恰好充分表明他当时的利益所在。当查理五世残忍地处置所有参加自治公社起义者时,由于1521年谢夫尔勋爵威廉·德·克罗伊已经去世,查理五世变成了彻头彻尾的西班牙利益的维护者。1522年,查理五世最终把奥地利的家族领地让给了弟弟斐迪南。之后,他视西班牙为自己帝国的真正中心。查理五世完全具备西班牙人式的骄傲和打倒异端邪说的决心,更重要的是还有主宰世界的热情。在战争中,查理五世主要依靠西班牙军队和西班牙的财力支持。他在西班牙度过了自己一生中最重要的一段时光,在这里退位,在这里驾崩。

　　查理五世的实际经历和他在神圣罗马帝国的地位,极好地回答了拿破仑·波拿巴对他的嘲讽。拿破仑·波拿巴曾说,查理五世是个傻瓜,他没有采用新教义,并以此为基础建立强大的君主制国家。如果查理五世采用新教义,能否会成功,值得怀疑。一旦采用新教义,他会发现大多数选帝侯和其他诸侯都会反对他,不管他们的宗教观点如何,因为他们最怕强大的君主制出现。如果人们能联想到天主教联盟在"三十年战争"(1618年到1648年)期间推出的政策,人们的疑虑将进一步提升,但不管结局如何,拿破仑·波拿巴都不欣赏查理五世。在整个神圣罗马帝国,要求查理五世领导一场反对西班牙人珍视的传统,就如同出价要求一只豹子改变身上的斑点一样,代价是昂贵的。

　　要了解神圣罗马帝国可能采用的替代方案,我们就需要回顾前面讲过的神圣罗马帝国的政治形势。我们注意到有四股争夺统治权的力量在激烈斗争:第一,哈布斯堡王室的目的是建立中央集权君主制;第二,选帝侯们秉持宪政思想,其目标是建立贵族联盟;第三,不断进行平民战争、导致社会动乱的农民团体追求无政府主义;第四,大部分诸侯的共同愿望是领土独立。

　　究竟谁能最终掌握神圣罗马帝国的统治权,这很大程度上取决于神圣罗

拿破仑·波拿巴

马帝国宗教改革的命运。毫无疑问,第一股势力如果取得胜利,将消除异端邪说,并建立起对宗教和世俗的独裁统治。如果第二股势力获得成功,教会便有希望在帝国政治改革的基础上进行宗教改革,并以神圣罗马帝国民族复兴精神反抗教皇和皇帝。如果对第三股势力不加以压制或引导,肯定会导致宗教狂热的泛滥,并导致宗教和政治混乱。可以预见的是,最后一股势力最终会占上风,并根据"政教分离"的原则,建立新教。为了了解神圣罗马帝国未来的改革进程，有必要研究下表，并注意：（一）神圣罗马帝国分裂成许多政治实体；（二）同一家族的不同分支进一步分化，许多人相互对立。

新教	天主教
萨克森的韦廷家族	
维滕贝格的选帝侯分支——欧内斯丁家族	麦森的阿尔伯丁家族
萨克森选帝侯腓特烈三世（1486—1525）	萨克森公爵"大胡子"乔治（1500—1535）
腓特烈三世之弟萨克森选帝侯坚定的约翰（1525—1532）	"大胡子"乔治之弟萨克森公爵亨利四世（1529—1541），改奉新教
"坚定的"约翰之子萨克森选帝侯约翰·腓特烈一世（1532—1554）	亨利四世之子莫里斯。其中，1541年到1547年，他承袭萨克森公爵；1547年到1553年，他承袭萨克森选帝侯
霍亨索伦家族	
非选帝侯分支	选帝侯分支
普鲁士的阿尔伯特，条顿骑士团团长（1512—1568）	约阿希姆一世·内斯特（1499—1535）
勃兰登堡-库尔姆巴赫侯爵阿尔伯特·阿尔西比迪斯（1536—1557）	约阿希姆二世·赫克托（1535—1571）。1539年，他改奉新教，但从未与神圣罗马帝国皇帝闹翻
勃兰登堡-纽马克侯爵约翰（1571）	
维特尔斯巴赫家族	
	（一）巴伐利亚公爵威廉四世（1508—1550） （二）巴拉丁选帝侯路易五世（1508—1544）
	路易五世之弟巴拉丁选帝侯腓特烈二世（1544—1556）。他改奉新教
维利家族	
不伦瑞克-吕讷堡公爵恩斯特一世（1532—1541）	沃尔芬比特尔公爵亨利六世（1514—1568）。1553年，他成为新教徒

查理五世前往西班牙，给教会改革与帝国政治改革同时进行带来一些希望。查理五世不在德意志的时候，权力落入弟弟斐迪南主持的摄政委员会手中。斐迪南是查理五世提名的执政官。

摄政委员会中一些人希望延长已经开始的政治改革，一些人不赞成马丁·路德的观点。正统派虽然仍占多数，但对"路德会"越来越受欢迎的局面感到震惊，同时无法采取有力措施。因此，尽管教皇阿德里安六世告诫摄政委员会要执行沃尔姆斯帝国会议的决议，但经过激烈的辩论后，摄政委员会决定将有关马丁·路德的议题提交给1522年11月17日在纽伦堡举行的第二次帝国会议。在纽伦堡帝国会议中，斗争再次爆发。正统派仍然占多数，但除了勃兰登堡选帝侯阿希姆一世·内斯特、特里尔大主教理查德·冯·格雷芬克劳·祖弗尔拉德和萨克森公爵"大胡子"乔治，其他人都不愿采取积极措施。来自帝国各城市的所有代表都支持马丁·路德。帝国会议所在地纽伦堡也坚决支持马丁·路德，许多世俗诸侯害怕反对马丁·路德会引起臣民的愤怒。经过多次辩论和向摄政委员会提出建议，纽伦堡帝国会议对教皇阿德里安六世的答复如下：帝国会议对"路德会"运动造成的混乱感到遗憾。由于害怕内战，纽伦堡帝国会议没有执行沃尔姆斯帝国会议的决议。教皇阿德里安六世承认教会存在邪恶思想，必须进行修正。纽伦堡帝国会议代表要求在神圣罗马帝国召开一个自由的基督教会议——既代表世俗人士也代表教会神职人员——来讨论当前令人不安的现状。同时，不再印刷路德会的书籍，也不允许马丁·路德布道。当然，这会引起人民的反抗。

与此同时，世俗人士展示了"百份诉状"，列举了因教皇滥用职权而让神圣罗马帝国人遭受的痛苦。正如前面陈述的那样，纽伦堡帝国会议没有因马丁·路德保持沉默而站在马丁·路德一边，并且它不打算脱离罗马的教皇。但"百份诉状"出现后，纽伦堡帝国会议推迟执行教皇敕书，这恰好是马丁·路德亟盼的。马丁·路德的追随者迅速增加，正如查理五世之弟斐迪南所说，"许多人或多或少受到马丁·路德异端邪说的影响"。这也充分说明为什么纽伦堡帝国会议不愿意为难马丁·路德。事实上，如果纽伦堡帝国会议，尤其是摄政委员会，能很好地代表民意，宗教改革就可能在全国范围内进行，而帝国议会与宪法却妨碍宗教改革的进行。此外，在神圣罗马帝国，因未能平息"骑士"战争，摄政委员会失去了威望。

弗朗茨·冯·济金根

　　弗朗茨·冯·济金根是著名的皇家骑士。在查理五世当选神圣罗马帝国皇帝的过程中,他发挥了极其重要的作用。在乌尔里希·冯·胡登的启发下,他采纳了马丁·路德的观点,成为改革派中持有独特立场的人。弗朗茨·冯·济金根忠于传统秩序,讨厌选帝侯、诸侯和帝国自由城市。因此,他组织成立了上莱茵和邻近地区的骑士联盟。骑士联盟要求恢复神圣罗马帝国以往的自由,废除贸易垄断，废除外国法律，减少神职人员和修士的数量，中止因赎罪券和教皇的其他越轨行为而造成的资金流失。弗朗茨·冯·济金根从摄政委员会的薄弱处看到了机会，决定进攻特里尔大主教理查德·冯·格雷芬克劳·祖弗尔拉德的领地，并得到了当地路德派教徒的支持。弗朗茨·冯·济金根如果能在全国取胜，就能立刻确立改革主张，并扩大自己的领地。1522年9月，弗朗茨·冯·济金根围攻特里尔城。摄政委员会命令他停止围城，但没有奏效。特里尔城最终没有被攻破。与此同时，诸侯们惊恐万分，担心战争很快就会波及自己，于是决定控制局势。尽管摄政委员会下命令维持和平，但诸侯们还是行动起来，在黑森领主伯爵腓力一世的领导下，击败了弗朗茨·冯·济金根。1523年4月，在保卫

弗朗茨·冯·济金根率军围攻埃伯恩布格城堡

在保卫埃伯恩布格城堡的战斗中，弗朗茨·冯·济金根受重伤后被迫投降，并于次日死去。这幅图描绘了弗朗茨·冯·济金根被迫投降的场景

埃伯恩布格城堡的战斗中，弗朗茨·冯·济金根阵亡。乌尔利希·冯·胡登逃到瑞士，不久也凄惨地死去。摄政委员会试图劝阻士瓦本联盟不要镇压在其管辖范围内加入弗朗茨·冯·济金根叛乱的骑士，但没有奏效。

因未能维护政令畅通和秩序稳定，摄政委员会失去了所有的支持。一些人之所以反对它，是因为它无所作为；另一些人之所以反对它，是因为担心它的性质会改变。摄政委员会从来没有代表大众的观点和利益，现在连帝国会议也嫌弃它。因为征税，城市市民一直反对它。大多数诸侯的都在拖欠该交的费用。他们担心受到摄政委员会为难，甚至连选帝侯也对摄政委员会提出的改革感到绝望。因此，摄政委员会很快就被其地位显赫的成员抛弃了。被任命为副主席的巴拉丁选帝侯奥托·亨利离开了摄政委员会，特里尔大主教理查德·冯·格雷芬克劳·祖弗尔拉德、萨克森公爵"大胡子"乔治和黑森领主伯爵腓力一世则宣布反对摄政委员会。最后，纽伦堡第三次帝国会议（1524年3月至4月）做出决定，重新选举委员，原有委员都不具备选举资格。新的摄政委员会也不成功。虽然它一直存在到1531年，但几乎没有什么权威可言。由于追求独立和领土完整的意识太强，所有宗教改革与神圣罗马帝国政治改革相结合的愿望落空。

这并不是帝国会议面临的唯一问题。1523年9月14日，教皇阿德里安六世去世。号称"克莱门特七世"的新教皇，即枢机主教朱利奥·德·美第奇，1523年11月当选。他曾派特使洛伦佐·坎佩乔要求纽伦堡帝国会议立即执行沃尔姆斯帝国会议决议。天主教徒虽然仍占多数，但没有足够强大的力量使教皇的命令得到完全执行。纽伦堡帝国会议确实答应尽可能地执行沃尔姆斯帝国会议决议，取缔异端的书籍，但"唯恐因果相报"，就再次坚持要求在神圣罗马帝国召集一次最高宗教会议。同时，纽伦堡帝国会议建议在斯派尔斯召开另一次帝国会议来解决宗教问题。主要受查理五世支持的克莱门特七世自然极其不高兴。查理五世已经在1523年7月颁布了一项法令，要求严格执行沃尔姆斯帝国会议的决议。查理五世以最强烈的措辞谴责马丁·路德，禁止在斯派尔斯召开帝国会议，并宣布，尽管他不完全反对召集一次最高宗教会议，但这应该由他和教皇克莱门特七世决定，因为德意志人修改基督教法令是冒昧的行为。同时，查理五世写信给克莱门特七世，说他们面临两种选择：要么让查理五世本人去神圣罗马帝国用武力镇压异教徒，这个过程不仅危险，而且不可能；要么就召集一次最高宗教会议。

查理五世建议最高宗教会议在特伦特召集，然后再到罗马召开。然而，克莱门特七世不愿意接受查理五世的建议，而洛伦佐·坎佩乔则遵照克莱门特七世的吩咐，已经开始和善待马丁·路德的诸侯打起了交道。1524年6月，天主教会议在雷根斯堡举行了。会议决定先对一些违反基督教准则的行为和滥用赎罪券的行为进行改革,然后禁止阅读马丁·路德的书,并禁止学生上宣扬异端邪说的维滕贝格大学。

天主教雷根斯堡代表大会标志着争论进入新的阶段。到目前为止,马丁·路德问题已被视为涉及国家利益的问题。这时,组建反对党的设想第一次出现了。路德派被迫效仿。神圣罗马帝国开始出现两个敌对阵营。因此,既不破坏神圣罗马帝国统一又能解决宗教问题的希望破灭了。然而,对教会滥用职权的改革肯定是有争议的。如果教皇克莱门特七世和查理五世同心同德,或许会有解决问题的办法。然而,政治分歧使他们再次渐行渐远,并严重影响了查理五世的注意力,正如他所说,"现在不是谈论马丁·路德的时候"。

第6节　帕维亚战役

查理五世对新教皇克莱门特七世寄予厚望,但忘了自己要和美第奇家族打交道。克莱门特七世的目的是既要增进教皇国的利益,又要增进自己在佛罗伦萨的家族利益。在科尔托纳的枢机主教的支持下,克莱门特七世任命堂弟① 朱利亚诺·迪·洛伦佐·德·美第奇年幼的儿子亚历山德罗·德·美第奇为总督。他这样做的目的跟教皇利奥十世一样——平衡弗朗索瓦一世和查理五世的势力。

克莱门特七世表面上渴望和平,但实际上害怕神圣罗马帝国和法兰西王国最终达成共识。与此同时,他玩了一个伺机而动的游戏,急于让自己成为胜利的一方,推行一种自欺欺人的胆怯、失信的阴谋策略,使罗马天主教陷入极度屈辱的境地。

一开始,查理五世很走运。1523年,波旁公爵夏尔·德·波旁与弗朗索瓦一

---

① 克莱门特七世(1478—1534)是朱利亚诺·迪·洛伦佐·德·美第奇的私生子,由叔叔洛伦佐·德·美第奇抚养长大。朱利亚诺·迪·洛伦佐·德·美第奇(1479—1516)是洛伦佐·德·美第奇的儿子。因此,朱利亚诺·迪·洛伦佐·德·美第奇是克莱门特七世的儿子。——译者注

舍瓦利耶·巴亚德战死

世发生了争执,倒向了查理五世的阵营。当时,波旁家族在法兰西的势力非常强大^①。波旁公爵夏尔·德·波旁曾是法兰西国王高级侍从和法兰西王国高级治安官。现在,他担任在意大利的法军最高统帅。1523年5月,在几场战役中法军连续被击败。在其中有一场战役中,以忠诚、侠义著称的法兰西军人舍瓦利耶·巴亚德像骑士般光荣战死。法军被迫从伦巴第撤离了。

---

① 波旁公爵夏尔·德·波旁是两个公国的领主,拥有两个公爵领地、四个郡、两个子爵管辖区和七个勋爵管辖区。弗朗索瓦一世和波旁公爵夏尔·德·波旁争执的原因:蒙庞西耶伯爵夏尔得到路易十二的准许,迎娶波旁公爵彼得二世的女继承人苏珊娜。蒙庞西耶伯爵夏尔的妻子苏珊娜去世后,没有留下子嗣。弗朗索瓦一世的母亲萨伏依的路易丝声称,波旁家族的财产应由她继承,因为她是波旁公爵彼得二世的的外甥女。同时,弗朗索瓦一世找到了更好的理由,要求获得波旁家族的财产,以履行波旁公爵彼得二世的最初的诺言,即波旁家族在没有男性继承人的情况下,王室应得到波旁家族的所有财产。——原注

随着查理五世取得军事胜利，亨利八世恢复了和他的同盟关系，这使托马斯·沃尔西非常沮丧。托马斯·沃尔西希望保持英格兰王国的中立，并阻止法兰西王国或神圣罗马帝国任何一方获得压倒性的优势。亨利八世再次承诺进攻法兰西王国，并向查理五世提供了急需的资金。这时，波旁家族向亨利八世表达了敬意，如同向弗朗索瓦一世表达敬意一样。

1524年7月，波旁军队越过阿尔卑斯山脉，入侵普罗旺斯，攻击重要的海港马赛——这是法兰西王国舰队在地中海的基地，威胁到西班牙、意大利与神圣罗马帝国之间的联系。与预期相反的是，马赛守住了。波旁军队第二任指挥官佩斯卡拉侯爵费尔南多·弗朗西斯科·德阿瓦洛斯建议波旁军队放弃进攻马赛，因为他的士兵会因缺乏钱粮而拒绝打仗。

马赛

与此同时,托马斯·沃尔西不打算让英军进攻皮卡第,查理五世也无法从西班牙配合英军。弗朗索瓦一世的军队接近时,波旁军队被迫向阿尔卑斯山脉迅速撤退,损失了大部分炮兵。弗朗索瓦一世的军队紧随其后,在迪朗斯河谷穿越阿尔卑斯山脉,于1524年10月17日到达皮涅罗尔。此时,米兰正遭受瘟疫的蹂躏,疫情几乎失控。因此,神圣罗马帝国派了一支约六千人的部队,在安东尼奥·德·莱瓦的率领下,控制了帕维亚。在帕维亚要塞部署了一些兵力后,菲利普·德·拉努瓦和佩斯卡拉侯爵费尔南多·弗朗西斯科·德阿瓦洛斯率领另一支军队撤退到洛迪。波旁军队赶往神圣罗马帝国,补充新的力量。

安东尼奥·德·莱瓦

1524年10月29日，法军通过城门进入米兰，而查理五世的最后一支军队从另一个城门撤离了米兰。如果弗朗索瓦一世乘胜追击，查理五世的这支军队可能已经被消灭。然而，关键时刻，法军指挥官博尼韦特领主纪尧姆·古菲尔说服弗朗索瓦一世进攻帕维亚。于是，佩斯卡拉侯爵费尔南多·弗朗西斯科·德阿瓦洛斯赢得了时间，重整了精疲力竭的军队。他说："我们虽然被打败了，但很快就会成为胜利者。"然而，就像1521年那样，查理五世可能再次失去米兰。克莱门特七世害怕法军的报复，就尝试调解。他建议查理五世把米

博尼韦特领主纪尧姆·古菲尔

兰割让给弗朗索瓦一世，只保留那不勒斯。当时，查理五世在那不勒斯的总督查尔斯·德·拉努瓦拒绝接受这个屈辱的建议。于是，教皇克莱门特七世提出与法军结盟，并试图获得威尼斯的支持。他提出多种理由试图证明结盟的必要性。他对查理五世说，他渴望和平，上帝可以见证他诚实的动机。然而，查理五世没有上当受骗，并且发誓道，"他会报复作为本届教宗的教皇。有一天，马丁·路德也许会成为一个有价值的人"。

查理五世的处境确实令人绝望。与英格兰的联盟已经指望不上了。在神圣罗马帝国，农民暴动已经开始了。在西班牙，查理五世本人因病发烧。更严重的是，查理五世不知道从哪里筹钱供给行进中的部队。连查尔斯·德·拉努瓦也警告查理五世，为了解救米兰，他很可能失去王位。1525年2月，帕维亚战役的胜利扭转了局势，查理五世得到了自己梦寐以求的结果。1525年1月，波旁家族带着大批军队从德意志回来，除了大炮和重骑兵，神圣罗马帝国的军队几乎与法军旗鼓相当，但查理五世没有钱给部队发饷。此时此刻，佩斯卡拉侯爵费尔南多·弗朗西斯科·德阿瓦洛斯向查理五世提供了帮助。他说服了士兵，让他们耐心等待，承诺1525年2月10日发军饷。到那时，进攻命令会立即下达，帕维亚即将被攻克。这座城市仍然被安东尼奥·德·莱瓦控制着。虽然法军遭到围困，但阵地仍然坚固。查尔斯·德·拉努瓦对进攻犹豫不决。所有试图迫使法军突围的企图都失败了。不过，法军已经陷入了困境，很快就会投降。经过三个星期的僵持，法军决定冒险突围。1525年2月23日晚上，米拉贝罗公园墙壁被神圣罗马帝国军队攻破。米拉贝罗公园一直延伸到法军战壕的北面。1525年2月24日清晨，神圣罗马帝国军队接到进攻的命令。在博尼韦特领主纪尧姆·古菲尔的误导下，弗朗索瓦一世轻率地离开了坚固的战壕，决心与神圣罗马帝国军队一决雌雄。开阔的阵地起初有利于法军炮兵和重骑兵。神圣罗马帝国军队第一次进攻不太果断，弗朗索瓦一世自以为获胜，高兴地喊道："今天我已经是米兰公爵了。"然而，佩斯卡拉侯爵费尔南多·弗朗西斯科·德阿瓦洛斯重整了西班牙步兵，并受到格奥尔格·冯·弗伦茨贝格率领的神圣罗马帝国步兵的有力支

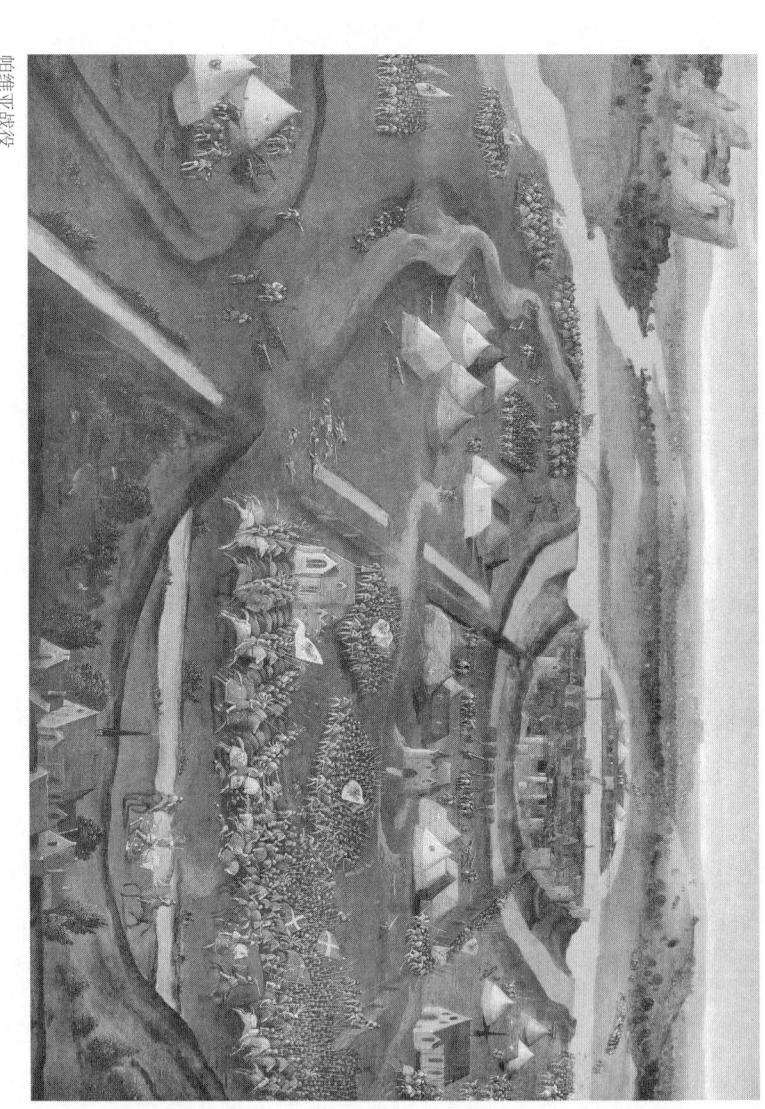

帕维亚战役

法军与神圣罗马帝国军队交战

援。法军重骑兵节节败退。随后,在步兵的冲击下,受雇于法军的瑞士人首先放弃了阵地,意大利军队则给予微不足道的支持。法军步兵坚持了一段时间。菲利普·德·莱瓦率军从被围的米兰后方出击,彻底击溃了法军。弗朗索瓦一世试图继续战斗。然而,他的坐骑被射中了,他被俘了。多亏一个波旁人认出弗朗索

弗朗索瓦一世被俘

瓦一世来，否则他会死于大屠杀。法军的损失极其巨大，只是无法统计具体损失数目。法军司令官博尼韦特领主纪尧姆·古菲尔、雅克·德·拉·帕利斯和路易二世·德·拉·特梅尔都在意大利战争中死去，弗朗索瓦·德·洛林和其他许多重要人物被杀，纳瓦拉的亨利·德·阿尔伯特则被俘。

帕瓦拉战役是在查理五世二十五岁生日那天进行的，查理五世似乎实现了马克西米利安一世最疯狂的梦想。自查理五世继位以来，建立西方帝国的梦想从未像现在这样指日可待。不仅意大利，而且法兰西似乎也受到查理五世的摆布。如果法兰西被他控制，那么欧洲就很难摆脱束缚了。然而，查理五世的胜利太彻底了，导致欧洲其他国家缺乏安全而惊慌失措。为了生存，它们又聚集在一起。马克西米利安一世梦想很快就会破灭。

第7节　德意志农民战争

当上面的重大事件发生在意大利时，神圣罗马帝国爆发了足以威胁整个社会结构稳定的事件——农民起义。农民起义的原因主要是社会性的。甚至在马丁·路德出现之前，人们就听说过"鞋会"[①]和其他农民组织，以及反对地主的农民起义。农民的不满是所有封建社会佃农阶层的共同不满，包括沉重的劳役和赋税，对农民正当权利的剥夺，以及地主圈占农民的土地。的确，一开始高级神职人员被视为特定的攻击目标。主教和修士凭借自身优势，既充当高级神职人员，又充当封建地主。作为封建地主，他们征税，强制劳役，并且私设法庭惩罚冒犯者。他们处于教会的高层，要求得到什一税，利用教会法庭惩罚违法行为，并威胁将不悔改或顽固不化者逐出教会。同时，罗马教廷对主教和修士的严厉要求迫使他们不得不挖空心思巧取豪夺。然而，起初，社会不满与宗教不满之间没有任何关联。随着时间的推移，这种关联不可避免地凸显出

---

① "鞋会"（Bundschuhe）是15世纪末到16世纪初德意志中部和西南部起义的农民组织。该组织以农民的皮鞋为标志。——译者注

安德里亚斯·卡尔斯塔特

来。信仰新教义的狂热者，如安德里亚斯·卡尔斯塔特就被这场运动吸引，他们呼吁以《圣经》作为反抗的理由，教导农民利用对福音教义的解释作为精神戒律，并以此为旗帜为宗教自由和政治自由及社会平等而斗争。因此，在神圣罗马帝国，就像其他国家一样，农民运动打出了宗教的旗号，虽然不是振振有词，但表达了痛苦中人们的意愿，为不满者提供了斗争的信念。

黑森林位于莱茵河流域和多瑙河流域之间。1524年5月，起义在黑森林东部地区首先爆发。黑森林东部地区的诉求比较温和。后来，这些诉求便形成了《十二条款》。黑森林东部地区基于《十二条款》，在引用《圣经》证明自己的要求合理后，宣称有权选举自己的神父，并要求废除什一税，获得打猎、捕鱼和砍伐的自由，可以自由交换农奴，减少万恶的劳役和赋税，恢复公民权利。当时,起义已经出现了暴力倾向,如果封建地主进行一些调解,如果政府的态度稍稍坚定一点,或许暴力会被阻止。然而,贵族们坚持自己的特权,摄政委员会陷入了困境,而查理五世之弟斐迪南则集中精力为意大利战争募兵、筹集资金,无暇顾及黑森林起义。

1524年秋,动乱升级。到了1525年2月,起义已经蔓延到整个神圣罗马帝国:从莱茵河西岸蔓延到提洛尔,从康斯坦茨湖蔓延到图林根和萨克森。农民的要求变得更加极端,失去了温和,而狂热者或狡诈者占了上风。

在出现极端暴力的法兰克尼亚,我们发现,社会改革的要求与在民主基础上进行帝国政治重建的计划有关——这一计划超出了学术界的认识。但正是在图林根和哈兹山脉周围,活动达到高潮。农民运动领袖托马斯·闵采尔的

托马斯·闵采尔

教义颠覆了教会和神圣罗马帝国的一切权威，也颠覆了现有的社会秩序。在阿尔萨斯的米卢斯，托马斯·闵采尔被视为先知。他提议把米卢斯这座城市作为宗教中心。他要根据神的启示统治米卢斯。

神圣罗马帝国的社会结构在一段时间内受到了威胁。农民运动取得了各方面的胜利。贵族要么被赶出地盘，要么被迫以"兄弟"的身份加入农民运动，有些较小的城镇——其中许多遭受压迫，就像农民遭受的压迫一样，甚至一些较小的城市也加入了农民运动。符腾堡公爵乌尔里希一世试图抓住这个机会收回自己因统治不当而失去的符腾堡公国，并呼吁起义者支持他。

神圣罗马帝国确实受到无政府状态的威胁，然而，农民是否有机会获得永久成功，这是值得怀疑的。起义领导者大多是空想的、无知的狂热分子。托马斯·闵采尔既不是先知，也不是将军。起义军没有有效的组织。马丁·路德领导的中产阶级宣布反对农民起义。马丁·路德起初鼓吹温和与调解，他谴责反抗权威的行为违反了神的旨意，同时谴责诸侯和封建地主的压迫，敦促他们纠正引发不满的邪恶行为。然而，农民的极端做法很快就使他感到厌恶和害怕。马丁·路德不喜欢他们的观点，担心自己的地位和工作会受到牵连。他指出，将基督教的原则推广到社会领域和政治领域是不可能没有危险的，并且《福音书》如果要求灵魂的自由，就不会免除身体不受法律的控制。马丁·路德用严厉的措辞谴责叛乱分子，并让当局抛弃一切顾忌，毫不留情地"刺死和勒死"他们。

这时，帕维亚战役胜利的消息让神圣罗马帝国的秩序有所恢复。士瓦本联盟拿起武器反对符腾堡公爵乌尔里希一世。起初，同情农民起义、支持符腾堡公爵乌尔里希一世的瑞士人，现在也撤回了特遣队，部分原因是瑞士境内发生了动乱，部分原因是担心查理五世报复。符腾堡公爵乌尔里希一世被迫率军匆忙撤退。1524年4月4日，士瓦本联盟的军队在乌尔姆附近的莱普海姆对农民军进行了致命打击。1524年5月15日，在黑森领主伯爵腓力一世的率领下，诸侯的军队在弗兰肯豪森附近击溃了托马斯·闵采尔的军队，托马斯·闵采尔被俘，

黑森领主伯爵腓力一世

并在米约桑被处决。洛林公爵安东尼率军占领了阿尔萨斯的扎伯恩,恢复了孚日的秩序。在士瓦本联盟的军队、特里尔大主教理查德·冯·格雷芬克劳·祖弗尔拉德的军队和巴拉丁选帝侯奥托·亨利的军队合力进攻下,维尔茨堡于1524年6月7日放弃抵抗,这就决定了法兰克尼亚的命运。不久,上莱茵河地区的农民军和黑森林的农民军要么被招安,要么被镇压。诸侯与其他贵族再次成为主人。他们开始了报复叛军的暴行。许多不幸的农民被毫不留情地砍了头。幸存者怨声载道,除了少数人,都没有获得补偿。

农民战争尽管失败了,但对宗教改革进程的影响是深远的。摄政委员会的无能再次显现出来,而农民战争的失败使神圣罗马帝国摆脱了宗教和社会的

托马斯·肉莱尔与他的军队

弗兰肯豪森战役

无政府状态。上面提到的马丁·路德运动的四个可能结果，现在只剩下两个。问题的关键在于查理五世是否能重塑神圣罗马帝国的权威，或者被强烈的家族意识控制。诸侯的势力确实得到了加强。就像在骑士战争中一样，诸侯再次证明了自己的力量。以士瓦本联盟作为后盾，诸侯向世人宣告他们才是国家真正的主人。马丁·路德在某种程度上失去了下层阶级的支持，被迫更加依赖诸侯。然而，查理五世的位置是最危险的。马丁·路德缺乏公正的对手们存心捣乱。许多人貌似高雅，实际上胆小怕事，做事总是三心二意。查理五世自己则更相信异端与反叛是同义词。因此，他决心消灭异端。帕维亚战役的胜利似乎为他提供了一个极好的机会，一切都取决于如何定义这次胜利。

第4章
从《马德里条约》到《克里斯皮和约》
(1526—1544)

精彩看点

《马德里条约》——科尼亚克联盟——罗马被洗劫——美第奇家族从佛罗伦萨被赶走——阿韦尔萨战役——《巴塞罗那条约》——《康布雷和约》——查理五世加冕——斯派尔斯帝国会议和奥格斯堡帝国会议——施马尔卡尔登联盟——《纽伦堡和约》——查理五世与弗朗索瓦一世重新开战——镇压根特起义——明斯特的再洗礼派——雷根斯堡帝国会议——1542年战役——《克里斯皮和约》和《阿德尔条约》

第1节 《马德里条约》和科尼亚克联盟

面对时来运转的好消息,查理五世保持了镇静,泰然处之,就像在战败时表现的那样。查理五世禁止所有公众场合的庆祝,把一切都归功于上帝,并坚持说他唯一的愿望是实现持久的和平,这样就可以让基督教世界的枪口转向土耳其人。但之前查理五世曾经宣称,和平的唯一希望在于弗朗索瓦一世屈服,现在他没有改变这个想法。然而,如何能让法王弗朗索瓦一世屈服呢?战争是唯一的选项。但查理五世没有钱,甚至现在连军饷还拖欠着。神圣罗马帝国的农民战争仍在继续,查理五世之弟斐迪南自然无能为力。亨利八世也许会发兵进攻法兰西,但前提是查理五世承认他对法兰西王位的声索权。查理五世当然不希望看到英格兰势力增强,便拒绝做出明确承诺。此时,托马斯·沃尔西及时出现了。1525年8月,托马斯·沃尔西与法兰西摄政①缔结了联盟条约。在条约中,以提供年俸作为交换条件,亨利八世承诺,弗朗索瓦一世会得到尊贵的自由。此时,意大利正在组建自卫联盟。虽然教皇克莱门特七世做出了许多承诺,但众所周知,他正在扮演两面派的角色。法兰西虽然失去了一支

---

① 这里是指弗朗索瓦一世的母亲萨伏依的路易丝。1515年,1525年到1526年,1529年,她担任法兰西摄政。——译者注

军队,而且国王被俘,但国力犹存,决心继续抵抗外敌入侵,直至钱包里只剩下最后一分钱,流尽最后一滴血。那时查理五世还没有想到发动战争,也没有想到通过缔结条约达到目的。查理五世要求法兰西王国将勃艮第和阿图瓦割让给他,将普罗旺斯割让给波旁公爵夏尔·德·波旁,并且之后波旁家族不再受法兰西王国控制,这一要求遭到法兰西人严辞拒绝。即使领土被践踏,法兰西人也不肯屈服。法王弗朗索瓦一世宣称,他宁愿被囚禁而死,也不愿以这种耻辱来换取自己的自由。然而,弗朗索瓦一世的性格没有查理五世坚强,不久便开始渴望自由。他听说有人提议把他作为囚犯送到那不勒斯,于是就说服查尔斯·德·拉努瓦把他送到西班牙(1525年6月)与查理五世进行一次私人面谈。然而,弗朗索瓦一世完全不了解自己的对手查理五世,一旦做出决定,没有谁比查理五世更能坚持到底,并且往往顽强、固执地坚持下去。查理五世认为自己对阿图瓦和勃艮第的声索是公正的,勃艮第是他家族的摇篮,被他的祖母勃艮第的玛丽以错误的方式占有,现在理应还给他。弗朗索瓦一世和法兰西使者恳求查理五世减轻条款的要求,但均以失败告终。查理五世丝毫不为所动,甚至拒绝会见法王弗朗索瓦一世,直到被囚禁的弗朗索瓦一世发烧严重,生

查理五世探视被囚期间的弗朗索瓦一世

吉罗拉莫·莫罗内

命危在旦夕，他才勉强妥协。此时，教皇克莱门特七世和意大利人正与法兰西结盟，米兰公爵弗朗西斯科·玛利亚·斯弗扎是查理五世的支持对象，现在与查理五世反目成仇。同时，米兰公国重臣吉罗拉莫·莫罗内试图败坏查理五世最好的将军佩斯卡拉侯爵费尔南多·弗朗西斯科·德阿瓦洛斯[①]的声誉，企图让佩斯卡拉侯爵费尔南多·弗朗西斯科·德阿瓦洛斯出卖忠诚，贪图私利，从而背叛主人。所有这一切对查理五世没有任何影响。结果吉罗拉莫·莫罗内被抓，弗朗西斯科·玛利亚·斯弗扎失去了公爵身份，并被神圣罗马帝国军队困在米兰城堡里。

---

① 关于佩斯卡拉侯爵费尔南多·弗朗西斯科·德阿瓦洛斯的动机问题，参见亚历山大·戈特利布·鲍姆加滕的《查理五世时代》，第453页。——原注

弗朗索瓦一世从重病中恢复过来,想逃跑,但逃跑计划被泄露。他只好放弃勃艮第,否则别无选择。于是,在王太后萨伏依的路易丝的敦促下,弗朗索瓦一世让步了,但弗朗索瓦一世声称让步需要得到人民的同意。弗朗索瓦一世把两个儿子留下作为人质,并承诺如果人民不答应,他会回来继续接受关押。查理五世不愿同意这一点。大臣马库瑞诺·迪·加蒂纳拉早就预测到了这个结果,也支持查理五世。然而,意大利的局势非常不妙。佩斯卡拉侯爵费尔南多·弗朗西斯科·德阿瓦洛斯于1525年12月3日去世。临终前,他敦促自己的主人查理五世,如果想拯救意大利,就要与法兰西王国和平共处。其他大臣也持相同看法。查理五世只好让步,最后同意了《马德里条约》。

马库瑞诺·迪·加蒂纳拉

奥地利的埃利诺

根据1526年1月14日签订的《马德里条约》，弗朗索瓦一世将放弃图尔奈，只"恢复"勃艮第主权，放弃对意大利领土的所有声索，以及放弃佛兰德斯和阿图瓦的宗主权。弗朗索瓦一世将放弃对盟友的保护，并代偿查理五世在战争后期所欠英格兰王国的债务，帮助查理五世对抗土耳其人。波旁公爵夏尔·德·波旁重新获得被剥夺的财产，包括米兰公国的领地。在批准该条约时，弗朗索瓦一世答应迎娶寡居的葡萄牙王后、神圣罗马帝国皇帝查理五世的姐姐奥地利的埃利诺，并把他的儿子留作人质以履行条约。然而，《马德里条约》其实是一文不值的废纸。虽然查理五世让弗朗索瓦一世以骑士的名誉并按照《福音书》起过誓，如不履行条约就应重新被囚禁，但弗朗索瓦一世一恢复自由后就撕毁了条约。在签约的前一天，弗朗索瓦一世向自己的大使提出过抗议,说他不认可在被勒索情况下做出的承诺具有约束力,并告知大臣们,他无意遵守这个条约。我们很惊讶地发现,弗朗索瓦一世这种行为竟然在欧洲司空见惯。实际上,托马斯·沃尔西敦促弗朗索瓦一世采取这个策略,而教皇克莱门特七世则允许弗朗索瓦一世违背之前的誓言。

弗朗索瓦一世的获释只起到了鼓励查理五世敌人的作用。1526年5月22日,教皇克莱门特七世、弗朗索瓦一世、弗朗西斯科·玛利亚·斯弗扎、威尼斯共和国、佛罗伦萨共和国,以"英格兰国王亨利八世保护下"的名义,缔结了神圣的科尼亚克联盟。联盟条约确认弗朗西斯科·玛利亚·斯弗扎拥有米兰公国;所有意大利公国都将恢复战前的地位;查理五世应释放年轻的法兰西王子,以换取一笔钱,确保在三个月内还清他欠英格兰的债务。科尼亚克联盟宣称渴望实现持久的和平。因此,查理五世和神圣罗马帝国所有诸侯都有加入联盟的机会。不过,如果查理五世拒绝参加,他的军队不仅会被赶出米兰公国,还会被赶出那不勒斯王国,最后米兰公国与那不勒斯王国由教皇克莱门特七世控制,同时每年需向法兰西王国支付一笔财政收入。

查理五世现在受到的威胁比以往任何一个联盟更强,但这还不是问题的全部。他的军队因薪水和食物奇缺而处于叛乱状态,意大利人对他根深蒂固的敌意更使他危机四伏。当波旁公爵夏尔·德·波旁和那不勒斯总督查尔斯·德·拉努瓦争吵时,查理五世可以派上用场的两位最好将军普洛斯彼罗·科隆纳和佩斯卡拉侯爵费尔南多·弗朗西斯科·德阿瓦洛斯都已经死去。在匈牙利,1526年8月28日,奥斯曼帝国苏丹苏莱曼一世即将赢得摩哈赤战役,这场胜利将使土耳其军队在匈牙利所向披靡。弗朗索瓦一世正在与基督教世界的敌人谈判,甚至威尼斯共和国也宣称它更愿意成为土耳其人的附庸,而不是对神圣罗马帝国皇帝查理五世惟命是从。

对查理五世来说,幸运的是,科尼亚克联盟的成员并不齐心。为了消除被囚禁时的沉闷,弗朗索瓦一世以打猎和其他娱乐方式度日。弗朗索瓦一世曾经令人钦佩而激动地表示要立即采取行动,利用科尼亚克联盟向查理五世索取

摩哈赤战役

唾手可得的条件，但结果他什么也没做。托马斯·沃尔西无意与查理五世公开翻脸，于是说服亨利八世拒绝担任科尼亚克联盟的保护者。亨利八世离婚的问题已经出现了，这虽然会影响托马斯·沃尔西阻止教皇克莱门特七世和查理五世之间的和解，但给了他充分的理由，没有必要恶化与查理五世的关系。最后，威尼斯军队的指挥官乌尔比诺公爵弗朗西斯科·玛利亚一世·德拉·诺维，无论是基于无法抗击查理五世军队的考虑，还是不愿扩大教皇克莱门特七世势力的考虑，都没有积极、有效地参战。因此，神圣罗马帝国能够集中精力对付米兰。1526年7月24日，米兰的斯弗扎家族被迫投降。由枢机主教普佩里奥领导的科隆尼西的军队现在已经壮大，得到了佩斯卡拉侯爵费尔南多·弗朗西斯科·德阿瓦洛斯的继承者雨果·德·蒙卡达的支持。1526年8月22日，雨

雨果·德·蒙卡达

果·德·蒙卡达和枢机主教普佩里奥假装与克莱门特七世达成协议,但教皇克莱门特七世一撤走军队,他们就与科隆尼西的军队一起出现在罗马城墙下。对于这种背信弃义,弗朗索瓦一世都自叹不如。雨果·德·蒙卡达和枢机主教普佩里奥向罗马市民保证,军队是来帮助他们摆脱教皇克莱门特七世的暴政的,并威胁说,如果反抗,就会遭到灭顶之灾。最后,教皇的宫殿及枢机主教与大使们的住宅都被洗劫一空,圣彼得教堂遭到抢劫,教堂主管受到侮辱,克莱门特七世完全没有抵抗能力,不得不任由胜利者摆布(1526年9月21日)。克莱门特七世答应从伦巴第召回自己的远征军,休战四个月,并赦免科隆尼西的军队。然而,科尼亚克联盟的军队夺取克雷莫纳的消息给了克莱门特七世邪恶的契机,促使他违背诺言。克莱门特七世竟然派出军队去进攻科隆尼西,并剥夺了枢机主教普佩里奥的一切优厚待遇。

  雨果·德·蒙卡达告诉查理五世拒绝为进攻罗马承担责任。查理五世同意了,但同时警告枢机主教团,如果基督教世界出了什么事,那就要追究教皇克莱门特七世的过失。教皇克莱门特七世加入科尼亚克联盟时,原本只想满足自己的欲望而不是维护基督教的荣誉和人民的福祉。查理五世向意大利派遣了一支六千人的西班牙军队,并命令弟弟斐迪南派遣一支八千人的德意志军队,由奥尔格·冯·弗伦茨贝格率领。1526年11月,奥尔格·冯·弗伦茨贝格的军队穿过阿尔卑斯山脉。大部分是来自德意志的暴徒,其中有许多路德会信徒。1526年12月底,奥尔格·冯·弗伦茨贝格率军到达了皮亚琴察,尽管途中曾遇到科尼亚克联盟军队的抵抗。与此同时,查尔斯·德·拉努瓦率领西班牙军队在托斯卡纳的圣斯特凡诺登陆。教皇克莱门特七世现在的处境,正如一位见证者所言,是"不知所措的"。教皇克莱门特七世曾经和查尔斯·德·拉努瓦就和平条件讨价还价,还曾用逐出教会威胁过查尔斯·德·拉努瓦和他的军队。然而,1527年3月15日,教皇克莱门特七世同意达成八个月的停战协议,但这并没有拯救他。1527年2月,奥尔格·冯·弗伦茨贝格与波旁公爵夏尔·德·波旁率领的米兰军队会合,首先打算进攻佛罗伦萨。听说佛罗伦萨得到了科尼亚克联盟

西班牙军队洗劫罗马城中的教堂并杀害神职人员

军队的保护,并在乌尔比诺公爵弗朗西斯科·玛利亚一世·德拉·诺维的领导下准备抵抗,他们便率军向罗马进军。波旁公爵夏尔·德·波旁发现军队出现了叛变的苗头。在进军的过程中,军队里混进了大量的意大利人,沿途掠夺。1527年5月6日,在击退两次进攻后,罗马——"永恒之城"——的防御工事被攻破。尽管波旁公爵夏尔·德·波旁死了,但罗马仍然遭受了八天的洗劫。罗马曾经遭受过蛮族入侵带来的苦难,但罗马可能从未像现在这样遭受基督徒的暴行。波旁公爵夏尔·德·波旁死了,奥尔格·冯·弗伦茨贝格又不能出任指挥,因为他在博洛尼亚病得严重。于是，军队没有了约束士兵的统帅。西班牙人表现得更加残忍，路德会信徒肆意亵渎神明。他们不分敌友，肆意掠夺和洗劫。当时，有人说："罗马所有房子、教堂或修道院，罗马人或外国人，不分贵贱，都被洗劫一空。"还有人说："主教、修士、神父、老修女、婴孩、女侍从、书童、男仆、最穷的人，都受到残酷的折磨。罗马常常遭受三次以上的洗劫：先是意大利人，然后是西班牙人，后来是长矛骑士。最后，邪恶的科隆尼西人来了，罗马人要么被饿死，要么被不同的士兵轮番踩躏。"可以说，罗马被洗劫是意大利辉煌历史时期的终结，罗马不再是学术创新和艺术创新的典范。

与此同时，不幸的教皇克莱门特七世被困在圣安格鲁的城堡里。教皇克莱门特七世本可以在罗马被洗劫的时候逃跑。然而，他错过了时机，因为他相信科尼亚克联盟的军队会很快来支援自己。后来，援军的确来了，但联军指挥官乌尔比诺公爵弗朗西斯科·玛利亚一世·德拉·诺维认为自己兵力不够强大，无力配合教皇克莱门特七世的军队进攻，便退兵了。1527年6月7日，教皇克莱门特七世只好被迫投降。教皇克莱门特七世答应支付所需的款项，交出六个城镇作为担保，并同意与十三名枢机主教一起充当人质，直到第一批钱付清为止。有些人建议查理五世马上夺取教皇的土地，只让教皇克莱门特七世履行神职，或者至少"把主教权限降低，这样一来，他就可以随时处置和控制他"。查理五世尽管宣布罗马被洗劫是上帝的正义惩罚，但很可能真心后悔了。他即使想极端处置罗马，也没有资格这样做。

事实上，教皇克莱门特七世被俘使查理五世获得的利益与俘虏弗朗索瓦一世带来的好处一样微乎其微。罗马被洗劫的消息终于唤醒了寻欢作乐的弗朗索瓦一世，也使英格兰改变了自己擅长的静观其变的政策。为此，托马斯·沃尔西又要忍受主人的专横了。亨利八世现在一心想和王后阿拉贡的凯瑟琳离婚，阿拉贡的凯瑟琳是查理五世的姨妈，这对于赢得弗朗索瓦一世的支持，并且如果可能的话，赢得教皇克莱门特七世的恩惠，是至关重要的。于是，根据1527年4月30日和1527年5月29日的条约，亨利八世以得到永久的年俸为条件放

波旁公爵夏尔·德·波旁被杀的地方

深西班牙军队洗劫的罗马

弃了对法兰西王位的声索,年幼的公主玛丽和弗朗索瓦一世的二儿子订婚。亨利八世答应提供资金,支持弗朗索瓦一世在意大利的战争。

1527年8月,托马斯·沃尔西与弗朗索瓦一世在亚眠举行了一次会议。他们一致认为,在教皇克莱门特七世被囚禁期间,亨利八世与弗朗索瓦一世不允许自己国家执行教皇敕书,因为它损害了自己国家的利益。因此,法兰西教会和英格兰教会应由它们各自的大主教管理。同时,执行托马斯·沃尔西在大主教法庭中宣布的法律,尽管该法律受到教皇克莱门特七世禁止。托马斯·沃尔西与弗朗索瓦一世还决定,教皇克莱门特七世被囚禁期间,应要求这个人将权力托付给另一个人,而这个人应采取措施解决目前的实际问题。托马斯·沃尔西甚至建议任命他为教皇代理。提出这些奇怪建议的借口是查理五世会利用囚禁的教皇克莱门特七世的神权,从使英格兰处于不利境地。同时,毫无疑问,托马斯·沃尔西希望以这种方式获得权力,以便立即解决亨利八世与王后阿拉贡的凯瑟琳的离婚问题。

与此同时,洛特雷克伯爵奥代·德·富瓦率领一支法军攻入意大利,并很快攻占了除米兰以外的整个伦巴第地区,但在米兰受到了安东尼奥·德·莱瓦所率军队的顽强抵抗。如果洛特雷克伯爵奥代·德·富瓦服从米兰公爵弗朗西斯科·玛利亚·斯弗扎和乌尔比诺公爵弗朗西斯科·玛利亚一世·德拉·诺维的命令全力攻城,那么米兰一定早已沦陷,因为安东尼奥·德·莱瓦只有一小支部队,既缺钱又缺补给。然而,出人意料的是,安东尼奥·德·莱瓦竟然会坚持战斗到最后,而洛特雷克伯爵奥代·德·富瓦不愿因与孤注一掷的安东尼奥·德·莱瓦硬拼而削弱自己的兵力,于是便向南而去,目的是解救教皇克莱门特七世(1527年10月)。教皇克莱门特七世的处境确实很可怜,他一无所有,没有赎金,无法重获自由。与此同时,罗马仍然任由那些残暴的士兵蹂躏。费拉拉公爵阿方索一世·德·埃斯特夺取了雷焦和摩德纳。教皇克莱门特七世的支持者占领了拉文那和切尔维亚,甚至打算抢占威尼斯,抢地盘的借口是防止威尼斯落入费拉拉公爵阿方索一世·德·埃斯特之手。

比这更糟糕的是，佛罗伦萨人在1527年5月再次反对美第奇家族，赶走了教皇克莱门特七世的两个亲信——亚历山德罗·德·美第奇和伊波利托·德·美第奇，并在老将尼古洛·卡波尼的领导下重新建立了共和国。教皇克莱门特七世不顾教会的利益，试图加强自己的世俗权力，寻求家族利益的最大化。在洛特雷克伯爵奥代·德·富瓦到达罗马之前，教皇克莱门特七世至少已经重获自由。查理五世意识到，羁押教皇克莱门特七世，他什么也得不到。查理五世热切希望与教皇克莱门特七世和睦相处，并着手铲除异端。于是，查理五世命令雨果·德·蒙卡达与教皇克莱门特七世设法达成协议，同时告诫他，不要像自己被弗朗索瓦一世欺骗那样上当。

亚历山德罗·德·美第奇

1527年11月26日，协议达成：教皇克莱门特七世需立即支付一笔钱，并承诺以后追加更多。教皇克莱门特七世承诺不反对查理五世对意大利的图谋，并授权查理五世组建"十字军"，将西班牙的教会收入与那不勒斯教会什一税的一半作为军费，同时将奥斯蒂亚、奇维塔韦基亚和齐维塔卡斯泰拉纳与五名枢机主教留给查理五世作为担保。1527年12月7日，教皇克莱门特七世被释放。1527年12月6日晚上，教皇克莱门特七世担心自己可能会被囚禁，于是乔装逃到了奥维多的教皇要塞。

尽管如此，查理五世的处境还是不妙。佛罗伦萨人虽然驱逐了美第奇家族，但并没有脱离科尼亚克联盟。安东尼奥·德·莱瓦仍然控制着米兰。安东尼奥·德·莱瓦警告查理五世，"上帝不会每天创造奇迹"，如果不迅速解困，他的军队即使不投降，也会挨饿。法军在安德里亚·多里亚指挥下再次取得了热

安德里亚·多里亚

奥兰治亲王菲利伯特·德·沙隆

那亚战役的胜利。那不勒斯总督查尔斯·德·拉努瓦刚刚死于瘟疫。由奥兰治亲王菲利伯特·德·沙隆领导的、为救援那不勒斯而行进的神圣罗马帝国军队被洛特雷克伯爵奥代·德·富瓦指挥的法军包围。那不勒斯危在旦夕,弗朗索瓦一世喜出望外。

然而,这场长期斗争和以往每次重要危机一样,法兰西人最自信的时刻也是离失败最近的时刻。神圣罗马帝国军队虽然因没有得到应有的军饷和足够的食物而不太听指挥,并随时准备抢劫掠夺,但无论是在耐力上还是在战斗力上,都明显优于弗朗索瓦一世的军队。到目前为止,虽然神圣罗马帝国军队人数不占优势，但其韧性已经使法军筋疲力尽，并很快做好在战场上迎战法军的准备。那不勒斯的命运取决于海洋被哪方控制，而这一切现在掌握在安德里亚·多里亚和其侄子菲利皮诺·多里亚手中。安德里亚·多里亚在战争中起了带头作用，这场战争使热那亚重新回到了法兰西人的怀抱。安德里亚·多里亚很快就后悔了。不仅弗朗索瓦一世本人公开冒犯他，拒绝为因使用他的战舰而支付适当的报酬，而且拒绝向他支付抓获俘房的赎金。同时，弗朗索瓦一世无视热那亚的利益，试图将法兰西最近获得的萨沃纳发展成热那亚的商业竞争对手，这深深地刺痛了安德里亚·多里亚的爱国情怀。在安德里亚·多里亚的抗议下，弗朗索瓦一世派了一名布列塔尼人来指挥法兰西在地中海的舰队，甚至还想逮捕安德里亚·多里亚。因此，安德里亚·多里亚听取了奥兰治亲王菲利伯特·德·沙隆诱人的提议，于1528年7月4日命令侄子菲利皮诺·多里亚率舰队从那不勒斯启航，从而使那不勒斯能够从西西里岛得到供给，闹饥荒的危险也就消除了。在这个关键时刻，缺乏补给的法军而受到瘟疫的袭击。洛特雷克伯爵奥代·德·富瓦和他的几个军官成了瘟疫的牺牲品，军队伤亡很大。洛特雷克伯爵奥代·德·富瓦的继任者的萨卢佐侯爵米歇尔·安东尼奥率军撤退到阿韦尔萨（1528年8月28日）。

当法军从阿韦尔萨转移时，佩德罗·纳瓦拉率领的后卫部队被神圣罗马帝国军队追上，并被迫投降。奥兰治亲王菲利伯特·德·沙隆乘胜继续追击撤退的法军，并迫使法军投降。萨卢佐侯爵米歇尔·安东尼奥和佩德罗·纳瓦拉都成了俘房，之后都死去。其余的残兵败将获准返回家园，承诺不再服役对抗查理五世。

安德里亚·多里亚乘船前往热那亚，计划把热那亚建成对抗法军的据点。1528年10月28日，热那亚总督特奥多罗·特里乌尔齐奥被迫投降。安德里亚·多里亚组建了政府。这个政府虽然带有寡头政治的色彩，但至少让热那亚摆脱了多年的派系冲突，并确保热那亚独立，直到1796年。然后，安德里亚·多里亚削弱了萨沃纳的势力，法军也被赶出了利古里亚海岸。

在伦巴第，战争持续了一段时间。安东尼奥·德·莱瓦仍然控制着米兰。安东尼奥·德·莱瓦遭到了由弗朗西斯科·玛利亚·斯弗扎指挥的科尼亚克联盟军队的进攻。乌尔比诺公爵弗朗西斯科·玛利亚一世·德拉·诺维的军队与威尼斯人参战，圣波尔伯爵弗朗索瓦·德·波旁还带上了从法兰西新征的军队。夺回帕维亚之后，科尼亚克联盟的军队包围了米兰，但不敢向意志坚定的安东尼奥·德·莱瓦发起进攻。1529年6月，圣波尔伯爵弗朗索瓦·德·波旁轻率地试图在热那亚分兵进攻时，惊动了安东尼奥·德·莱瓦。安东尼奥·德·莱瓦得到了科尼亚克联盟军队的行动信息，于1529年6月20日在兰德里亚诺将圣波尔伯爵弗朗索瓦·德·波旁的军队彻底击溃。围攻米兰的科尼亚克联盟军队撤退，米兰获救了。

查理五世在意大利还没有大获全胜。阿斯蒂和亚历山德里亚仍然掌握在法兰西人的手中。洛迪、克雷莫纳和帕维亚被弗朗西斯科·玛利亚·斯弗扎控制，佛罗伦萨共和国仍然将美第奇家族拒之门外，威尼斯仍然坚守东海岸的阿普利亚。然而，科尼亚克联盟进一步抵抗是没有希望的，除非得到更多重量级的成员支持，但它们很快就会抛弃科尼亚克联盟。英格兰从来没有打算在这场战争中充当主角，目前肯定也无力这样做。英格兰的内部问题极其严重，英王亨利八世一门心思想着离婚。

对科尼亚克联盟而言，更致命的是教皇克莱门特七世与查理五世的最终和解。自逃离罗马以来，教皇克莱门特七世真正的愿望是在和平到来之前保持中立。然而，他被科尼亚克联盟和查理五世纠缠着，做到这一点很难。此外，他关注的重点是教皇的世俗利益和家族势力的扩张，他的目的是夺回被抢走的财产，在佛罗伦萨恢复美第奇家族的权威，推翻异端邪说，而非重建意大利的自由。因为这些都不能从科尼亚克联盟中得到，所以教皇克莱门特七世犹豫许久，终于决定与查理五世签订协议。更重要的是，查理五世的成功似乎已经是板上钉钉的事实了。当然，不可否认，教皇克莱门特七世的私人利益与教会的利益本来就是一致的，因为与查理五世的和解应该是对抗马丁·路德邪说的唯一希望。克莱门特七世唯独担心查理五世会以召集最高宗教会议的方式进行威胁，威胁来自1526年6月签订《斯派尔斯条约》时查理五世做出的承诺。关于这一点，查理五世的代表成功地消除了教皇克莱门特七世的恐惧。1529年6月24日，在巴塞罗那缔结的条约中没有提到召开最高宗教会议的事情。根据《巴塞罗那条约》，教皇克莱门特七世承诺授予查理五世"那不勒斯国王"称号，并加冕他为皇帝。查理五世答应归还费拉拉公爵阿方索一世·德·埃斯特和威尼斯人从教皇克莱门特七世手中夺走的地盘，还承诺在佛罗伦萨恢复美第奇家族的地位。最后，两人都同意联合起来反对异教徒和异教思想。然而，《巴塞罗那条约》将导致另一种分裂。1529年7月6日，教皇克莱门特七世屈从于查理五世的压力，撤销了赋予托马斯·沃尔西和坎佩吉奥负责处理亨利八世在英格兰离婚事宜的权力，并罗列出罗马被洗劫的原因。托马斯·沃尔西想获得教会大权的梦想破灭了。亨利八世很快就把离婚的权利抓在自己手中，把教皇克莱门特七世至高无上的地位抛在一边。

与此同时，查理五世和弗朗索瓦一世之间的和谈一直在进行。1528年，两个竞争对手曾进行过一次生死之战。现在，他们都不愿放下架子。因此，谈判改在两位妇人之间进行，一位是查理五世的姑姑——尼德兰的女统治者奥地利的玛格丽特，另一位是法兰西王太后萨伏依的路易丝。两人都渴望和平。弗朗索瓦一世极不情愿地接受了和谈条件。他根本没能力继续战争，教皇克莱门特七世和查理五世的和解则使他不得不打消顾虑。1529年8月3日，弗朗索瓦一世签署了《康布雷和约》，也称《妇人和约》。

弗朗索瓦一世摆脱了割让勃艮第的命运，并且要回了给查理五世做人质的两个儿子，只交了一笔赎金。然而，其他条件令他倍感屈辱。弗朗索瓦一世不仅放弃了对意大利的声索权，而且要放弃阿图瓦和佛兰德斯的主权，同时不得不退出科尼亚克联盟。更有甚者，他还需承诺，如果有必要，就迫使威尼斯人交出近期占领的那不勒斯沿海地区，而这一条是他作为国王在缔约时做出的庄严承诺。必须承认，弗朗索瓦一世对于自己的承诺不会当真。原先在《马德

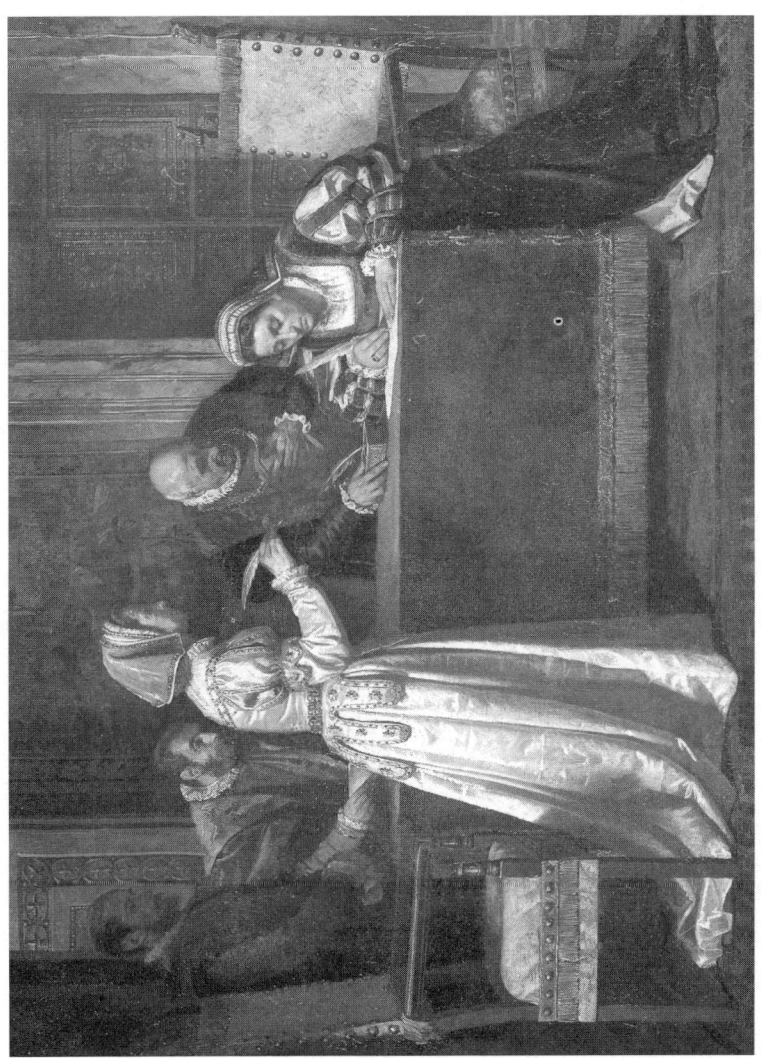

签订《康布雷和约》

里条约》中安排的那桩婚姻,后来得到了批准。人们希望,如果查理五世的姐姐奥地利的埃利诺与弗朗索瓦一世结婚,那么家族关系可能有助于化解两个君主之间的敌意,他们之间的斗争使欧洲陷入了长达八年的战争。

1529年8月,在谈判取得成功之前,查理五世已经离开了西班牙。查理五世渴望亲自处理完战争事务,并从教皇克莱门特七世手中获得皇冠。在皮亚琴察,查理五世最终批准了《康布雷和约》。意大利现在任由查理五世摆布。然而,查理五世很明智,对意大利的所有邦国采取了和解政策,但佛罗伦萨共和国除外。

威尼斯人被迫在那不勒斯东海岸向查理五世投降,并将拉文那和切尔维亚还给教皇克莱门特七世,之后没有受到进一步的惩罚。弗朗西斯科·玛利亚·斯弗扎保留了米兰公爵领地,但蒙扎除外。查理五世将蒙扎赐给骁将安东尼奥·德·莱瓦,而他亲自统治米兰和科莫。①

这些措施是积极有效的。根据1529年12月23日的一项条约,威尼斯人和弗朗西斯科·玛利亚·斯弗扎加入教皇克莱门特七世的阵营,与查理五世建立了防御联盟,而萨伏依则通过收回阿斯蒂而加强了作为对抗法兰西前哨的地位。佛罗伦萨的事情还没有解决。查理五世很乐意找到一条中间路线。但佛罗伦萨人拒绝重新接纳美第奇家族,就算美第奇家族的人作为普通公民也不行,而教皇克莱门特七世坚持恢复美第奇家族的权力。迈克尔·安杰洛设计的坚固防御工事加强了这座城市的防御能力。城市由尼可罗·马基雅维利当初建议组建的民兵组织进行保卫,经受住了八个月的围攻,其间,查理五世的将军——奥兰治亲王菲利伯特·德·沙隆——阵亡。然而,没有人来援助这个不幸的共和国。共和国被迫接受教皇克莱门特七世的亲信亚历山德罗·德·美第奇为佛罗伦萨公爵,亚历山德罗·德·美第奇迎娶了查理五世的私生女帕尔马的玛格丽特。

---

① 弗朗西斯科·玛利亚·斯弗扎1535年去世后,米兰公爵领地被神圣罗马帝国皇帝查理五世吞并。——原注

奥兰治亲王菲利伯特·德·沙隆阵亡

教皇克莱门特七世为查理五世加冕

1530年2月23日，查理五世在博洛尼亚被教皇克莱门特七世加冕为皇帝，第二天是他的生日和帕维亚战役的胜利日，查理五世戴上了象征皇权的意大利铁冠。

在这场历时八年的战争中，人们发现同样的故事一遍遍上演。法兰西王国有三次似乎快要成功了，但每次都经历了毁灭性的败退，其获得的一切悉数被夺走。神圣罗马帝国军队，无论是由德意志人组成，还是由西班牙人组成，军饷低，军粮少，经常发生兵变，加上肆意持枪掠夺，暴行累累，常使胜利的成果毁于一旦。然而，一旦奉召来对付敌人，神圣罗马帝国军队就能证明，无论是防御，还是进攻，都所向披靡，并且无一例外，所有指挥官都非常杰出。

弗朗索瓦一世在帕维亚被俘后，再也没有出现在战场上，但他从臣民那里得到了比查理五世更多的钱财。弗朗索瓦一世太无忧无虑，太喜欢享乐，几乎无所不为。至于查理五世，根本就没有积极参加过战斗。在西班牙，查理五世被四面八方的异教徒包围着，无暇顾及辽阔的帝国。他总是极度地需要钱财，有时似乎无暇顾及战争和士兵。然而，在冷酷无情的外表下，查理五世有着坚定而稳重的目标，什么都无法动摇他，他的目标即使有时显得十分愚蠢，但最终还是成功了。

当查理五世的军队从弗朗索瓦一世手中夺得意大利时，维也纳似乎落入了异教徒的手中。1529年5月，奥斯曼帝国苏丹苏莱曼一世与摩尔多瓦大公兼特兰瓦尼亚总督约翰·扎波尧伊结盟，入侵了匈牙利。他们都是哈布斯堡家族的死敌。土耳其苏丹苏莱曼一世欲望已经膨胀到无边无际。他曾自高自大地说："因为天上只有一个上帝，所以地球上只能有一个主人，而苏莱曼一世就是那个主人。"苏莱曼一世希望减少查理五世在神圣罗马帝国的统治疆域，以实现

摩尔多瓦大公约翰·扎波尧伊

自己的美梦。奥地利人不敢相信匈牙利军队的忠诚，未与土耳其人刀兵相接，于是便从匈牙利撤退。苏莱曼一世持有匈牙利某个主教交给他的匈牙利神圣王冠。1529年9月20日，他率军进入奥地利，并于当日围攻维也纳。然而，神圣罗马帝国虽然分裂，但没有屈从于苏莱曼一世，让他在奥地利城墙上悬挂奥斯曼帝国的新月旗。

改革派虽然对在斯派尔斯帝国会议上受到的慢待感到恼火，但对查理五世之弟斐迪南的呼吁和马丁·路德的禁令做出了回应。维也纳勇敢地坚守住了。苏莱曼一世的大军受到神圣罗马帝国援军的威胁，在围困维也纳二十四天后，1529年10月14日被迫撤退。维也纳得救了，但匈牙利被约翰·扎波尧伊占领，克罗地亚和波希米亚也受到了威胁。

第2节　德意志宗教改革的进展

由于意大利战争带来的麻烦和教皇克莱门特七世的敌意，查理五世对宗教改革派不可能采取任何决定性行动，只能使用拖延的办法。因此，1526年6月，在斯派尔斯帝国会议期间，查理五世曾通过自己的代表许诺召集一次最高宗教会议，中止《沃尔姆斯敕令》中的刑罚条款。与此同时，查理五世警告教皇克莱门特七世，如果因为最高宗教会议未能召开而使基督教世界遭受不良影响，那么责任就必须由他来负。天主教徒发现，除了帝国自由城市，他们在帝国议会所有议院中占多数，但并不准备采取极端措施。斯派尔斯帝国会议的"决议"①宣布，在最高宗教会议召开之前，凡涉及与《沃尔姆斯敕令》有关的事项，每个地区都有权自己处理，"都应以自己的方式生活、管理和行动，因为随时都要准备好对上帝和皇帝陛下负责"。然而，那种认为改革派以决议为由、有权建立新的教会组织的想法则是错误的。这一让步纯粹是暂时的，只能应付查

---

① "决议"是议会颁布的、获得皇帝认可的法令法规。——原注

苏莱曼一世的大军围困维也纳

理五世而已。然而，萨克森选帝侯"坚定的"约翰和黑森领主伯爵腓力一世成功地建立了路德派教会，并为此侵占修道院财产，这一做法很快就被其他人效仿，特别是普鲁士的阿尔伯特，他在1525年已经将日耳曼骑士的财产世俗化，摇身一变成了公爵。

因此，斯派尔斯帝国会议使宗教改革取得了重大进展。我们可以清楚地看到，一方面，德意志没有完全被路德派控制，另一方面，地方主义原则也得到极大的推动，以此为基础，解决德意志教会的方案最终确立。1529年，情况发生了重大变化。宗教改革派的发展壮大激起了天主教徒的担忧，而查理五世在意大利的成功及他与教皇克莱门特七世的和解巩固了天主教的势力。德意志南部的茨温利派的影响正在迅速扩大，该派的观点与路德派相左，削弱了福音派的势力。黑森领主伯爵腓力一世轻率地呼吁用武力反对那些与他思想相左的人，这使诸侯非常恼火。

萨克森选帝侯坚定的约翰

不同意见在第二届斯派尔斯帝国会议上引起了反响。1526年第一届斯派尔斯帝国会议通过的决议被取消,所有的进一步改革被禁止,对茨温利派采取绝不宽容的措施。事实上,少数派通过抗议第一届斯派尔斯帝国会议通过的决议而赢得了"新教徒"的称号。签名参与抗议活动的有萨克森选帝侯"坚定的"约翰、黑森领主伯爵腓力一世、萨克森公爵"大胡子"乔治、勃兰登堡-库尔姆巴赫侯爵阿尔伯特·阿尔西比迪斯、不伦瑞克-吕讷堡公爵恩斯特一世、安哈尔特的沃尔夫冈,另加十四个帝国自由城市。

抗议被议会和查理五世拒绝。很明显,查理五世只是等待机会采取果断行动。1529年12月,施马尔卡尔登会议召开。会议讨论了抗议的合法性。查理五世决定,从现在开始,对待马丁·路德不再心慈手软。

不伦瑞克-吕讷堡公爵恩斯特一世

1530年6月30日，查理五世在缺席帝国会议八年后，亲自会见了奥格斯堡的参会人员，最后解决困难的机会似乎已经到了。意大利已经被他踩在脚下，弗朗索瓦一世终于接受了他的条件。教皇克莱门特七世答应与查理五世一起镇压异端邪说，并让他加冕、称帝。虽然奥斯曼帝国苏丹苏莱曼一世目前控制了匈牙利，但德意志至少还没有受到攻击。新教徒意识到自己的软肋，希望重新获得和解。菲利普·墨兰顿强烈提倡和解，这一点可以从上报会议的《奥格斯堡告白》中淋漓尽致地表现出来。应查理五世的要求，新教徒要以书面形式表达观点。在这篇著名的忏悔录中，释罪的教义以有所保留的条款表述，对圣徒的膜拜并没有完全被禁止。尽管路德派说明了为何要允许圣杯平庸化、让教士结婚和让教会场地世俗化，并且拒绝宣誓和排斥平民，但没有明确说明关于圣礼的数量及教皇权力等问题，而其他有争议的问题的决定则留给最高宗教会议裁决。《奥格斯堡告白》的语气显然是辩护性的，其目的是表明路德派的教义不是异端的，更没有攻击教会的教义。

查理五世的初衷是充当调解人，并以公正、温和的方式解决宗教纠纷。查理五世要求路德派表达自己的观点，并希望路德派的对手对路德派提出一项明确的指控，允许他担任裁判员，但奥格斯堡帝国会议中的天主教徒拒绝了，他们宣称没有什么新的建议。因此，他们驳斥了路德派有关释罪教义的观点，并在其他方面仍然坚持旧的教义，要求新教徒回归信仰的统一。查理五世现在放弃了充当调解人的角色，并试图用威胁手段吓唬那些顽固不化的人。然而，由于信仰新教的诸侯采取有礼有节的态度，奥格斯堡帝国会议只好再次试图和解，并组成了一个小委员会。在教义问题上，各方似乎有达成协议的机会，而最高宗教会议可能已经瓦解了新教徒的反抗意志。虽然这是查理五世热切希望的，但教皇克莱门特七世不遵从查理五世的意愿，而在有关宪法和教会惯例的问题上，和解可能是无望的。

天主教徒被认为属于天授之躯，而新教徒则认为他们是凡夫俗子，因此能够改变。德西德里乌斯·伊拉斯谟·鹿特丹姆斯在自己的信中尖锐地批评双方都缺乏节制。然而，在严肃的宗教问题上，这并不是仅有的一次失败的妥协尝试。最后，查理五世采纳了大多数人的观点，在奥格斯堡帝国会议休会决议中宣布要执行《沃尔姆斯敕令》。直到接下来的1530年4月，新教徒才会考虑是否自愿返回天主教会。

  在这之后，将采取措施清洗新教。大多数议员尽管都反对改革派，但迟迟不把决定权交到查理五世手中，而凭借决定权，查理五世才能执行《沃尔姆斯敕令》。相反，议员们建议利用最高司法法院来达到目的。因此，1530年11月19日，最高司法法院重新组建，并增加了人数。最高司法法院对疑似有路德派倾向的人进行了训诫，并命令议事厅执行奥格斯堡帝国会议休会决议。

  为了对付天主教徒，新教诸侯和新教城市代表于1530年12月22日在施马尔卡尔登会晤。他们要求检察官在最高司法法院中关注他们的利益。新教诸侯和新教城市代表互相支持，避免执行奥格斯堡帝国会议休会决议。经过多次辩论后，新教诸侯和新教城市代表认定，如果查理五世诉诸武力，那么即使抵抗查理五世本人也是合法的。到目前为止，马丁·路德和神学家都宣扬非暴力反抗的教义。市民们提出了论据，证明查理五世的权力应该受到法律的限制。皇帝的头衔不是世袭的，而是选举的。查理五世在选举中已经同意让步，因此，他的行为如果是非法的，就会遭到抵制。马丁·路德被这些论点说服后，让步了。同时，这些论点得到施马尔卡尔登会场大多数人的响应，除了勃兰登堡-库尔姆巴赫侯爵阿尔伯特·阿尔西比迪斯和纽伦堡市代表。于是，施马尔卡尔登联盟形成了。1531年12月，它最终正式成立。它的成员将在议会中占有席位，承诺为一项共享基金捐款，并将其军队的最高指挥权托付给萨克森选帝侯坚定的约翰和黑森领主伯爵腓力一世。施马尔卡尔登联盟的成立标志着斗争进入了一个新的时期。尽管马丁·路德顾虑重重，但宗教改革运动实际上已经演变成政治运动。从此，德意志已经分裂成两大敌对阵营，各有自己的指挥中心。新教徒已经准备为共同利益采取行动，如果有必要，不惜付诸武力。

  接下来的关键问题是，施马尔卡尔登联盟是否应该包括所有在瑞士和在上德意志已经接受乌利希·茨温利观点的人。如果不是因为马丁·路德的出现,发出激进的宗教改革呼声,那么乌利希·茨温利这位改革者的观点也许无人知晓。虽然这种说法值得怀疑,但两人领导的改革运动在很大程度上是相互独立的,而且从一开始就有根本的区别。乌利希·茨温利是圣加尔附近威尔德豪斯村村长之子,生于1484年,比马丁·路德晚生了几个星期[①],早年受人文主义文学运动的影响,精通经典。1506年,乌利希·茨温利被选为格拉鲁斯教会的助理神父,他曾和同胞一起参加意大利远征,经历了以灾难结局的马里格纳诺战役。此后,乌利希·茨温利从未停止提醒同胞,警惕战争中雇佣军制度引发的士气低落。

乌利希·茨温利

---

① 马丁·路德生于1483年11月10日,乌利希·茨温利生于1484年1月1日。——译者注

然而，随着担任苏黎世的神父，乌利希·茨温利开始了改革者的职业生涯。像马丁·路德一样，他的改革运动从反对赎罪券制度开始，但不久就采取了不同的立场。虽然马丁·路德没有否认"真在论"的存在，但乌利希·茨温利仅仅把圣礼看作是纪念节日，并对路德派"释罪"的观点是否符合逻辑追根问底。马丁·路德愿意接受一切事物，只要不违背自己对《圣经》的解释，而乌利希·茨温利只接受自己发现的实实在在的一切。马丁·路德对普世教会怀着深深的崇敬之情，痛苦挣扎后才离开它，而乌利希·茨温利则主张宗教事务和村庄公共事务上的独立性，坚持每个教会独立的权利。一开始，马丁·路德试图将宗教与政治分开。最终摆脱这一立场时，他站在以诸侯为代表的当权者一边。乌利希·茨温利的宗教思想密切关注在瑞士建立更加彻底的民主。在这个建立民主的计划中，森林州失去了在邦联议会中获得与其他大州同等数量选票的权利。1530年年底，乌利希·茨温利的意见不仅被苏黎世、巴塞尔、伯尔尼和沙夫豪森等州以及阿彭策尔、格拉鲁斯和奥里森等许多乡村的居民接受，而且在德意志南部的许多城镇，特别是康斯坦斯、乌尔姆、奥格斯堡和斯特拉斯堡等，受到欢迎。

共同的危险将这两位改革者的追随者短暂地团结在一起，从而使自己免受第二届斯派尔斯帝国会议休会的影响。不过，两种存在广泛分歧的观点要实现永久团结几乎是不可能的。黑森领主伯爵腓力一世本人倾向于乌利希·茨温利的观点。1529年，在马尔堡，他曾尝试与马丁·路德和解，但尝试失败了。在有关圣礼的问题上，马丁·路德对乌利希·茨温利的教义表现出不可调和的敌意。此后，乌利希·茨温利不得不面对来自家乡的反对力量。

像许多改革者一样，乌利希·茨温利在政治浅滩上搁浅了。各森林州从一开始就坚决反对新的教义，不仅因为它们是坚定的天主教徒，而且因为乌利希·茨温利的政治改革如果实施，将破坏它们迄今在邦联议会中享有的地位。乌利希·茨温利的政治观点也使他在支持他的州失去了追随者。哈布斯堡家族巧妙地促成了这些分裂，战争接踵而至。最后，在卡佩尔战役中，苏黎世军队最终被打败。乌利希·茨温利坚持到最后。最后一刻,他英勇战死(1531年10月)。

根据1531年10月的第二次《卡佩尔条约》,每个州都可以自由地保留自己的教义。在"共同管辖"条约中,宗教信仰选择权由多数人决定。同时条约规定禁止使用武力,各城市将放弃它现有的外部盟友。

显然,瑞士的教派已经分裂为天主教和新教两派。天主教恢复了失去的地位,在邦联议会中获得了二十九票中的十七票,而新教控制了苏黎世、伯尔尼、巴塞尔和沙夫豪森,而图尔高、格拉鲁斯和阿彭策尔则不受新教控制。瑞士支持德意志新教徒的一切希望现在已经落空。在失去瑞士盟友后,德意志南部城市被迫加入路德派教会,这就增强了施马尔卡尔登联盟的实力。1532年年初,新教徒在德意志的地位有所改善。

毫无疑问,查理五世现在只要能腾出手来,就会举起仲裁的利剑。但此时,政治需求再次阻碍了他。与法兰西的和平一点也不牢靠,弗朗索瓦一世甚至对施马尔卡尔登联盟很感兴趣。苏莱曼一世再次威胁要进攻查理五世的领地。西班牙人像往常一样抱怨查理五世的缺席。在非洲,巴巴罗萨的海盗时时揪着他的心。神圣罗马帝国的天主教诸侯也靠不住。1538年6月,在五位选帝侯的支持下,查理五世艰难地让弟弟斐迪南成为罗马国王,但遭到萨克森选帝侯"坚定的"约翰反对。巴伐利亚的两位公爵和其他人也先后抗议。他们尽管同情天主教,但害怕看到哈布斯堡家族的势力日益增强。查理五世对解决宗教难题的前景大失所望,只好被迫拖延。

1532年7月,在签订《纽伦堡和约》的会议上,查理五世承诺暂停最高司法法院的诉讼程序,直到最高宗教会议召开。在随后举行的雷根斯堡帝国会议上,查理五世承诺,如果教皇克莱门特七世在六个月内不召集会议,他就召开帝国议会,以解决宗教难题。

在对抗土耳其人方面,查理五世至少得到了新教徒的坚定支持。查理五世的士兵是从西班牙人、意大利人和尼德兰人中招募的,组成了他领导过的最

乌利希·茨温利被杀

强大的军队。苏莱曼一世的军队不敢打硬战,被查理五世勇敢的士兵击退。然而,查理五世无意乘胜追击,因为意大利的事务和西班牙的事务等着他处理。1532年秋,查理五世率军越过阿尔卑斯山脉,再次陷入战争泥潭。在接下来的七年,他一直对新教问题置之不理。

《纽伦堡和约》签订后不久,萨克森选帝侯"坚定的"约翰去世。在宗教问题上,与兄长萨克森选帝侯腓特烈三世相比,他更倾向于新教。1525年,"坚定的"约翰成为新的萨克森选帝。腓特烈三世从未完全脱离罗马教廷。"坚定的"约翰是施马尔卡尔登联盟的领导人之一,并且在自己的领地内建立了福音教会。坚定的约翰试图维持一条温和的路线,希望在不分裂神圣罗马帝国的前提下为新教找到容身之所。他没有过人的天资,身体肥胖,有些迟钝,但他朴素、诚实,具有坚持信念的勇气,这些使他在某种程度上更像个英雄。在对马丁·路德和德意志新教徒的贡献方面,也许没有人比平易近人、一心一意的萨克森选帝侯"坚定的"约翰更大了。

第3节　查理五世的欧洲难题:从1532年到《克里斯皮和约》签订

在查理五世的一生中,他面临的矛盾和困难没有比从1532年到签订《克里斯皮和约》期间更严重了。查理五世如果不是那么贪心,可能早就成功了,但他自负的宏伟计划阻止了梦想的实现。作为神圣罗马帝国皇帝,查理五世的职责是捍卫教会的团结,镇压异端邪说,支持教皇克莱门特七世的权威。然而,作为神圣罗马帝国皇帝,查理五世又不得不推迟对异端邪说的压制,以争取新教徒支持,抗击土耳其人,而对意大利的声索使他与教皇克莱门特七世冲突不断。作为德意志国王,查理五世的目标是增强王室权威,防止分裂,而作为奥地利的统治者,又需要进一步增强哈布斯堡家族的实力,但这两个目标招致了许多诸侯甚至是天主教诸侯的敌视。作为西班牙国王和意大利的主人,查理五世有责任确保自己的领地和地中海不受摩尔海盗的入侵。然而,他处处被顽强的对手弗朗索瓦一世阻挠。弗朗索瓦一世不仅勾结教皇克莱门特七世反对他，而且在法兰西国内迫害宗教改革者，同时与德意志新教徒及背叛天主教的英王亨利八世，甚至异教徒，勾结在一起。

　　这一时期发生的历史事件，本书可以概述。在历史的长河中，这些历史事件本身并无惊人之处，也没有呈现什么新特点。除了非洲问题，欧洲事务没有很大的变化。查理五世暂时阻止了来自东方穆斯林的进攻。他现在被迫将注意力转移到穆斯林在西南方向的行动。由于查理五世之弟斐迪南率军征讨，西班牙人从北非海岸的梅利利亚到的黎波里，不仅获得了大量财产，而且降服了阿尔及尔和突尼斯的统治者。然而，自1510年以来，特别是自巴巴罗萨兄弟崛起以来，西班牙人遇到了很多挫折。巴巴罗萨兄弟有可能是希腊人的后裔，也有可能是阿尔巴尼亚变节者的儿子，曾经是阿尔及尔的主人。1518年，哥哥奥鲁奇雷斯被杀。弟弟哈拉丁干涉突尼斯王国的纷争。1534年，他吞并了突

奥鲁奇雷斯

尼斯王国。为了获得苏莱曼一世的支持，哈拉丁同意不再入侵其他国家。1533年，哈拉丁担任奥斯曼帝国舰队指挥官。与此同时，哈拉丁的舰队一直威胁着地中海，骚扰西班牙和意大利的海岸，把基督徒运送到非洲和东方的奴隶市场。于是，新的伊斯兰教势力在非洲崛起，并与弗朗索瓦一世狼狈为奸，引起世人的关注。因此，查理五世与新教皇保罗三世恢复了同盟关系，并尽力解决好意大利的事务。1535年6月，查理五世率领安德里亚·多里亚指挥的舰队前往非洲。同时，他还有一支由马尔他骑士及由各地征募的士兵组成的军队。军

哈拉丁

查理五世的军队突袭格雷塔港

队立即前往非洲（1535年6月），名义上是为了支持突尼斯王位争夺者之一——穆利·哈桑。这次远征取得了辉煌成功。苏莱曼一世没有进行任何援助，弗朗索瓦一世既害怕也不敢进行援助。格雷塔港遭到突然袭击，巴巴罗萨军在战场上惨败。基督徒囚犯轮流反抗以免被俘虏，巴巴罗萨军被迫撤离突尼斯。1535年8月，在以西班牙为宗主国的前提下，穆利·哈桑被授权统治突尼斯。这次远征虽然引起了很大的反响，增强了查理五世的声望，但其实没有改善他在欧洲的处境。

弗朗索瓦一世从来就没有打算遵守《康布雷和约》。他决心收复米兰公国。因此,他在德意志和意大利同时策划了阴谋。为了得到教皇克莱门特七世的支持,弗朗索瓦一世同意二儿子奥尔良的亨利与凯瑟琳·德·美第奇结婚,条件是奥尔良的亨利要获得一个公国,这个公国很可能就是米兰。1534年9月25日,教皇莱门特七世去世,这使他的希望破灭了。弗朗索瓦一世还与施马尔卡尔

奥尔良的亨利

凯瑟琳·德·美第奇

登联盟的成员展开谈判。然而，它们拒绝支持弗朗索瓦一世，因为弗朗索瓦一世在自己的王国内迫害新教徒。弗朗索瓦一世只好与苏莱曼一世签订了一项维护各方利益的条约，讨论了联合进攻米兰的计划。弗朗索瓦一世还与弗朗西斯科·玛利亚·斯弗扎策划了一场不成功的阴谋，计划在秘密特工坞拉维利亚被处决后，向米兰公国宣战。要想到达米兰，必须穿过萨伏依公爵的领地。自法兰西国王查理八世以来，萨伏依公国对法兰西一直很友好，赋予法军自由通行的权利。但现在的萨伏依公爵查理三世迎娶了葡萄牙的比阿特丽克斯。葡萄牙的比阿特丽克斯是查理五世的妻子葡萄牙的伊莎贝拉的妹妹。当然，萨伏依公爵查理三世就拒绝法军自由通行了。因此，弗朗索瓦一世决定占领萨伏依和皮

萨伏依公爵查理三世

葡萄牙的比阿特丽克斯

埃蒙特。同时,弗朗索瓦一世支持日内瓦的加尔文主义者。他们正在反抗萨伏依公爵查理三世与萨伏依公国的主教,并煽动伯尔尼的瑞士人入侵沃州。

1535年10月24日,弗朗西斯科·玛利亚·斯弗扎的去世,改变了事态的发展。他是斯弗扎家族最后一个直系后裔,于是米兰彻底沦落为查理五世的领地。查理五世不久前征讨了巴巴罗萨,现在急于争取时间。在谈判中,他力求弗朗索瓦一世满意。弗朗索瓦一世要求将米兰作为他第二个儿子奥尔良的亨利的领地。最后,查理五世答应把米兰赠给奥尔良的亨利,条件是奥尔良的亨利要娶一位奥地利公主。

与此同时，法军在苏萨山口越过阿尔卑斯山脉。1536年4月，法军占领了都灵。查理五世现在卸下了面具，谴责弗朗索瓦一世是一个狡诈的人，既是异教徒，也是异教徒的盟友。他向弗朗索瓦一世发起挑战，暗示勃艮第和米兰将成为胜利者的奖品。查理五世被拒绝后，1536年5月，安东尼奥·德·莱瓦率领神圣罗马帝国军队越过了塞西亚。

皮埃蒙特的法军统帅萨卢佐侯爵米歇尔·安东尼奥投奔了查理五世。1536年7月至9月，查理五世忽视了都灵的防守，全力进逼普罗旺斯，希望能与弗朗索瓦一世决战。法军运用反常规战术，采取坚壁清野的缓进策略。在后撤过程中，法军大肆破坏，然后在阿维尼翁和瓦朗斯构筑了强大的阵地。神圣罗马帝国军队无法攻下阿维尼翁和瓦朗斯，同时遭受物资匮乏和瘟疫的困扰。1536年9月10日，安东尼奥·德·莱瓦阵亡。眼看成功无望，1536年9月23日，查理五世便被迫命令军队撤离，退到西班牙，把"在普罗旺斯丢失的荣誉葬在这里"。

神圣罗马帝国军队对皮卡第和朗格多克的进攻同样失败，尽管在皮卡第战役中，弗朗索瓦一世失去了自己年轻时的战友罗伯特三世·德·拉马克。罗伯特三世·德·拉马克写过回忆弗朗索瓦一世的书。

1537年，法军进攻阿图瓦。皮埃蒙特战役还在继续，苏莱曼一世履行了最近签订的条约，命哈拉丁进攻那不勒斯海岸。不久，苏莱曼一世亲自率兵攻打匈牙利。1537年10月8日，他在埃塞克击败了查理五世之弟斐迪南。弗朗索瓦一世和苏莱曼一世联盟，引起了欧洲许多国家的愤慨。

到目前为止，教皇保罗三世一直保持中立的态度。作为调停者，教皇保罗三世现在开始进行干预。弗朗索瓦一世愿意协商，查理五世不希望战争继续。路德派势力日益强大，穆斯林的进攻威胁着神圣罗马帝国对那不勒斯的控制。而在神圣罗马帝国北方，1537年，根特人民起义，反抗尼德兰摄政奥地利的玛丽的苛捐杂税。

1538年6月18日，弗朗索瓦一世与查理五世在尼斯签订了为期十年的休战协定，史称"尼斯休战"。通过《尼斯休战协定》，《康布雷和约》得到了确认。

弗朗索瓦一世与查理五世在尼斯会晤

弗朗索瓦一世与查理五世放弃了各自的盟友,守着自己的地盘,井水不犯河水。萨伏依公爵查理三世成了替罪羊。萨伏依和皮埃蒙特三分之二的大片土地被弗朗索瓦一世控制。瑞士人占领了沃州,查理五世控制了除尼斯以外的部分。尼斯留给了不幸的萨伏依公爵查理三世。1538年7月,在艾格莫尔特举行了一次会议。在会议上,弗朗索瓦一世希望通过和解的方式取得使用武力未能取得的成果。弗朗索瓦一世对查理五世态度非常友好。安内·德·蒙莫朗西在普罗旺斯战役中获得了极高的声誉,敦促弗朗索瓦一世与查理五世结盟,甚至建议联合攻打英格兰。亨利八世反对教皇,处决约翰·费舍尔主教和托马斯·莫尔爵士,已经引起人们极大的不满。弗朗索瓦一世没有采纳安内·德·蒙莫朗西的

安内·德·蒙莫朗西

托马斯·莫尔爵士

建议。同时,他对根特人民的求援置若罔闻。不久,弗朗索瓦一世让查理五世的军队通过了法兰西。

随着查理五世大军的逼近,根特人民对法军的救援感到绝望。1540年2月6日,根特人民投降,接着为自己的鲁莽付出了沉重的代价。十四名起义领导者被处决。根特人民的私有财产被没收,同时他们要缴纳高昂的罚金。神圣罗马帝国军队驻扎在根特城内。这座古城被彻底摧毁。从前,根特与布鲁日齐名。随着好望角航线的开辟,它们的商业霸主地位早已被安特卫普取代。

现在,弗朗索瓦一世和查理五世似乎要结束长期的敌对,联合起来反对异端、抵抗奥斯曼帝国。查理五世抱有这种想法不足为奇。在法兰西的盟友鼓励下,苏莱曼一世再次威胁匈牙利,而哈拉丁仍然从阿尔及尔威胁地中海。神圣罗马帝国国内的危险也未减少。1532年《纽伦堡和约》签订后,神圣罗马帝国新教徒的势力显著增强。1534年,符腾堡公爵乌尔里希一世光复了自己的公国。1519年,他被士瓦本联盟从自己的公国赶走,公国最后被送给了查理五世的弟弟斐迪南。符腾堡公国的光复得益于黑森领主伯爵腓力一世,因为1534年5月他在劳芬战役中击败了斐迪南,同时受到巴伐利亚两位公爵威廉四世、路易十世及特里尔大主教约翰·冯·梅岑豪森的认可。他们虽然是天主教徒,但很高兴看到哈布斯堡家族一落千丈。符腾堡公爵乌尔里希一世随即在自己的公国建立了新教组织。杜宾根大学不仅成为改革者的据点,而且成为插入德意志南部天主教诸侯国方阵中的一个楔子。

事实上,1534年春,神圣罗马帝国北部的明斯特爆发了由莱顿的约翰领导的再洗礼派起义,威胁说要同路德派斗争。莱顿的约翰是宗教狂热分子。他把

莱顿的约翰

肆无忌惮的妄想融入离奇的宗教观念，试图建立一个自由的邦国，并自称先知和国王。只有最激进的教徒才能找到再洗礼派极端狂热的观点与路德派之间的任何联系。就像对待农民起义一样，黑森领主伯爵腓力一世——施马尔卡尔登联盟最著名的支持者，支持再洗礼派。后来，莱顿的约翰被处决，追随者作鸟兽散。1535年，天主教在明斯特恢复了。路德派因为清除了与再洗礼派阴谋勾结的叛乱分子，所以其在德意志北部赢得新的皈依者。

1535年，两位虔诚的天主教徒萨克森公爵"大胡子"乔治和勃兰登堡选帝侯约阿希姆一世·内斯特相继去世。他们各自的继任者中，萨克森公爵亨利四世实际上拥护路德派，而约阿希姆二世·赫克托采取调和政策，他的弟弟勃

约阿希姆二世·赫克托

兰登堡-纽马克侯爵约翰却忠实支持新观点,许多小诸侯国也纷纷响应。1539年,剩下的重要的天主教诸侯国只有奥地利、巴伐利亚、巴拉丁、不伦瑞克-沃尔芬比特尔公国和三个教会选区。此外,科隆大主教维尔德的赫尔曼犹豫不决。不久,巴拉丁选帝侯路易五世也宣布拥护新教。

紧要关头需要立即采取行动。查理五世必须确保法兰西王国的中立,否则他的行动不可能成功。于是,查理五世让长女奥地利的玛丽亚与弗朗索瓦一世的三儿子奥尔良公爵查理联姻。查理五世答应向弗朗什-孔泰和尼德兰割让土

奥地利的玛丽亚

奥尔良公爵查理

地,但需要弗朗索瓦一世出面表态把勃艮第公国给他,放弃对米兰的声索及对佛兰德斯的宗主权,恢复萨伏依公爵查理三世的统治,将皮埃蒙特割让给萨伏依公爵。这意味着恢复勃艮第之前的公爵领地,但只作为神圣罗马帝国的采邑。弗朗索瓦一世最终的损失不仅包括皮埃蒙特而且包括米兰,他是否会默默接受值得怀疑。简而言之,关于意大利的主权争议阻止了协议的签订。双方冗长的讨价还价包括奥尔良公爵查理是否立即拥有领地,以及在奥尔良公爵查理死后,领地是否毋庸置疑地归还查理五世。1540年10月,查理五世把米兰公国给了儿子腓力,弗朗索瓦一世决定再次诉诸战争。

面对战争，查理五世意识到对新教徒使用武力是不可取的，和解是唯一的选择。于是，1541年春，雷根斯堡帝国会议召开了。在一段时间里，人们似乎看到了和解的曙光。最近，意大利兴起了一个宗教改革派别，领导人是从英格兰逃亡的雷金纳德·波尔，他来自威尼斯的康塔里尼家族，当时担任派往德意志的教皇使者。领导人还有摩德纳主教莫罗内。在教皇利奥十世时代，怀疑精神弥漫着意大利。这群学者是怀疑精神的代表。他们的观点非常接近路德派对释罪的看法，并渴望消除损毁天主教形象的恶行，连教皇保罗三世也想助一臂之力。在雷根斯堡举行了一次神学家会议，菲利普·墨兰顿、马丁·布塞尔

雷金纳德·波尔

马丁·布塞尔

和路德派的老对手约翰·艾克都出席了会议，并就三项有争议性的教义——原罪、救赎和释罪——达成一致。与会的大多数选帝侯和城市代表纷纷表示赞成。雷金纳德·波尔也为和平与团结的到来而高兴。然而，和平与团结没有实现。在诸侯议院，反对派的势力非常强大。教皇保罗三世坚持自己至高无上的地位，认为罗马天主教圣礼仪式应该被尊重。马丁·路德不相信天主教的真诚，何况他的宿敌约翰·艾克参与了天主教与新教妥协方案的制订。即使雷根斯堡神学家会议未被政治因素干扰，但最终能否得出令人满意的结果仍然很值得怀疑，而且政治因素的干扰是无法躲避的。只要与新教和解，查理五世的实力就会大大增强。作为统一神圣罗马帝国的主人，无论在帝国内部还是在帝国外部，他都不会遇到强劲对手。弗朗索瓦一世、教皇保罗三世和神圣罗马帝国诸侯勾结合谋，诸侯中许多人都忌妒哈布斯堡家族的势力，害怕失去自己的政治特权。查理五世曾建议，凡是神学家同意的条款就应马上接受，而对于其他条款，双方应该包容分歧。然而，查理五世白费口舌。妥协方案被诸侯议院否决了。因此，天主教与新教之间的和解在最后时刻因政治分歧而失败。宗教和解一旦实现，德意志甚至欧洲的历史就可能会改变。尽管如此，新教还是收获不小。查理五世急于在即将到来的战争中得到新教徒的支持，于是发表了一项声明，宣布奥格斯堡帝国会议休会决议的实施将进一步推迟。那些将教会财产世俗化的人被允许保留这些财产，直到最终解决方案出台。最高司法法院可以接纳路德派人士担任审判员。最高宗教会议召开之前，不允许阻止人们信仰路德派。面对新教的蓬勃发展，不伦瑞克-吕讷堡公爵亨利五世试图违背奥格斯堡帝国会议休会决议，强迫最高司法法院对戈斯拉尔的归属做出裁决。很快，他就被施马尔卡尔登联盟赶出了公国（1542年夏），德意志北部唯一信奉天主教的重要世俗公国就这样失去了。

弗朗索瓦一世一直在尽力使德意志的宗教分裂永久化，同时一直在努力备战。主张与查理五世建立友好关系的安内·德·蒙莫朗西因此失宠。法兰西王国热切地寻找盟友。1541年7月3日，法兰西特工在路过米兰前往君士坦丁堡途中被暗杀。于是，弗朗索瓦一世有了合适的借口破坏《尼斯休战协定》。然而，战争直到1542年才真正爆发。在此期间，查理五世经历了两次伊斯兰教徒带来的灾难。在匈牙利，苏莱曼一世率军支持匈牙利国王约翰·扎波尧伊的儿子约翰·西吉斯蒙德·扎波尧伊①。1541年7月30日，在布达战役中，查理五世之弟斐迪南的军队遭到毁灭性的打击。1541年10月，查理五世亲自率军前往阿尔及尔，讨伐哈拉丁，但以失败告终，失败的主要原因是非洲海岸的恶劣天气。

弗朗索瓦一世争取结盟的努力并不成功。此时，亨利八世正与苏格兰国王詹姆斯五世大战。在1542年12月的索维莫斯战役中，虽然苏格兰人战败，但亨

---

① 1540，匈牙利国王约翰·扎波尧伊驾崩，其子约翰·西吉斯蒙德·扎波尧伊继位，史称"约翰二世"。——译者注

布达战役

利八世仍然无意支持自己的盟友弗朗索瓦一世,因为詹姆斯五世先是娶了弗朗索瓦一世之女瓦卢瓦的玛德琳,瓦卢瓦的玛德琳去世后又娶了吉斯公爵克劳德·德·洛林之女玛丽·德·吉斯。此外,当初,亨利八世与阿拉贡的凯瑟琳的离婚,引起查理五世的痛恨。现在,阿拉贡的凯瑟琳去世了,亨利八世与查理五世的矛盾部分得到缓解。同时,随着与克里维斯的安妮[①]的离婚及托马斯·克伦威尔[②]的垮台,所有与新教徒结盟的想法都被亨利八世放弃了。即使在教义上,亨利八世最近也对天主教做出了一些让步。亨利八世拒绝了弗朗索瓦一世的提

---

① 克里维斯的安妮来自德意志,是英王亨利八世的王后。1540年7月9日,亨利八世以夫妻二人从未圆房及克里维斯的安妮与洛林的弗朗索瓦订有婚约为由,正式宣布与克里维斯的安妮的婚姻无效。——译者注

② 托马斯·克伦威尔(1485—1540),英格兰政治家,历任财政大臣、掌玺大臣、首席国务大臣。因受到世系贵族的陷害,他被亨利八世处死。——译者注

瓦卢瓦的玛德琳

玛丽·德·吉斯

克里维斯的安妮

托马斯·克伦威尔

议,并重新与查理五世结盟。德意志新教徒对查理五世的让步感到满意,但仍然保持沉默。教皇保罗三世仍然坚持中立原则。于是,法兰西王国的盟友只有苏莱曼一世、丹麦国王克里斯蒂安三世、瑞典国王古斯塔夫一世和克里维斯公爵威廉。其中,就丹麦国王克里斯蒂安三世而言,查理五世因支持维特尔斯巴赫家族的巴拉丁分支对丹麦王位声索而激怒了他。瑞典国王古斯塔夫一世则因查理五世支持瑞典农民起义而恼火。而克里维斯公爵威廉则不满查理五世对盖尔德雷斯公国的声索。盖尔德雷斯公爵查理二世1538年去世时没有子嗣。

弗朗索瓦一世一反常态,没有率军直接进攻米兰。在皮埃蒙特,他采取守势,同时把主要兵力集中对付尼德兰和鲁西荣。1542年第一次战役的结果影响

瑞典国王古斯塔夫一世

丹麦国王克里斯蒂安三世

力不大。弗朗索瓦一世先是率军占领了卢森堡,但最终丢失。接着,他率军进攻鲁西荣,因受到佩皮尼昂抵抗而失败。1543年年初,查理五世的处境非常窘迫。苏莱曼一世的军队已经占领了匈牙利大部分,这时正准备发动一次决定性战役。哈拉丁即将与法兰西人一起攻击皮埃蒙特。教皇保罗三世对查理五世拒绝授权他的孙子奥塔维奥·法尔内塞管理米兰非常生气。同时,查理五世对新教徒的让步也使教皇保罗三世不满。应最高宗教会议的要求,查理五世准备前往法兰西。丹麦已经对德意志船关闭了松德海峡。而且,黑森领主伯爵腓力一世和萨克森选帝侯约翰·腓特烈一世是否会任由他们的内弟克里维斯公爵威廉被推翻,很值得怀疑,尤其是萨克森选帝侯约翰·腓特烈一世,他自称是新教徒。

苏格兰国王詹姆斯五世

然而，查理五世与亨利八世的谈判取得了成功。因为苏格兰国王詹姆斯五世已经驾崩，1542年，摄政玛丽·德·吉斯拒绝了亨利八世的示好，延续与法兰西的联盟。亨利八世因此投向了查理五世的怀抱。根据1543年2月11日的条约，查理五世和亨利八世一致要求弗朗索瓦一世放弃与土耳其人的联盟，赔偿神圣罗马帝国在土耳其战争中的损失，并交出布洛涅和其他城镇，作为偿还英格兰债务的抵押品。如果弗朗索瓦一世拒绝这些条款，查理五世和亨利八世将开战，直至查理五世重新控制勃艮第，而亨利八世则会就诺曼底、吉耶纳及法兰西其他领土提出声索。

1543年5月，查理五世匆忙离开西班牙，抵达德意志。在查理五世的争取下，黑森领主伯爵腓力一世和萨克森选帝侯约翰·腓特烈一世保持中立。于是，查理五世率军进入了克里维斯公爵威廉的领地，迫使他放弃对盖尔德雷斯公国的妄想（1543年8月）。1543年9月，哈拉丁和昂吉安伯爵弗朗索瓦·德·波旁合兵一处，进攻法军在尼斯的先头部队。这次进攻被安德里亚·多里亚率领的西班牙舰队和米兰军队挫败。弗朗索瓦一世因与异教徒结盟而麻烦不断，丝毫没有成功的欣慰。

在匈牙利，苏莱曼一世的入侵没有受到阻止。1543年8月底。几乎整个匈牙利都被苏莱曼一世征服。然而，苏莱曼一世的成功让弗朗索瓦一世付出了沉重的代价。在1544年2月举行的斯派尔斯帝国会议上，查理五世谴责弗朗索瓦一世是基督教世界的敌人。查理五世向新教徒通报，1539年弗朗索瓦一世曾提出，如果割让米兰，他就会帮助自己反对新教，并就宗教问题做出进一步让

昂吉安伯爵弗朗索瓦·德·波旁

步。查理五世承诺召集一个自由的基督教会议。如果教皇保罗三世拖延会议，查理五世将在明年召集议会，并最终解决宗教问题。新教徒对法兰西王国与奥斯曼帝国的邪恶联盟表示出恐惧。查理五世再次承诺，在与法兰西王国的战争中，新教徒将获得帝国的支持。

与此同时，丹麦放弃了与法兰西的联盟。弗朗索瓦一世现在面临多方势力的联合威胁，形势严峻。事实上，在皮埃蒙特，昂吉安伯爵弗朗索瓦·德·波旁取得了决定性的胜利。1544年4月11日，在切雷索莱中，他又战胜了阿方索·德·阿瓦洛斯指挥的米兰军队。1544年6月，神圣罗马帝国的拥护者在法军丢失卢森堡后，入侵香槟，一直打到了马恩河，而英格兰军队此时从法兰西海

阿方索·德·阿瓦洛

岸登陆。亨利八世继续守约，与查理五世联合进攻巴黎，法兰西王国首都指日可取。亨利八世经过深思熟虑，推迟了围攻布洛涅。直到1544年9月，布洛涅才投降。查理五世一边对亨利八世背信弃义的行为感到愤慨，一边急于打破弗朗索瓦一世与苏莱曼一世联盟带来的威胁。为了腾出手来处理德意志新教问题，查理五世向弗朗索瓦一世提出签订和平条约。

弗朗索瓦一世因生活过分放纵而病得不轻。他的情妇伊斯坦布斯夫人担心弗朗索瓦一世死后会将一切留给她讨厌的对手戴安娜·德·普瓦捷。戴安娜·德·普瓦捷曾经是弗朗索瓦一世的情妇。现在，在王储亨利的支持下，她的

戴安娜·德·普瓦捷

势力强大。伊斯坦布斯夫人急于确保奥尔良公爵查理未来能成为君主。奥尔良公爵查理与兄长王储亨利相互敌视，这也许对她的未来有利。因此，她敦促弗朗索瓦一世接受查理五世的条件。弗朗索瓦一世听从了她的意见。1544年9月18日，《克里斯皮和约》签订，从而结束了这对冤家之间的最后一场战争。双方放弃了《尼斯休战协定》签订以来各自占领的一切土地。查理五世放弃了对勃艮第的声索，而弗朗索瓦一世不仅放弃了对那不勒斯的声索，而且放弃了对佛兰德斯和阿图瓦的宗主权。查理五世还向奥尔良公爵查理许诺，要么把女儿嫁给他，陪嫁是尼德兰和弗朗什-孔泰，要么把自己侄女，即弟弟斐迪南的女儿，嫁给他，陪嫁是米兰公国。查理五世保留选择用谁与奥尔良公爵查理联姻的权利。《克里斯皮和约》签订后，萨伏依和皮埃蒙特将还给萨伏依公爵查理三世。最后，查理五世与弗朗索瓦一世将恢复基督教的和平与团结，联合起来保卫基督教世界，对抗土耳其人。

法兰西与英格兰的战争一直持续到1546年7月7日《阿德尔条约》签订。亨利八世承诺，在八年内将布洛涅还给弗朗索瓦一世，条件是弗朗索瓦一世支付一笔赎金，同时支付1525年和1527年承诺过的永久年俸。

对于奥尔良公爵查理的联姻，弗朗索瓦一世本来寄予厚望。然而，1545年9月，奥尔良公爵查理暴毙。根据《克里斯皮和约》，尽管弗朗索瓦一世不必放弃皮埃蒙特和萨伏依，但皮埃蒙特和萨伏依很快就不得不被放弃。法兰西人发现，在经历四场令人精疲力竭的战争后，法兰西损失了大约二十万人，代价极其高昂。

在《克里斯皮和约》签订两年半后，弗朗索瓦一世驾崩。其间，法兰西王国因迫害胡格诺派而引发高度关注。1547年3月31日，弗朗索瓦一世正准备再次干涉神圣罗马帝国内政时，死于疾病，这要归咎于他放荡无羁的生活。法兰西国王有生之年很少有像弗朗索瓦一世那样受欢迎，也很少有法兰西国王像他那样在历史上拥有显著地位。当然，弗朗索瓦一世是否名副其实值得怀疑。弗朗索瓦一世的品格表面上虽然具有一些吸引力，但其实非常肤浅，与崇高无缘。

弗朗索瓦一世慷慨，于是挥霍无度。弗朗索瓦一世虽然勇敢，但因缺乏涵养、道德而黯淡无光。他的骑士精神、对竞技运动的热爱和追求，甚至他的文学和艺术品味，尽管值得赞赏，但他的品性与许多平庸之辈别无二致。除了赞助艺术和文学及为语言和科学研究创建了"法兰西学院"外，很难看出弗朗索瓦一世是如何造福于国家和百姓的。毫无疑问，弗朗索瓦一世统治时期，受文艺复兴影响的建筑风格大放异彩，卢浮宫和卢瓦尔河上的一些"城堡"就是最好的例子。在文学领域，有弗朗索瓦·拉伯雷；在绘画领域，有克卢埃父子——让·克卢埃和弗朗索瓦·克卢埃；在雕塑领域，让·古戎誉满欧洲。在外国人中，画家莱昂纳多·达·芬奇和安德里亚·德尔·萨尔托及雕塑家本韦努托·切利尼都在法兰西宫廷受到了欢迎。然而，人们可能会质疑艺术的复兴是否与王室的赞助有关。在政府更重要的事务中，弗朗索瓦一世的名字没有与任何重要的改革有关。弗朗索瓦一世在位期间，税收繁多，买官卖官成了惯例，王室官员的腐败层出不穷。法兰西天主教会的独立性被教派之间的斗争摧毁。议会很少召开，议会的权力名存实亡。贵族们的确被控制或被玩弄于对外战争或宫廷之中。他们失去了原有的大部分权力，权力被转入中央政府。在失去权力的同时，他们也失去了利用价值。贵族保留了特权，深化了宫廷的派系斗争，形成一个动荡的阶层，困扰法兰西多年。下层阶级崛起了，为国家服务，并在维护中央政权方面起到了重要作用。不过，下层阶级是因作为国王的仆人才发展起来的，最后成为扼杀百姓生活自由和宪法自由的官僚机构成员。总之，弗朗索瓦一世在位期间，王室的专制加强了，但政府管理职能失灵了。弗朗索瓦一世的外交政策也不值得赞扬。弗朗索瓦一世也许挫败了查理五世在欧洲确立西班牙哈布斯堡家族统治的企图，但人们很难原谅他与苏莱曼一世的结盟。我们回想起弗朗索瓦一世在国内残酷迫害胡格诺派时，很难讲通他为什么支持德意志路德派。弗朗索瓦一世忌妒查理五世的统治地位，把法兰西王国带入战争，就像一个年迈的骑士随意进入竞技场一样。尽管一直牢记过去的教训，但弗朗索瓦一世还是急切地想占领阿尔卑斯山脉以南的土地，忘记了国内长治久安的

弗朗索瓦·拉伯雷

莱昂纳多·达·芬奇

安德里亚·德尔·萨尔托

本韦努托·切利尼

重要性。弗朗索瓦一世充其量只是一个有资历的队长，而不是一个运筹帷幄的帅才。他是一个愉快的、聪明的、诡计多端的人，也是一个不称职的国王。这位"风流倜傥的国王"驾崩后留下了一个权力高度集中的君主政体，不受任何宪法的约束。税收受阻、债务负担沉重、政府腐败、法庭不道德、贵族阶层虚伪，这个被战争的欲望冲刷的国家，饱受宗教不和的困扰。弗朗索瓦一世驾崩后，法兰西王国出现的一系列麻烦，至少部分归因于他的政策。然而，正是这些非常棘手的问题又使一些史学家对弗朗索瓦一世的统治持积极的评价。

第5章

从施马尔卡尔登战争到
《卡托康布雷齐条约》

1545—1559

精彩看点

查理五世和新教徒——第二届特伦特宗教会议——萨克森公爵莫里斯获胜——马丁·路德之死——施马尔卡尔登战争爆发——查理五世在德意志南部的胜利——第二届特伦特宗教会议转移到博洛尼亚——米尔贝格战役——奥格斯堡帝国会议——查理五世和教皇保罗三世——《临时协议》——查理五世和教皇尤利乌斯三世——第二届特伦特宗教会议结束——萨克森公爵莫里斯加入新教——《弗里德瓦尔德条约》——查理五世逃离因斯布鲁克——《帕绍条约》——萨克森公爵莫里斯之死——帝国议会与《奥格斯堡和约》——查理五世退位与驾崩——格拉沃利讷战役和圣昆廷战役——《卡托康布雷齐条约》

第1节　施马尔卡尔登战争和米尔贝格战役

签署了《克里斯皮和约》后,查理五世终于能腾出手来处理德意志新教问题了。要想了解查理五世在这个关键时刻的行动,我们切莫忘记他此生的主要目标。查理五世从祖父神圣罗马帝国皇帝马克西米利安一世那里继承了建立西欧霸权的思想,又从外祖母卡斯蒂尔女王伊莎贝拉一世那里继承了西班牙正统、严肃的民族精神。对于坚持正统信仰的人来说,无论是从政治上还是从宗教上,路德运动都是令人厌恶的。查理五世如果能根据自己的信念办事,会立即采取措施粉碎1521年出现的新观点,但他不是宗教狂热分子。当时,严峻的政治形势使他听取了大臣的建议,尤其是马库瑞诺·迪·加蒂纳拉的建议。马库瑞诺·迪·加蒂纳拉劝他谨慎行事,试图以和解的方式赢得路德会教徒的支持。从那一刻起,和解的方针就有必要延续。

和解的方针虽然有助于查理五世实现政治目的,阻止了路德会教徒加入敌人阵营,但没有使路德会教徒改变自己的信仰。查理五世决心结束分裂,如果有必要,甚至不惜动用武力。最近,尤其是1529年马库瑞诺·迪·加蒂纳拉去世以来,查理五世已经学会了更多地依靠自己,现在采取行动的时刻终于到了。与此同时,查理五世越来越关注西班牙。1521年,查理五世将奥地利的领土移交给了弟弟斐迪南。从此,他一直把西班牙视为自己的统治中心,并将自己与西班牙在教会和国家中的利益视为一体。在欧洲战争中，正是西班牙人一直支持查理五世。现在，查理五世是作为西班牙国王和西方世界的皇帝，而不仅仅是作为德意志君主，来重建帝国和教会的统一。

然而，查理五世是一个成熟老道的政治家，不会草率地破坏自己的事业。他意识到新教势力的强大，并意识到必须谨慎行事。德意志人不断请求召集一个最高宗教会议。如果这样的最高宗教会议现在能召集，那么某些实质性的改革就可以进行，从而使政治形势变得更加温和，有助于增强查理五世的势力。实现这个目的，查理五世必须获得教皇保罗三世的同意。于是，他许诺教皇保罗三世的孙子奥塔维奥·法尼萨掌管帕尔马和皮亚琴察。教皇保罗三

奥塔维奥·法尼萨

特伦特宗教会议

世同意1545年3月在特伦特重新召集宗教会议[①]。与此同时,查理五世也将在沃尔姆斯召开帝国会议。不过,查理五世的愿望没有立刻实现,直到1545年12月特伦特宗教会议才召开。

出席特伦特宗教会议的人不多,大约有四十名主教,其中西班牙人和意大利人在会议成员中占压倒性优势。因此,新教徒拒绝承认它是一个自由、广泛的宗教会议。因为成员只代表个人而不代表邦国投票,所以投票程序只会

---

① 1542年就准备召开特伦特宗教会议,但后来延期了。——原注

确保教皇派取得胜利。查理五世建议特伦特宗教会议推迟对教义的审议,首先着手改革滥用权力问题,但遭到了拒绝。大家一致认为,这两个议题应一起解决。关于如何看待传统的权威和对释罪教义的定义,教皇派的观点占了上风。

与此同时,查理五世在德意志成功地赢得许多诸侯的支持,其中包括巴伐利亚公爵威廉四世。因为1545年弟弟前巴伐利亚公爵路易十世已经去世,威廉四世成了巴伐利亚公国唯一的统治者。迄今为止,威廉四世虽然是罗马天主教徒,却与施马尔卡尔登联盟有联系。他现在被查理五世之弟斐迪南收买,因

巴伐利亚公爵路易十世

勃兰登堡－库尔姆巴赫侯爵阿尔伯特·阿尔西比迪斯

为斐迪南许诺把女儿嫁给他儿子。斐迪南同时许诺,如果他死后没有男性继承人,威廉四世可收回波希米亚的主权,并且还许诺,如果巴拉丁选帝侯路易五世仍然顽固地皈依新教,那么选帝侯的尊位就会从巴拉丁转移到维特尔斯巴赫家族的巴伐利亚分支。勃兰登堡-纽马克侯爵约翰、勃兰登堡-库尔姆巴赫侯爵阿尔伯特·阿尔西比迪斯这两位霍亨索伦家族的年轻成员都对不伦瑞克-吕讷堡公爵亨利五世的复辟感到恼火,所以也加入了查理五世的阵营。查理五世进一步成功地确保了勃兰登堡选帝侯约阿希姆二世·赫克托、萨克森选帝侯约翰·腓特烈一世及一些曾经是施马尔卡尔登联盟成员的城市保持中立。

然而，查理五世的盟友中目前最重要的是萨克森公爵莫里斯。韦廷家族史有力地说明了传统产生的恶劣后果，这个传统在德意志诸侯中普遍盛行，那就是将领地分给儿子。1464年，萨克森选帝侯腓特烈二世去世，自然而然就把领地留给了自己的两个儿子——恩斯特和阿尔伯特。从这时起，这两个儿子之间的忌妒就走了极端。在路德派运动的早期，韦廷家族恩斯特一支的代表人物萨克森选帝侯约翰·腓特烈，以首府维滕贝格为基地，坚定地支持宗教改革。韦廷家族阿尔伯特一支在麦森的代表人物萨克森公爵"大胡子"乔治则是传

恩斯特

阿尔伯特

统信仰最忠实的倡导者之一。这两个家族分支的观点方面的分歧后来得到部分消除。1539年,萨克森公爵"大胡子"乔治的弟弟亨利继承了爵位,他就是萨克森公爵亨利四世。萨克森公爵亨利四世接受了路德派教义。1541年,萨克森公爵莫里斯继承父亲萨克森公爵亨利四世的爵位,也宣布自己是新教徒,并娶了黑森领主伯爵腓力一世的女儿黑森的艾格尼丝。即便如此,萨克森公爵莫里斯还是召回了信奉天主教的伯父"大胡子"乔治的一些神父,其中包括格奥尔格·冯·卡洛维茨。萨克森公爵莫里斯拒绝加入施马尔卡尔登联盟,认为它很软弱,成员之间相互忌妒,一直处于分裂状态。他经常采取独立的立场,而他

萨克森公爵亨利四世

萨克森公爵莫里斯

黑森的艾格尼丝

在维滕贝格的表兄弟们很不喜欢这种立场。因此,他和萨克森选帝侯约翰·腓特烈一世的隔阂因个人之间的无休止的争吵而不断加深。萨克森公爵莫里斯和萨克森选帝侯约翰·腓特烈一世都善于利用教会财产世俗化的呼声,这反倒使两人之间的分歧加剧。瑙姆堡主教辖区被萨克森选帝侯约翰·腓特烈一世世俗化,而萨克森公爵莫里斯则急于对梅泽堡主教辖区进行世俗化。他们还因麦森主教管辖区的权限发生了争论,因为麦森属于他们的共同管辖范围。同时他们都急于获得马格德堡和哈尔伯施塔特两个主教辖区的支持。马格德堡和哈尔伯施塔特两个主教辖区都接受了新教,并且近在咫尺。

萨克森选帝侯约翰·腓特烈一世

查理五世巧妙地利用萨克森公爵莫里斯和萨克森选帝侯约翰·腓特烈一世之间的矛盾,然后给出华丽的承诺,成功地收买了萨克森公爵莫里斯。查理五世同意萨克森公爵莫里斯担任哈尔伯施塔特和马格德堡主教辖区的监护人,并将梅泽堡和麦森两个主教辖区作为他的世袭公爵领地。最后,查理五世还承诺将现在由萨克森选帝侯约翰·腓特烈一世持有的选帝侯资格移交给萨克森公爵莫里斯。在宗教问题上,萨克森公爵莫里斯忧心重重。萨克森公爵莫里斯年轻时曾受到各种思潮影响。他的母亲梅克伦堡的凯瑟琳是虔诚的新

梅克伦堡的凯瑟琳

教徒。萨克森公爵莫里斯的伯父"大胡子"乔治是天主教徒，曾经对他喜爱有加，并试图影响他的宗教观点。因此，萨克森公爵莫里斯虽然有宗教信仰，但不太坚定。于是，他看待问题，更多从政治立场而不是神学立场就不足为奇了。他之所以接受路德派，是因为他的人民希望他这样做。查理五世的承诺似乎向他提供了一切所需的东西。在宗教问题上，萨克森公爵莫里斯不允许进一步的改革，最后的解决方案要提交给特伦特宗教会议。一方面，他与查理五世一起攻击萨克森选帝侯约翰·腓特烈一世；另一方面，他既没有断绝与黑森领主伯爵腓力一世的联系，也没有向施马尔卡尔登联盟宣战。

在与萨克森公爵莫里斯进行谈判的同时，查理五世一直在召开帝国会议，并计划与其他政治势力妥协。1546年6月1日，他采取行动的时刻终于到了。他与苏莱曼一世达成了休战协议，与弗朗索瓦一世及教皇保罗三世的关系也缓和。他通过让步，成功说服了几个对手。于是，查理五世摘下面具，在雷根斯堡发表了帝国禁令，管制那些拒不承认帝国最高法院司法权的人。即使到现在，查理五世也没有把战争说成是一场宗教战争。查理五世宣称，他不是针对那些守本分的臣民，而是针对那些不愿服从帝国法律的人。他要管制不服从命令的行为，而不是惩罚异端。人们没有必要指责查理五世故意歪曲事实。事实上，只要萨克森公爵莫里斯和他站在一边，这几乎不可能被称为一场对新教徒的战争。同时，人们也不应指责新教徒仅仅出于政治动机而着手改革，以便继续和查理五世作对。尽管如此，在查理五世的心中，宗教独立现在已经与领土独立密切地联系在一起，教会的统一与帝国的统一密切相关，宗教问题和政治问题已无法区分了。现在利益攸关的问题是：德意志应该被迫接受一个帝国和一个教会专制的中世纪制度，还是诸侯们应该维护自己的政治和宗教自治权？

看似一种奇怪的巧合，这场纷争的主要发起者马丁·路德，一位一直致力于使宗教问题远离政治的人，一位最不愿意看到武力制裁的人，在敌对行动实际爆发之前去世了。1546年2月18日，马丁·路德在家乡艾斯莱本溘然长逝，享年六十四岁。无论人们对马丁·路德的教义立场有何看法，否认马丁·路德的

马丁·路德溘然长逝

伟大,就像贬低他发起的运动的重要性一样,都是无意义的。马丁·路德有很多缺点。有些缺点是他所在阶级和所属年龄层次的人们共有的,有些缺点则是他独有的。作为一个萨克森农民的儿子,马丁·路德从未摆脱早期坏境塑造的粗犷。争论中的刻薄是当时的通病,马丁·路德也不可能超脱。大自然赋予他一种不妥协的、专横的、有点暴力倾向的性格,然而,他不缺乏和蔼可亲的品质。马丁·路德的热情、慷慨、亲切和深情使他深受家人和朋友的爱戴,而他更严肃的美德——诚实、虔诚、坚定信念、持之以恒的勤奋,最重要的是坚韧不拔的秉性——这些连他的对手也无法反驳。如果认为马丁·路德不够文雅,那就错了。马丁·路德的赞美诗许多都是家喻户晓的。最重要的证据是,他用德语翻译的《圣经》。这部了不起的作品很好地塑造了德意志文学风格,足以让马丁·路德在文学家中占据一席之地。

在查理五世宣布帝国禁令时,施马尔卡尔登联盟的形势十分严峻。施马尔卡尔登联盟过分相信查理五世的承诺,现在才发现对战争毫无准备。查理五世的退让使施马尔卡尔登联盟削减了军队。施马尔卡尔登联盟中唯一能真正拿起武器的成员是萨克森选帝侯约翰·腓特烈一世、黑森领主伯爵腓力一世、符腾堡公爵乌尔里希一世,以及奥格斯堡、斯特拉斯堡、乌尔姆和康斯坦斯等城镇。尽管如此,只要新教徒胆敢发动进攻,施马尔卡尔登联盟的军队就可能占领上因河和布伦纳山口,从而阻挡查理五世在意大利的军队。失去意大利援军,查理五世就几乎无能为力。施马尔卡尔登联盟的军队还有可能再次把查理五世困在雷根斯堡,因为这里只有少量驻军。然而,施马尔卡尔登联盟的军队组织非常混乱,各部队相互忌妒,争吵不休。萨克森选帝侯约翰·腓特烈一世既不是政治家,也不是将军。因此,施马尔卡尔登联盟的军队采取了消极防御

布伦纳山口

阿尔巴公爵费尔南多·阿瓦雷兹·德·托莱多

策略,在多瑙河和莱茵河之间安营扎寨。查理五世利用施马尔卡尔登联盟的军队行动迟缓的弱点,终于赢得了时间,集中来自西班牙、意大利和尼德兰的优势兵力,采取灵活机动的高超战术,在阿尔巴公爵费尔南多·阿瓦雷兹·德·托莱多的协助下,避免和敌人硬拼,直到战场北移。施马尔卡尔登联盟的军队节节败退。

1546年10月27日,萨克森公爵莫里斯收到查理五世的明确承诺萨克森选帝侯这个显爵归他所有。之后,他表明了拥护查理五世的立场。按照查理五世的命令,他率军占领了约翰·腓特烈一世的领地。在接见臣民时,萨克森公爵莫里斯警告他们,如果拒绝投降,将面临危险。同时,他承诺不干涉宗教信仰。

最终，他赢得了臣民的认可。后来，当约翰·腓特烈一世轻蔑地拒绝了他提出的悄悄控制选区的提议后，他便与查理五世之弟斐迪南联合出兵，迅速控制了萨克森，但维滕贝格、爱森纳赫和哥达除外（1546年11月）。获悉这个消息，施马尔卡尔登联盟的成员都惊慌了，他们的和平提议遭到查理五世和黑森领主伯爵腓力一世的拒绝。约翰·腓特烈一世匆忙北逃，而施马尔卡尔登联盟其他成员树倒猢狲散，各求自保。

于是，查理五世就能够认真细致地处置反对者了，接着成为神圣罗马帝国南方真正的主宰。施马尔卡尔登联盟的城市被迅速占领。符腾堡公爵乌尔里希一世和巴拉丁选帝侯腓特烈二世，尽管没有积极参与反对查理五世的行动，但还是派军队支持了施马尔卡尔登联盟，现在施马尔卡尔登联盟投降了。施马尔卡尔登联盟答应遵守帝国议会的规定，服从帝国最高司法法院的决议，并支付罚金。查理五世做出了和萨克森公爵莫里斯一样的承诺，保证在宗教问题上持温和立场，直到达成最后协议为止。与此同时，1547年1月，科隆大主教维尔德的赫尔曼辞去了教职，另一名天主教徒接替了他。

然而，在其他方面，对查理五世而言，情况并不尽如人意。约翰·腓特烈一世回到萨克森后，不仅轻而易举地收回了自己的领地，而且入侵了萨克森公爵莫里斯的领地。在这里，他受到了欢迎。此时，查理五世之弟斐迪南面对波希米亚新教徒的叛乱，无力向萨克森公爵莫里斯提供任何帮助。于是，萨克森公爵莫里斯在几个星期内便丢失了所有领地，莱比锡和德累斯顿除外。莱比锡和德累斯顿的守军实力强大，约翰·腓特烈一世的军队一时无法攻克。

查理五世立即回应了萨克森公爵莫里斯的求援。他与教皇保罗三世的联盟面临破裂。作为意大利统治者，保罗三世不希望法兰西王国和西班牙王国过于强大，而作为法尔内塞家族的一员，保罗三世的目的是增强家族的权力。因此，1546年3月，古斯托侯爵去世后，查理五世拒绝任命奥塔维奥·法尔内塞为米兰总督，而是任命了法尔内塞家族的宿敌、帝国在意大利主权声索的坚定支持者弗朗西斯科三世·贡萨加为米兰总督，这就激怒了教皇保罗三世。同时，神

弗朗西斯科三世·贡萨加

圣罗马帝国的胜利也惊动了教皇保罗三世。特伦特宗教会议上，查理五世和教皇保罗三世在宗教问题方面也有分歧。查理五世最担心特伦特宗教会议在教义的界定上难以取得进展，从而过早引起温和派新教徒的忧虑。保罗三世对查理五世在德意志的地位并不关心，但他希望教徒保持对教皇和教会的绝对忠诚，并犹豫是否要触及天主教内部改革的棘手问题。同时，保罗三世害怕神圣罗马帝国军队在北方获得胜利后，查理五世来到特伦特，并主持宗教会议。

因此，教皇保罗三世对于秉持历届教皇传统政策开始动摇了。1546年12月，教皇保罗三世借出去的军队已经到期。军队被召回，教皇保罗三世拒绝再次派出。保罗三世拒绝了查理五世因战争而提出的获得西班牙教会收入的请求。因为特伦特四面都是奥地利的领地，所以1546年3月教皇保罗三世便把会址移到了博洛尼亚，但他没有在这里停留。他甚至与弗朗索瓦一世勾结。1545年9月，奥尔良公爵查理去世后，弗朗索瓦一世本希望得到米兰，结果令他极其失望。于是，弗朗索瓦一世与施马尔卡尔登联盟谈判，并挑起热那亚、锡耶纳和那不勒斯的叛乱。

对查理五世来说，幸运的是，萨克森选帝侯约翰·腓特烈一世行动迟滞、缺乏将领，萨克森公爵莫里斯因此免于灭顶之灾。1547年3月，弗朗索瓦一世驾崩，查理五世终于摆脱了法兰西军队来攻的恐惧。虽然饱受痛风的折磨，脸色苍白，形似骷髅，但1547年4月查理五世仍然率军北进。当时，神圣罗马帝国军队只有大约一万六千人，其中大部分是意大利人、西班牙人和匈牙利人，而萨克森选帝侯约翰·腓特烈一世可以支配的兵力更加强大。然而，查理五世的军队主要由老兵构成，而他的对手萨克森选帝侯约翰·腓特烈一世则缺乏将才，这种优势完全弥补了兵力上的不足。萨克森选帝侯约翰·腓特烈一世不仅要派相当多的分遣队去帮助波希米亚人对抗查理五世之弟斐迪南的军队，而且要守卫许多易守难攻的城镇，这就更加分散了他的兵力。

查理五世率军从南部成功进入萨克森，迅速攻城略地，迫使萨克森选帝侯约翰·腓特烈一世把兵力集中部署在米尔贝格。米尔贝格位于易北河东岸，离德累斯顿不远。1547年4月24日，米尔贝格战役打响。萨克森选帝侯约翰·腓特烈一世甚至没有动用所有部队来争夺过河的通道，因为在这里他的部队成功地抵挡了查理五世大军的进攻。当查理五世的军队过河后，萨克森选帝侯约翰·腓特烈一世试图撤退，但没有成功，被迫开战。然而，萨克森选帝侯约翰·腓特烈一世军队不足以对抗查理五世纪律严明的老兵。经过短暂的交锋，萨克森选帝侯约翰·腓特烈一世战败。受伤的萨克森选帝侯约翰·腓特烈一世陷入重围，别无选择，只好投降。查理五世的军队以阵亡五十人的代价取得了决定性胜利。萨克森选帝侯约翰·腓特烈一世是否应该为他的反叛而获死罪，引起很大争议。查理五世的告解神父佩德罗·德·索托认为死刑会起到很好的效果，萨克森选帝侯约翰·腓特烈一世罪有应得。不过，聚集在维滕贝格的抵

米尔贝格战役中的查理五世

抗力量非常强大，处死萨克森选帝侯约翰·腓特烈一世可能会引起更多的反抗。因此，根据安东尼·皮埃诺特·德·格兰维拉和阿尔巴公爵费尔南多·阿瓦雷兹·德·托莱多的建议，萨克森选帝侯约翰·腓特烈一世死罪得免。尽管如此，惩罚还是很严厉。维滕贝格必须马上投降，剥夺萨克森选帝侯约翰·腓特烈一世选帝侯的尊位，剥夺他的大部分领地。其中，波希米亚给了查理五世之弟斐迪南。萨克森选帝侯约翰·腓特烈一世需要服从帝国最高司法法院的决定，在监狱中度过余生。同时，哥达及其周围地区归查理五世的继承人。从其他领地筹得一笔钱，作为萨克森选帝侯约翰·腓特烈一世继承人的担保，萨克森选帝侯约翰·腓特烈一世本人会获得一笔生活费。

安东尼·皮埃诺特·德·格兰维拉

萨克森选帝侯约翰·腓特烈一世被俘后不久，黑森领主伯爵腓力一世也投降了。在此之前，他一直拒绝查理五世的提议。现在，既然反抗的希望似乎越来越渺茫，黑森领主伯爵腓力一世被查理五世之弟斐迪南和萨克森公爵莫里斯说服，接受了查理五世苛刻的条件。黑森大部分要塞交出，防御工事全部摧毁。黑森领主伯爵腓力一世承认皇帝查理五世至高无上的权威，服从帝国最高司法法院的决定。查理五世打算释放黑森领主伯爵腓力一世，但要他支付一笔罚金，并臣服查理五世。查理五世一旦成为黑森的主人，就会宽大处理黑森领主伯爵腓力一世。当着自己的弟弟斐迪南和萨克森公爵莫里斯的面，查理五世许诺给黑森领主伯爵腓力一世自由。然而，一转身，查理五世就拒绝给他自由，只是答应不把他永远关在监狱里。查理五世之弟斐迪南和萨克森公爵莫里斯在没有获得充分授权的情况下对黑森领主伯爵腓力一世做出了给予他自由的承诺，现在他们不得不承担食言的后果。尽管如此，萨克森公爵莫里斯还是不得不服从查理五世的安排。萨克森公爵莫里斯认为自己上当了，没有原谅查理五世。

第2节　从奥格斯堡帝国会议到《奥格斯堡和约》

1547年9月1日，查理五世在奥格斯堡会见了帝国会议与会成员。他似乎终于要实现重建教会团结的梦想了。他的所有对手要么被击败，要么与他和解，并且都同意接受奥格斯堡帝国会议的决定。奥格斯堡帝国会议一致宣布召开最高宗教会议，并要求在特伦特召开。诸侯议院坚持重新审议奥格斯堡帝国会议已经公布的决定。世俗选帝侯认为，《圣经》应该作为处理教义问题的唯一权威，并希望改组教会。帝国自由城市代表要求最高宗教会议应由各阶层的有学问的人组成。有些人主张最高宗教会议应该由皇帝查理五世主持——这不是全体与会成员的要求，没有提到这必须得到教皇保罗三世的批准。

查理五世一获得强大的支持，就要求教皇保罗三世将最高宗教会议从博洛尼亚移到特伦特。查理五世明确表示，不赞成所有反对教皇权威的说法，但敦促教皇保罗三世利用神圣罗马帝国意想不到的让步。不可否认的是，这一请求涉及一个严肃的原则问题。虽然查理五世没有明确要求主持宗教会议，但要求宗教会议迁回特伦特。西班牙主教和那不勒斯主教仍然待在特伦特。实际上，查理五世否定博洛尼亚议会的合法性。遵从查理五世的要求，就意味着认可世俗权力高于神权，教会独立性将遭到沉重打击，而教会自称受圣灵指引。然而，如果教皇保罗三世真的在其他问题上与查理五世保持绝对和谐，那么神圣罗马帝国驻罗马大使伊尼戈·洛佩斯·德·乌尔塔多·德·门多萨就可以通过巧妙的外交来实现妥协。不幸的是，意大利事务再次阻止了教皇保罗三世与查理五世和解，而对于教会的利益来说，和解是当务之急。1547年9月10日，教皇保罗三世的儿子皮耶路易吉·法尔内塞成为阴谋的牺牲品。之前，教皇保罗三

安东尼·皮埃诺特·德·格兰维拉遇害

米兰总督费兰特·贡萨加

世曾将帕尔马和皮亚琴察交给了他。1546年冬至1547年春，皮耶路易吉·法尔内塞成为反对神圣罗马帝国阴谋的中心人物。如果他不煽动暗杀，神圣罗马帝国的米兰总督费兰特·贡萨加就会立即出兵占领皮亚琴察。费兰特·贡萨加这样做，表面上是为了维护和平，但实际上是怀着勃勃的雄心，扩张神圣罗马帝国在意大利北部的势力。愤怒的教皇保罗三世立刻与法兰西国王亨利二世进行谈判。甚至有人听到保罗三世说发誓要和敌人同归于尽。与此同时，博洛尼亚的教士受到事态影响，响应查理五世的号召，召集留在特伦特的神职人员加入他们的阵营，以此表明帝国服从宗教会议的决议。查理五世现在试图在特伦特成立一个受自己控制的宗教会议，但他是个虔诚的天主教徒，从没想过要制造分裂。因此，查理五世宣布，必须采取措施保护被教皇保罗三世忽视的教会权威，并决定以自己的方式解决问题。查理五世的告解神父佩德罗·德·索托建议禁止路德派布道，坚持恢复世俗化的财产和天主教的仪式，然后让每个人都享有思想自由，但查理五世之弟斐迪南说这需要另一场战争。

查理五世听从了弟弟斐迪南的建议。斐迪南建议查理五世应该设法在神圣罗马帝国找到一些独立于教皇之外、实现联合的理由。《临时协议》签订。它由双方的神学家起草，并于1548年5月19日得到宗教会议认可。《临时协议》肯定了"只有一个教会，教皇是主教，但权力来自受圣灵监护的教会，而不是教皇"。在坚持天主教七项圣礼的同时，《临时协议》在某种程度上同意了以信仰为基础的释罪教义，并宣布神职人员禁欲的问题、宗教圣餐仪式的问题应留待未来召开自由基督教会议时再解决。不能认为查理五世有意把《临时协议》永久化，他只是把它看作临时措施，可能会吸引新教徒重新服从教会和神圣罗马帝国。尽管如此，如果天主教徒和新教徒都接受《临时协议》，那么这将是迈向建立一个由皇帝控制而不是由教皇控制的国家教会的决定性一步。因为天主教徒拒绝承认《临时协议》在解决问题时具有约束力，所以《临时协议》成了一纸空文。现在的问题是，在与新教徒的较量中，查理五世能获得多大成功？

查理五世试图重建自己不限于宗教领域的权威，并通过增强帝国权力的计划来影响帝国议会，但没有全面成功。如果可能，查理五世打算扩大士瓦本联盟的组织范围——这个联盟最近已名存实亡。这虽然得到了势力弱小的诸侯的支持，却遭到了许多势力强大的诸侯的激烈反对，甚至是萨克森公爵莫里斯本人。最后，查理五世不得不放弃这个打算。同时，查理五世的收获颇多。他有权提名帝国最高司法法院的评审员——他们必须是天主教徒。此外，查

天主教七项圣礼

理五世还设立"罗马月基金"以便应对未来的意外事件。查理五世实现了控制尼德兰的目标。尼德兰现在明确归神圣罗马帝国统治,自然受到神圣罗马帝国保护,并向神圣罗马帝国上交税收。尽管如此,查理五世还希望得到世袭领主对帝国的支持,但他们坚持保留各自的特权。世袭领主虽然在帝国议会中占有一席之地,但不受神圣罗马帝国控制,也不受最高司法法院管辖。1548年6月,帝国议会解散,查理五世开始对新教徒实施《临时协议》。在南方,1547年米尔贝格战役使他掌握了主动权,得以明确地驱逐路德派传教士,部分是通过改革市镇议会,部分是通过西班牙士兵。在北方,查理五世遇到了更多的困难。但即便在那里,除了马格德堡和几个帝国自由城市外,查理五世最终赢得了普遍支持。《临时协议》修改方案由菲利普·墨兰顿起草,被命名为《莱比锡临时协议》。

1549年11月，教皇保罗三世去世，查理五世的地位大大巩固。教皇保罗三世曾经希望查理五世能让帕尔马和皮亚琴察不再受米兰管辖，结果希望落空。尽管如此，他仍然希望与查理五世和解。教皇保罗三世还提请宗教会议要确认《莱比锡临时协议》，并把会议移回特伦特召开。罗马教廷许多人认为这些让步是危险的，所以反对让步。因为查理五世拒绝教皇保罗三世对帕尔马和皮亚琴察的声索，所以教皇保罗三世便宣布帕尔马和皮亚琴察属于教皇领地，并向法兰西国王亨利二世求援。

因此，教皇保罗三世的死对查理五世来说是个好消息。1550年，枢机主教蒙特继位，成为教皇尤利乌斯三世。与所有人的预期相反，教皇尤利乌斯三世

教皇尤利乌斯三世

宣布支持神圣罗马帝国，答应在特伦特召开最高宗教会议，并考虑教会内部改革的问题，从而与查理五世就《莱比锡临时协议》达成一致。查理五世得到这个不寻常的盟友的强大支持，在特伦特召开最高宗教会议已经没有什么困难。新教徒甚至承诺会出现在特伦特，并为他们的事业进行辩护。

查理五世宗教政策的成功使他能够重新去追求早年的理想，确立哈布斯堡家族为主导的统治地位，但统治中心不在德意志，而在西班牙和意大利，并且在他驾崩后，接班人是他的儿子腓力，而不是他的弟弟斐迪南。长期以来，这个计划一直受到查理五世珍视，并一步步付诸行动。1540年，腓力成为米

查理五世之子腓力

兰公爵。查理五世离开西班牙时，让腓力摄政，尽管当时腓力才十六岁。1548年，查理五世向腓力传递消息，他将在德意志建立不世之功。虽然经历了一些困难，但查理五世为儿子腓力争取了尼德兰效忠的承诺。与此同时，父子之间的一封亲密书信使腓力完全领悟了父亲的想法。查理五世现在千方百计要实现自己的计划，让儿子腓力继承神圣罗马帝国皇位。查理五世原本打算把这个问题提交帝国议会，但首先要过弟弟斐迪南这一关。经过艰难的协商，1550年3月9日，兄弟二人终于达成了一项协议。查理五世驾崩后，斐迪南将成为神圣罗马帝国皇帝，腓力将成为神圣罗马帝国的大公，斐迪南将支持腓力当选罗马国王。腓力则承诺，支持斐迪南的儿子马克西米利安登上神圣罗马帝国皇位。查

斐迪南的儿子马克西米利安

理五世虽然还没有得到自己想要的一切——因为神圣罗马帝国皇位是由哈布斯堡家族两个分支轮流坐，但表面上必须赢得斐迪南的支持，才能使腓力的西班牙君主政体在未来成为统一的帝国。不可否认的是，查理五世激起了斐迪南的忌妒。斐迪南与选帝侯相互勾结，企图挫败查理五世打算推行的计划。斐迪南停止像以前那样支持查理五世。家族纷争不久就让查理五世付出了高昂的代价。

1551年11月，查理五世去了因斯布鲁克，希望能掌控1551年7月在特伦特重新召开的宗教会议。查理五世信心满满地认为自己赢了。教会的团结有望重新建立，神圣罗马帝国的皇权将在西班牙君主制的支持下得以恢复。然而，在接下来的几个月里，查理五世意识到希望破灭了。特伦特宗教会议的失败证明他的宗教政策是不可行的，欧洲反对派破坏了他政治至上的计划。一开始与教皇尤利乌斯三世的友谊和宗教会议在特伦特召开，都让查理五世充满期待。作为一名政治家而不是神学家，查理五世既不理解宗教教义问题的难度，也不理解将教会视为一个独立机构的难度。虽然查理五世的信仰极其虔诚，但他不认为有必要对教义做进一步规范，更重要的是，他不希望在会议开始讨论宗教改革之前，采取任何可能激怒新教徒的行动。查理五世知道，教会的弊端是路德派提出宗教改革的主要原因。查理五世相信，真正的宗教改革将使他克服所有困难。因此，他支持新教徒的诉求，听取他们的意见，认为特伦特宗教会议的决定应重新审议。同时，查理五世敦促教皇尤利乌斯三世解决宗教改革问题。查理五世的想法既不会得到信仰更虔诚的人的青睐，也不会受到教皇尤利乌斯三世的重视。最后，直到1552年1月，新教徒出现在特伦特宗教会议上，要求获得言行自由时，人们才明白，无论是在教义的问题上，还是在宗教会议的体制问题上，甚至是宗教会议程序上，都没有妥协的可能。改革者要求《圣经》是真理的唯一标准，普通教徒应该有投票权，教皇不得拥有宗教决议否决权。在正统派看来，无论是无神论者还是超脱者，都认为"宗教会议高于教皇的地位"。尤利乌斯三世决心抵制对教皇地位的严重攻击。查理五世和西班牙主教的要求也不再得到教皇尤利乌斯三世的支持。查理五世的改革理念以西班牙的教会组织为基础。在西班牙，皇室得到了教会的支持，教会的教规已由弗朗西斯科·西门乃斯·西斯内罗斯改革过，这种改革扩大了王室的权威，甚至是打击教皇傲视一切的武器。要求教皇放弃担任所有圣职的权利，这受到教皇尤利乌斯三世激烈抵制。他说："我将遭受所有不幸，而不仅仅是忍受痛苦。"此外，教皇尤利乌斯三世还对亨利二世拒绝承认特伦特宗教会议及拒绝允许法兰西主教出席特伦特宗教会议而感到不安，并对亨利二世准备对意大利开战深感恐慌。显然，特伦特宗教会议不会带来任何值得期待的效果。特伦特宗教会议只能进一步展示教皇尤利乌斯三世和神圣罗马皇帝查理五世之间的利益冲突，以及天主教与新教和解的无望。在这种情况下，特伦特宗教会议很快被德意志主教无视。1552年4月28日，德意志的事态发展导致特伦特宗教会议第二次暂停。

当查理五世的宗教政策崩溃时，他的整个政治蓝图——其宗教观点只是其中一部分，也就破碎了。亨利二世虽然对查理五世日益膨胀的自负与虚荣感到不满，但没有感到足够的威胁，所以不会激烈反抗。然而，1551年夏，在意大利，因为帕尔马和皮亚琴察的归属问题，战争爆发。在这个问题上，亨利二世支持奥塔维奥·法尔内塞的声索，但查理五世没有钱给费兰特·贡萨加。尤利乌斯三世想平息事态，而亨利二世此时正计划入侵德意志，便同意在意大利休战（1552年4月）。根据休战协议，奥塔维奥·法尔内塞将继续统治帕尔马两年。

亨利二世正确地判断出问题必须在北方解决。亨利二世对查理五世统治西班牙的政策越来越愤怒。《莱比锡临时协议》从未受到欢迎，甚至连天主教诸侯都不接受。《莱比锡临时协议》是在未经罗马教会同意的情况下通过的，对路德派的让步被认为是跟异端邪说的危险妥协。而新教徒认为其中许多条款是教皇派的观点，并对条款强制执行的专横做法极其不满。

更重要的是，查理五世对黑森领主伯爵腓力一世的处置激怒了所有人。查理五世不仅囚禁他，而且强迫他行军，甚至公开蔑视他。事实上，查理五世态度已经改变,成功在望促使他放弃一切和解的想法。他被痛风和其他疾病折磨,变得比以往任何时候更加易怒、独裁和专横。

早在1550年2月,卡斯特林的约翰和普鲁士的阿尔伯特就组成了防御联盟,以维护共同利益。同时,他们决定联络亨利二世。与此同时,查理五世和萨克森公爵莫里斯之间的关系日趋紧张。取得米尔贝格战役胜利后,查理五世惧怕萨克森公爵莫里斯的势力过于强大,不愿意履行诺言。查理五世没有授予萨克森公爵莫里斯马格德堡和哈尔贝施塔特的保护权,也没有迫使萨克森选

普鲁士的阿尔伯特

帝侯约翰·腓特烈一世的代表承认萨克森公爵莫里斯为新主人。查理五世听到传言："萨克森选帝侯约翰·腓特烈一世养了一头熊，随时可以放出去对付萨克森公爵莫里斯。"萨克森公爵莫里斯发现，在新教领地里，自己的处境变得越来越困难。他成了不受欢迎的查理五世的替罪羊。人们把对黑森领主伯爵腓力一世的处置归罪于萨克森公爵莫里斯，他被看作破坏新教事业的魔鬼撒旦。有人已经策划剥夺他从援助法兰西人那里得到的不义之财。萨克森公爵莫里斯开始担心新近获得的选帝侯爵位可能会被查理五世或新教诸侯夺走。除了这些强烈的个人目的，不可否认的是，萨克森公爵莫里斯也考虑到了新教的前途。如果查理五世掌控了一切，新教事业势必会受到严重的威胁。为了维护新教利益，也为了维护自己的利益，萨克森公爵莫里斯与新教诸侯结盟，条件是新教诸侯要保证他稳稳当当地得到新领地。因此，从1550年春开始，萨克森公爵莫里斯就一直招兵买马。尽管如此，新教诸侯还是不太信任他，特别是当查理五世委托他在马格德堡执行《莱比锡临时协议》后。直到1551年2月20日，萨克森公爵莫里斯才消除新教诸侯的疑虑。萨克森公爵莫里斯说服他们，征讨马格德堡只是为了消除查理五世的猜疑。萨克森公爵莫里斯向新教诸侯保证，马格德堡市民的宗教信仰不会受到干涉，他将忠于新教事业。1551年2月和5月，两份条约分别签订。根据条约，新教诸侯同意联合起来共同捍卫新教和神圣罗马帝国的自由。于是，萨克森公爵莫里斯挫败了韦廷家族恩斯廷系对马格德堡的声索。

对马格德堡的围攻还在继续。1551年11月，马格德堡投降。市民乞求查理五世的赦免，承诺受罚，并遵守《莱比锡临时协议》。同时，市民得到萨克森公爵莫里斯的秘密保证，不会剥夺他们的权利，也不会干涉他们的宗教信仰。于是，市民选举萨克森公爵莫里斯为他们的领主，这种爵位一般由萨克森选举团持有。于是，萨克森公爵莫里斯获得了马格德堡及其附属地区的管辖权。

与此同时，联军就是否应该保持防御状态，是从德意志境内还是从国外寻求帮助等问题产生了争议。萨克森公爵莫里斯认为，如果新教想取胜，必须

16世纪50年代的查理五世

得到法兰西王国的支持。卡斯特林的约翰尽管拒绝走这一步棋,但还是听从了萨克森公爵莫里斯的建议,并于1551年10月开始谈判,最终在1552年1月签订了《弗里德瓦尔德条约》。亨利二世曾厚颜无耻地要求将神圣罗马帝国的宗教事务置于他的保护之下,但新教徒拒绝在国内迫害同胞。因此,《弗里德瓦尔德条约》没有涉及宗教问题。亨利二世承诺协助释放黑森领主伯爵腓力,并捍卫德意志王国的自由。亨利二世获得了丰厚的回报,他被授权以神圣罗马帝国代表的身份统治康布雷、梅茨、图勒和凡尔登——但神圣罗马帝国保留这些地方的主权。诸侯们承诺在神圣罗马帝国下次补选时支持他为候选人,或者支持任何一个他认为合适的人。割让梅茨、图勒和凡尔登三大主教辖区当然饱受指责，但至少应该记住一点，法语是这些地区的共同语言，德意志的民族归属感从来都不太强烈，并随着宗教改革的深入而削弱。如果能成功抵制查理五世将德意志置于西班牙人统治之下，那么与法兰西王国结盟是必要的。然而，萨克森公爵莫里斯不仅仅满足于与法兰西王国结盟。他向查理五世之弟斐迪南承诺，抵制查理五世野心勃勃的计划。萨克森公爵莫里斯充分利用了与斐迪南的友好关系，并向斐迪南保证，不会进攻他。这样一来，萨克森公爵莫里斯可以免受来自奥地利诸侯的敌视。

萨克森公爵莫里斯一边筹划建立强大的反查理五世的联盟，一边与查理五世保持非常友好的关系。然而，如果认为查理五世对正在发生的事情一无所知，那就错了。不过，自从米尔贝格战役以来，一系列政策的成功使查理五世眼花缭乱。因此，他非常轻视萨克森公爵莫里斯的阴谋，天真地希望能像1546年那样轻松地打败对手。查理五世相信自己的外交手段能使联盟分崩离析，并相信他既可以通过进一步让步争取萨克森公爵莫里斯，也可以通过释放萨克森选帝侯约翰·腓特烈一世和恢复他的选帝侯领地而毁了萨克森公爵莫里斯。查理五世不明白，自1546年后，外部环境已经改变了。查理五世没有意识到，在德意志，西班牙人的统治、他的霸道和他野心勃勃的计划都变得极其不受欢迎，甚至连他的弟弟斐迪南也不欢迎。查理五世忽视了法兰西王国的存在，同时低估了虚与委蛇的萨克森公爵莫里斯。萨克森公爵莫里斯的全部野心使他真正关心新教事业，并决心保护臣民的宗教自由。为此，他宁可牺牲个人利益。查理五世忘记了自己在外交策略上应该汲取的教训，这一点被他的"学生"——亨利二世——巧妙地掌握了。查理五世是一位外交大师，最后却被这位三十岁出头的年轻人打败了。

萨克森公爵莫里斯直到最后一刻都在伪装自己，甚至假装遵从查理五世的请求，到因斯布鲁克讨论时局。1552年3月18日，他突然集结军队，向南挺进。自从马格德堡被围攻后，萨克森公爵莫里斯就把军队掌控在手中。在比绍夫斯海姆，黑森-卡塞尔领主伯爵威廉四世也加入了他的军队。与此同时，亨利二世

黑森－卡塞尔领主伯爵威廉四世

率军进攻洛林。亨利二世宣布,他是来保护神圣罗马帝国自由的。神圣罗马帝国诸侯发表了宣言,谴责查理五世"囚禁黑森领主伯爵腓力一世是可耻和不合理的行为",谴责查理五世在宗教、政治上试图强迫德意志陷于"外国野蛮的世袭奴役"。在岁滕堡,萨克森公爵莫里斯与勃兰登堡-库尔姆巴赫侯爵阿尔伯特·阿尔西比迪斯合兵一处,向"帝国权力的守望塔"——奥格斯堡——挺进。在奥格斯堡,神圣罗马帝国驻军正匆忙撤离。

现在斐迪南的态度是忌妒查理五世的结果,也是他早先与萨克森公爵莫里斯谈判的结果。斐迪南将保持这种态度,直到查理五世退位。斐迪南急于保护自己和家族的利益,于是提议作为调停者进行干预。他与新教诸侯达成协议,在统一的德意志支持下,挫败查理五世的野心,然后反击土耳其人。

查理五世之弟斐迪南说服萨克森公爵莫里斯于1552年4月18日在林茨举行一次会议。在林茨会议上，他们商定了未来和平的总原则。萨克森公爵莫里斯同意于1552年5月26日暂停军事行动，届时应在帕绍恢复谈判。查理五世已经授权弟弟斐迪南进行谈判，希望借此赢得时间。然而，林茨会议的结果对查理五世不利，萨克森公爵莫里斯再次取得了外交上的胜利。斐迪南的中立立场得到了切实的保证，而萨克森公爵莫里斯能够在1552年5月26日之前采取行动。

　　萨克森公爵莫里斯向埃伦贝格进军，控制了通往因斯布鲁克咽喉要道上的要塞。此时，查理五世就在因斯布鲁克。他因患痛风而无法骑马。他艰难地从山间小道逃到菲拉赫。有人敦促萨克森公爵莫里斯抓住查理五世，以便成就大事。萨克森公爵莫里斯回答道："我没有足够大的笼子可以装下这样一只大鸟。"因此，他宁愿以客待之。

　　1552年6月1日，查理五世之弟斐迪南和萨克森公爵莫里斯再次在帕绍恢复了谈判。选帝侯、许多自由城市代表和大多数诸侯参加了谈判。据说，查理五世很绝望，把谈判全权委托给斐迪南，任由事态发展。传说非常离谱。在查理五世的一生中，此时此刻，最能体现他性格中的坚韧不拔和百折不挠，特别是在当时，他深受病痛折磨也不愿放弃自己的计划——恢复教会的团结和帝国皇帝至高无上的权威。查理五世对每一项让步条款都进行了抗争。查理五世曾梦想着复仇。他努力争取时间，试图从各个方面突破，但一切都是徒劳的。在他的统治下，德意志人遭受了太多的苦难，不愿意为他而战。当时的政治势力太倾向于教会自治和诸侯自治。1552年8月2日，《帕绍条约》签订。签订《帕绍条约》的主要原因是中间势力的兴起，其中包括天主教和新教徒。他们厌倦了战争，蔑视查理五世的计划，并认识到妥协的必要性。寻求妥协的势力代表了整个神圣罗马帝国的意志。然而，查理五世的立场是坚定的。他拒绝承认《帕绍条约》的法律效力，只有帝国议会的决定，他才会服从，而《帕绍条约》的约束只能是暂时的。萨克森公爵莫里斯对查理五世的顽固态度感到绝望。

1552年7月17日，他再次发兵，围困了法兰克福市中心。萨克森公爵莫里斯觉得自己的地位不够稳固。1552年8月2日，他同意接受查理五世提出的条件。反查理五世联军将在1552年8月12日之前放下武器，届时黑森领主伯爵腓力一世将获得自由。帝国议会将在六个月内举行会议，最终解决所有争议，如果有些争议没有解决，那么目前的决议应继续执行。同时，所有坚持《奥格斯堡信纲》的人都将平安无事，新教徒可以担任帝国最高法院评审员。即使在最后时刻，查理五世也想过拒绝让步，企图用武力解决问题，但他被弟弟斐迪南的警告说服。斐迪南警告查理五世，如果不批准《帕绍条约》，他将不得不与大多数诸侯、天主教徒、新教徒为敌。1552年8月15日，查理五世终于批准了《帕绍条约》，并释放了萨克森选帝侯约翰·腓特烈一世和黑森领主伯爵腓力一世。

《奥格斯堡信纲》

《帕绍条约》无疑代表了是德意志人的普遍愿望,既有天主教徒的,也有新教徒的。它得到了所有人的衷心拥护,除少数虔诚的天主教徒,或者像萨克森选帝侯约翰·腓特烈一世那样希望重新得到失去的东西的人,或者像勃兰登堡-库尔姆巴赫侯爵阿尔伯特·阿尔西比迪斯那样指望战争继续会让他们受益的人。查理五世虽然不喜欢和平,但如果居心叵测,必然是丧心病狂。查理五世虽然变得越来越固执,但没有放弃希望。法兰西人没有签署条约。打败法兰西人的战争或许会使查理五世重受欢迎,并使他更加努力地追求自己的梦想。

让新教徒倍感幸运的是,查理五世的军事行动失败了。查理五世确实得到了勃兰登堡-库尔姆巴赫侯爵阿尔伯特·阿尔西比迪斯的帮助,并在1552年10月围攻了梅茨。但吉斯公爵弗朗索瓦·德·吉斯凭借卓越的军事才能,挫败

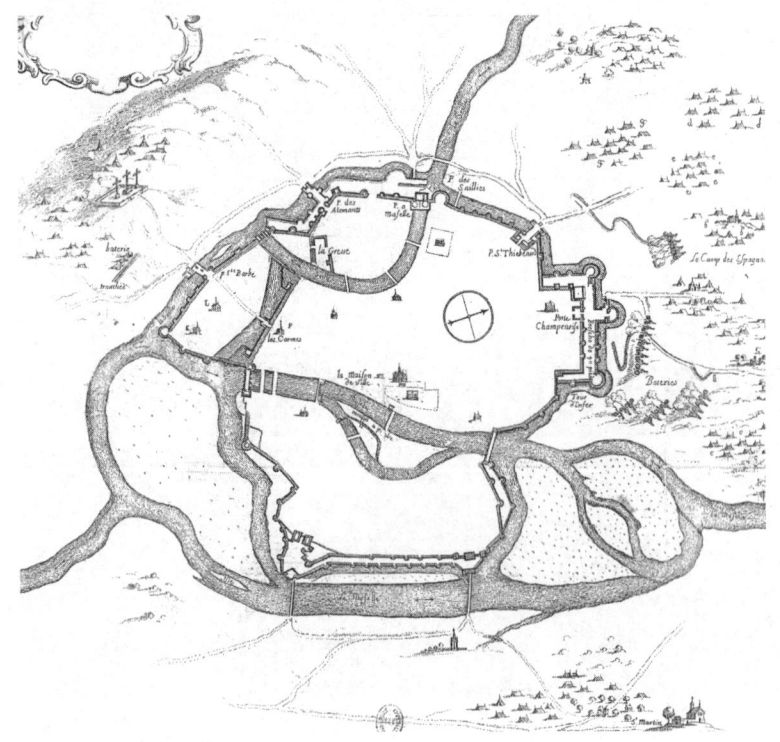

查理五世的军队围攻梅茨示意图

吉斯公爵弗朗索瓦·德·吉斯

了查理五世的努力。冬天来临了,西班牙军队和意大利军队面临严峻的考验。1552年12月,查理五世放弃了努力,痛心不已。他说:"时运像个女人,偏爱年轻的国王,而不是我这个老皇帝。"在意大利,查理五世军队的战绩也不佳。锡耶纳因内部分歧而实力大衰,便请求查理五世的保护。一大批锡耶纳士兵来到伊尼戈·洛佩斯·德·乌尔塔多·德·门多萨的麾下。然而,伊尼戈·洛佩斯·德·乌尔塔多·德·门多萨的严苛很快导致锡耶纳人背叛。锡耶纳人向法兰西求援,驱逐西班牙军队,发誓效忠亨利二世。与此同时,法兰西王国与奥斯曼帝国再次结盟。苏莱曼一世派遣一支舰队,威胁那不勒斯,但没有成功。1553年,退居尼德兰的查理五世时来运转,占领了泰鲁阿讷。但在意大利,佛罗伦萨公爵科西莫一世·德·美第奇把法兰西军队赶出锡耶纳的努力以失败告终。那不勒斯再次受到奥斯曼帝国舰队的威胁。法兰西军队占领了科西嘉的一部分。在匈牙利,约翰·扎波尧伊的遗孀伊莎贝拉·雅盖隆和她的儿子约翰·西吉斯蒙德·扎波尧伊依靠奥斯曼帝国的支持,终于保住了特兰西瓦尼亚。维也

佛罗伦萨公爵科西莫一世·德·美第奇

伊莎贝拉·雅盖隆

纳差点再次受到攻击,但波斯战争迫使苏莱曼一世率军返回。同时,国内的麻烦使苏莱曼一世分心。苏莱曼一世最喜欢的儿子穆斯塔法被处死。

1553年7月9日,萨克森公爵莫里斯死了。这个令查理五世振奋的消息或许可以带来最后胜利的机会。在与外敌的战争中,查理五世从未停止与居心叵测的人勾结,尤其是勃兰登堡 库尔姆巴赫侯爵阿尔伯特·阿尔西比迪斯。为了回报勃兰登堡-库尔姆巴赫侯爵阿尔伯特·阿尔西比迪斯在梅茨给予的帮助,查理五世曾准许他获得从班堡主教和维尔茨堡主教那里勒索来的钱财和土地。现在,勃兰登堡-库尔姆巴赫侯爵阿尔伯特·阿尔西比迪斯不顾帝国最高法院的命令,继续用武力据有这些钱财和土地。于是,1553年2月,查理五世之弟斐迪南和萨克森公爵莫里斯联合德意志南部其他诸侯组成了海德堡联盟,以执行《帕绍条约》为名,发兵讨伐勃兰登堡-库尔姆巴赫侯爵阿尔伯特·阿尔西比迪斯,并于1553年7月9日在不伦瑞克-吕讷堡公爵亨利十世的领地锡沃斯豪森击败了他,史称"锡沃斯豪森战役"。然而,这场胜利的代价是高昂的,萨克森公爵莫里斯死于枪伤,享年三十二岁。从1546年起,萨克森公爵莫里斯就在神圣罗马帝国历史上扮演重要角色。直到今日,他的抱负和性格都是受到热议的话题。一些人认为,萨克森公爵莫里斯是尼可罗·马基雅维利的得意门生,是一个缺乏宗教信仰、没有原则、精于打小算盘的人。一些人则把萨克森公爵莫里斯描绘成当时最伟大的政治家,第一个猜中查理五世计谋的人。1546年,萨克森公爵莫里斯的背信弃义实际上既是他仅有的一次必要行动——最终证明了新教事业是正确的,也是他反抗查理五世的无奈之举。正如人们对极端门户之见的认识一样,真相介于天主教与新教的极端观点之间。虽然萨克森公爵莫里斯没有以非常坚定的信念来处理天主教与新教拥护者之间的冲突,并且毫无疑问他也野心勃勃,但如果指责他是为了个人利益而牺牲臣民的宗教信仰则是不公正的。无论如何,不管我们怎样看待萨克森公爵莫里斯的动机,他具有政治家的才能是无可争议的。一旦被查理五世欺骗,他很快就能一眼识破,并最终技高一筹,击败了这位外交大师。多亏了萨克森公爵莫里斯,新教最终得到承认,神圣罗马帝国最终摆脱了查理五世的暴政,萨克森最终免受查理五世的控制。萨克森公爵莫里斯把自己的公国治理得很好,这里的教育也很发达。如果萨克森公爵莫里斯没有英年早逝,或者如果有像他那样精明强干的人继位,萨克森可能不会在17世纪和18世纪黯然失色,其地位不会被被周边邻邦取代。这个邻邦就是勃兰登堡家族的霍亨索伦分支后来建立的普鲁士王

锡沃斯豪森战役

国。萨克森公爵莫里斯死时,是否真的野心勃勃,是否出于一己私利与查理五世之弟斐迪南一起勾结法兰西人,实在难以断言。不过,作为优秀的外交家,他不可能在决定性时刻谋取一己私利。至少我们可以相信,在萨克森公爵莫里斯统治之下的国家,不会像在查理五世统治下那样,不堪一击。

勃兰登堡-库尔姆巴赫侯爵阿尔伯特·阿尔西比迪斯和查理五世都没有从萨克森公爵莫里斯之死中受益。勃兰登堡-库尔姆巴赫侯爵阿尔伯特·阿尔西比迪斯不久被赶出了德意志,领取可怜的养老金度日,他在法兰克尼亚的领地则落到了亲戚勃兰登堡-安斯巴赫侯爵乔治·腓特烈的手中。面对团结一致的

勃兰登堡-安斯巴赫侯爵乔治·腓特烈

英格兰女王玛丽

德意志人，查理五世心灰意冷，不得不屈从于命运的安排。查理五世放弃了自己的计划，不再反对宗教避难人士的永久定居权。他刻意这样做，是因为急于让自己的儿子腓力迎娶信奉天主教的英格兰女王玛丽，从而使英格兰与西班牙合二为一。随着政策的改变，查理五世和弟弟斐迪南之间的竞争已经结束。现在，斐迪南在德意志可以随心所欲了。处理萨克森的事务迫在眉睫。约翰·腓特烈一世重新成为选帝侯,但被迫割让部分领地,而其他领地则归萨克森公爵莫里斯的弟弟奥古斯塔所有①。

在圆满地解决萨克森问题之后,斐迪南说服查理五世于1555年2月召开奥格斯堡帝国会议。查理五世拒绝参加任何谈判,让弟弟斐迪南来主持会议,并任由他做决定,但警告他不应该做任何违背良心的事。

奥古斯塔

① 重新成为选帝侯不久,1554年3月3日,约翰·腓特烈一世去世。接着,奥古斯塔成为新的萨克森选帝侯。——译者注

马尔瑟吕二世

　　无论是天主教徒还是新教徒，除了少数人外，所有德意志人都热切希望宗教问题得到解决，实现和平，以保护他们免受勃兰登堡-库尔姆巴赫侯爵阿尔伯特·阿尔西比迪斯之辈带来的动荡。然而，帝国宪法的复杂性使化解宗教纠纷的努力变得更加复杂。因此，讨论刚一开始，分歧就出现了，这些分歧是教皇尤利乌斯三世挑起的。幸运的是，1555年3月，尤利乌斯三世去世。于是，他的使者枢机主教莫罗内不得不退出奥格斯堡帝国会议。新教皇马尔瑟吕二世上任二十天就去世了，继任者是保罗四世。教皇保罗四世试图排除一切障碍，但只与新教徒达成妥协。《奥格斯堡和约》中有两点比较容易达成一致。《奥格斯堡和约》宣布，所有宗教纠纷都应以和平方式解决。为此，帝国最高法院评审员将由双方派出数量相等的代表组成,审议所有涉及天主教和路德派的事宜。余下的问题就比较棘手。路德派最初希望人人有权遵循《奥格斯堡信纲》,不管是不是信奉路德派,这引发了天主教诸侯的恐惧。在天主教诸侯的领地里,路德派已经实现了大发展。宗教改革派被迫接受《奥格斯堡和约》,允许每个世俗诸侯国或自由城市决定信奉哪个教派,宗教信仰不同的人获准带着财产离开。1552年《帕绍条约》签订之前,已经世俗化的所有财产都将维持原状,但不允许进一步使宗教财产世俗化。新教徒在承认这一点的同时要求神职诸侯应和世俗诸侯一样,在其管辖范围内允许信仰自由。任何接受《奥格斯堡信纲》教义的神职诸侯或主教的地位和收入都应该得到保障。然而,这将对神圣罗马帝国的组织构架造成致命的打击,遭到天主教诸侯和斐迪南的坚决抵制。当路德派会坚持这一点时,斐迪南经过认真考虑,决定推迟审议这个问题,以免《奥格斯堡和约》的其余部分也失效。不过,妥协最后还是达成了,尽管各方都不满意。那就是,以后任何神职人员,如果放弃天主教,就应该同时放弃神职及相应的收入。路德派允许在《奥格斯堡和约》中加入这一条款,但不满该条款的约束力。路德派还获得了进一步的让步——在神职诸侯的领地,已经接受路德派教义的臣民不被骚扰;可能信奉路德派的人可以自由迁徙。

随着《奥格斯堡和约》的签订,查理五世在复兴神圣罗马帝国基础上重建宗教统一的梦想受到了致命打击。宗教事务的自治原则得到了充分肯定。如果查理五世能战胜外国敌人,至少在一段时间内,他或许会达到目的。如果查理五世不那么雄心勃勃,并把注意力局限在德意志,他或许能成功地击败路德派的势力,但他的计划过于庞大,所以难以实现。查理五世一次次试图东山再起时,但政治因素打败了他。最后,事实证明,查理五世根本无法撼动外国势力支持下的"领地主义"原则。然而,指责新教利用宗教口号来达到政治目的是不公正的。在德意志,就像在欧洲其他地方一样,宗教必然与政治联系在一起。宗教改革赋予已经存在的政治梦想以新的教义和热情,最终使政治梦想得

签订《奥格斯堡和约》

以实现。查理五世如果与众不同，或许会接受新教，并在德意志建立了一个统一的王国，但他的性格和他对西班牙的偏爱阻止了他。在没有取得完胜的情况下，查理五世别无选择，只有部分放权。从此，德意志丧失了通过召开最高宗教会议或过敏宗教会议，来调和两种教派之间矛盾的所有希望。路德派获得了合法的地位。新教诸侯宣称，在不受任何外部神职权威干预的情况下继续前进。至此，中世纪关于教会和国家的概念被彻底革新了，世俗权利获得了前所未有的独立。然而，这不是最后的定案，不和谐的种子已经埋下。如果诸侯采纳大多数臣民信奉的宗教，少数人的宗教权利就得不到尊重。"神职保留权"原则必定引发严重的分歧。更重要的是，不久之后，加尔文主义将成为最活跃的宗教改革力量，却没有被纳入宗教谈判。加尔文派与路德派之间接连发生的纷争，使已经存在的政治忌妒变得更加强烈。天主教诸侯利用了这一机会。此时，神圣罗马帝国还没有经历"三十年战争"的恐怖，宗教问题是不会得到最终解决的。

神圣罗马帝国在全力解决重大宗教问题时，与法兰西的战争仍在尼德兰和意大利边界继续进行，并取得了不同的战果。1555年4月，锡耶纳被佛罗伦萨公爵科西莫一世·德·美第奇收复。其他地方无重大战事。1556年2月，神圣罗马帝国与法兰西王国在沃瑟莱达成停战协议，短暂休兵。然而，此时查理五世已经不再是西班牙国王。

查理五世对自己各种计划的失败感到绝望。痛风、哮喘和其他疾病折磨着他。查理五世放弃了邪教横行的德意志，把它交给了弟弟斐迪南。同时，他把其他领地交给了儿子腓力。查理五世殷切地希望儿子腓力，在与英格兰女王玛丽联姻后，凭借青春活力，建立一个以西班牙为中心的天主教君主国，抵制邪教的进攻，或许有一天还能使法兰西国王俯首称臣，从而在欧洲建立西班牙霸权。腓力与玛丽女王结婚时，米兰和意大利已经属于他。这时，权力划分出现了困难，查理五世和腓力发生了争吵。1555年10月，《奥格斯堡和约》签订后一个月，匈牙利的玛丽辞去了尼德兰摄政王一职，将尼德兰转交给了腓力。

匈牙利的玛丽

即便如此,查理五世显然仍打算暂不放弃对西班牙的统治,因为一旦没有西班牙的武器和金钱支持,就很难保护意大利和尼德兰。1556年1月,腓力继位为西班牙国王。最后,1556年9月,查理五世放弃神圣罗马帝国皇位。由于某些原因,斐迪南直到两年后才继承神圣罗马帝国皇位,史称"斐迪南一世"。就这样,最初由马克西米利安一世提出的将西班牙、意大利、尼德兰与哈布斯堡家族的德意志领地统一在一起的宏伟设想灰飞烟灭了。天主教徒斐迪南一世更加合理的政策得到执行。哈布斯堡家族分成了两支,从此直到1700年,其中奥地利一支统治着德意志南部的家族领地,连续继承神圣罗马帝国皇位,只有一次例外;西班牙一支统治着意大利、弗朗什-孔泰、尼德兰和新大陆。如果西

第 5 章 从施马尔卡尔登战争到《卡托康布雷齐条约》(1545—1559) | 457

班牙从来没有一位神圣罗马帝国皇帝作国王,对西班牙来说这可能是好事。尼德兰现在作为遗产留给了腓力,迟早会证明它是西班牙蒙羞和衰落的根源①。

　　1556年9月,查理五世在把政府重担交给了腓力,退隐到了埃什特雷马杜拉尤斯特的杰罗尼米特修道院。有关查理五世生活的描述需要做一些纠正。查理五世不是住在修道院里,而是住在附近为他准备的房子里。虽然查理五世过着虔诚的宗教生活,经常参加教堂的礼拜活动,甚至接受鞭笞以忏悔赎罪,但每天的生活不算清苦。尤其是在饮食方面,查理五世不搞斋戒禁食,表面上是为了健康。查理五世过于喜爱丰盛的大鱼大肉,沉湎于美食,并为此付

埃什特雷马杜拉尤斯特的杰罗尼米特修道院

---

① 作者的言外之意是,后来爆发的尼德兰革命沉重打击了西班牙的统治。——译者注

乔安娜

出了沉重代价。他没有放弃对所有世俗问题的关注,而且与儿子腓力保持密切的联系。腓力不在西班牙的时候,他便让女儿乔安娜担任卡斯蒂尔摄政王。查理五世曾积极地为1557年和1558年的战役征税。临终前,查理五世还敦促乔安娜打击出现在西班牙的路德派。

退隐期间,查理五世仍然固执地坚持自己的生活方式。1558年9月21日,在生命的第五十八个年头,查理五世病逝了。

作为一名家喻户晓的伟大皇帝,查理五世的业绩无须赘言。查理五世的性格成熟得很晚,直到1521年的沃尔姆斯帝国议会才开始展示才干。然而,从那一刻起,查理五世就确定了伟人的人生目标,并且从来没有放松过努力。成功时，查理五世不会得意忘形；失败逼近时，他也不会灰心丧气。即使病魔缠身，查理五世也从不气馁。一旦下定决心要赢，他就会坚持不懈，直至实现预期的目标。查理五世有点愚钝，但非常执着，意志坚定，活力充沛，专心投入。然而，他有时很暴躁。除了他的两个大臣——马库瑞诺·迪·加蒂纳拉和安东尼·皮埃诺特·德·格兰维拉，以及他的告解神父佩德罗·德·索托，几乎没有人获准向他提建议。能亲近他的人只有1539年去世的妻子葡萄牙的伊莎贝拉、他的儿子和他的姐妹。除此之外，查理五世再也没有对人表达过温情，他的心不易被任何感伤触动。他从不原谅任何伤害，很少做慷慨的事情。他是天生的统治者，一个自制力很强的人，不轻易表露情感。查理五世最早是尼德兰人，绝不是德意志人。很快，他彻底成了西班牙人，是西班牙精神的代表。他想把偏执、专制的西班牙精神带给欧洲。

查理五世与葡萄牙的伊莎贝拉

查理五世与儿子腓力

第3节　法兰西与西班牙争夺意大利的最后一战

　　查理五世想为儿子腓力争取几年和平的愿望没有实现。破坏这一愿望的人是法兰西主战派代表吉斯公爵弗朗索瓦·德·吉斯和他的弟弟洛林枢机主教夏尔·德·洛林及教皇保罗四世。这位激进的高级神职人员，已经八十岁。他既是天主教领袖，也是西班牙人在意大利的强大对手。教皇保罗四世出自那不勒斯的卡拉发家族，一直支持那不勒斯的安茹家族。他很早就引起了查理五世的不满。查理五世曾打算将他从政府委员会中除名，并拒绝提名他为那不勒斯大主教。成为教皇后，他自然会采取反西班牙人的政策，当然这也是教皇统治的传统，不足为奇。教皇保罗四世非常怀念意大利自由的日子，因为他出生在1474年。他认为西班牙人是最危险的敌人。教皇保罗四世说："法兰西人可能

第 5 章 从施马尔卡尔登战争到《卡托康布雷齐条约》（1545—1559）　｜　461

教皇保罗四世

很容易被赶走，但西班牙人就像狗尾巴草一样在任何地方都会生根。"1555年12月，教皇保罗四世与亨利二世签订了秘密条约，目的是把西班牙人从意大利驱逐。现在，教皇保罗四世敦促亨利二世撕毁与西班牙签订的休战协议。吉斯公爵弗朗索瓦·德·吉斯和他的弟弟洛林枢机主教夏尔·德·洛林的行为则把事态引向了战争边缘。1556年7月，为了追求梦想——恢复法兰西对那不勒斯主权的声索，他们又签订了一项条约。根据条约，他们将从腓力二世夺走那不勒斯，那不勒斯将归亨利二世的一个儿子。作为回报，那不勒斯北部边界地区将归教皇保罗四世。

教皇保罗四世既没有等到盟友发动战争,也没有等到盟友惩罚支持神圣罗马帝国的科隆尼西。这时,刚刚被腓力二世任命为那不勒斯总督的阿尔巴公爵费尔南多·阿瓦雷兹·德·托莱多率军于1556年9月攻入了教皇国,并在法兰西军队不在的情况下,占领了坎帕尼亚大部分地区。的确,如果不是因为阿尔巴公爵费尔南多·阿瓦雷兹·德·托莱多有所顾虑,或者更确切地说,是因为他主子腓力二世的顾虑,罗马有可能已经被占领了。腓力二世的命令是让教皇保罗四世接受谈判条件,而不是彻底摧毁教皇国。于是,阿尔巴公爵费尔南多·阿瓦雷兹·德·托莱多接受了教皇保罗四世的提议,推迟了进一步的军事行动。1557年年初,法兰西军队在吉斯公爵弗朗索瓦·德·吉斯的率领下步步紧逼,迫使阿尔巴公爵费尔南多·阿瓦雷兹·德·托莱多率军南撤。

阿尔巴公爵费尔南多·阿瓦雷兹·德·托莱多现在正玩一场守株待兔的游戏。他拒绝与法兰西军队打正面战,而是设法消耗法兰西军队的有生力量,就像贡萨洛·费尔南德斯·德哥多华1503年做的那样。1557年5月15日,弗朗索瓦·德·吉斯公爵企图占领奇维泰拉,但没有成功。他颇受阿尔巴公爵费尔南多·阿瓦雷兹·德·托莱多战术的困扰,无心恋战,被迫率军撤离那不勒斯。1557年8月5日,圣昆廷战役败北的消息传来。亨利二世将弗朗索瓦·德·吉斯公爵召回。他被指责"没为国王立功,没为教会办事,没为自己的荣誉而战"。

教皇保罗四世被盟友抛弃了,被迫接受了阿尔巴公爵费尔南多·阿瓦雷兹·德·托莱多所提的条件。然而,这些条件对教皇保罗四世非常有利,正如阿尔巴公爵费尔南多·阿瓦雷兹·德·托莱多曾无奈地说的那样,"条件似乎为被征服者而非胜利者所写"。教皇保罗四世的领地应该完好无损地恢复;法兰西残余部队将被允许进入法兰西;科隆尼西的事情将提交腓力二世和教皇保罗四世仲裁。阿尔巴公爵费尔南多·阿瓦雷兹·德·托莱多因为对教皇国用兵,现在请求教皇保罗四世赦免。最终,教皇保罗四世赦免了他的罪。

争夺意大利的最后一战明显地表现出奇特的矛盾。顽固的教皇保罗四世不仅反对偏执的腓力二世,并且呼吁信奉新教的德意志雇佣兵帮助他。阿尔巴公爵费尔南多·阿瓦雷兹·德·托莱多在主人腓力二世的运筹下,带着敬畏之心与教皇保罗四世开战,而在签订和约时,他几乎跪在保罗四世膝下乞求。然而,教皇保罗四世尽管傲慢,但还是失败了。从此,法兰西人不再争夺意大利。西西里岛、那不勒斯和米兰仍然掌握在西班牙的哈布斯堡家族手中,直到1700年西班牙的哈布斯堡家族绝嗣。

与此同时,法兰西东部边境爆发了战争。法兰西军队已经筋疲力尽。封建式征税收效甚微。1534年,由弗朗索瓦一世组建的地方步兵战斗力不强。法兰西加斯科涅的农民被随意征召。法兰西军队被迫在六千名德意志雇佣兵面前撤退。爵位被剥夺的萨伏依公爵伊曼纽尔·菲利贝托二十九岁,指挥着腓力二

萨伏依公爵伊曼纽尔·菲利贝托

加斯帕尔·德·科利尼

世的军队,同时得到英格兰军队的支援。英格兰军队迎难而上,帮助玛丽女王的丈夫腓力二世。参战双方的财政困难几乎是一样的。1557年8月2日,当萨伏依公爵伊曼纽尔·菲利贝托率军靠近时,法军指挥官加斯帕尔·德·科利尼身先士卒,坚守圣昆廷。圣昆廷是一个重要小镇,是法兰西王国和低地国家之间的通商口岸。但最高统帅安内·德·蒙莫朗西草率地以劣势兵力,试图解圣昆廷之围。1557年8月10日,法军一败涂地。安内·德·蒙莫朗西、许多贵族和数千名普通士兵被俘,更多的人被杀。总之,圣昆廷战役是法兰西王国自帕维亚战役以来遭受的最大失败。在收到胜利的消息后,查理五世问道:"我儿子还没到巴黎吗?"如果查理五世亲自督战,巴黎可能早已投降。然而,腓力二世更

圣昆廷战场

法兰西军队与西班牙军队在圣昆廷交战

喜欢的是谈判而不是战争,圣昆廷战役拖延了战事。一直率军坚守圣昆廷的是精明能干的加斯帕尔·德·科利尼。直到1557年8月27日,圣昆廷才被攻克。这样一来,巴黎就得救了。后来,腓力二世的军队内部出现了矛盾,英格兰人离开了。德意志人抱怨军饷少得可怜,纷纷倒戈,跑到法兰西那边去了。在夺取几个地方后,腓力二世的军队便进入了冬季营地。1558年1月,弗朗索瓦·德·吉斯公爵奇袭加来成功。至少在法兰西军队看来,这扭转了圣昆廷战役的灾难局面。

英格兰人过于自信,忽视了对加来的防御。冬天到了,英格兰一部分部队撤出了,因为沼泽被认为是无法通行的。弗朗索瓦·德·吉斯公爵得知这一情况后,突然率军出现在加来城墙下,攻占了纽曼桥和利班克的两座要塞,这两座堡垒分别从海上和岸上保卫加来。托马斯·温特沃思指挥守军拼命抵抗。1558

弗朗索瓦·德·吉斯公爵率军出现在加来城下

托马斯·温特沃思

年1月8日,加来投降。从爱德华三世开始,英格兰人就一直控制着加来。加来的收复自然让法兰西人无比欢欣。

1558年6月,弗朗索瓦·德·吉斯公爵的军队占领了蒂翁维尔。1558年7月,指挥加来驻军的保罗·德·特梅斯抢占了敦克尔克和马代克。不过,保罗·德·特梅斯率军鲁莽地深入,导致格拉沃利讷失去了屏障。保罗·德·特梅斯试图撤军时,结果被困在格拉沃利讷的守军和埃格蒙特伯爵拉莫雷尔指挥的弗拉芒部队之间,最后被击溃。1558年7月13日,格拉沃利讷陷落。

格拉沃利讷战役是最后一次军事行动。敌对行动不是腓力二世想要的。此时,他更加渴望和平。资金一直十分紧张,现在问题越来越严重。腓力二世

西班牙军队进围格拉沃利讷

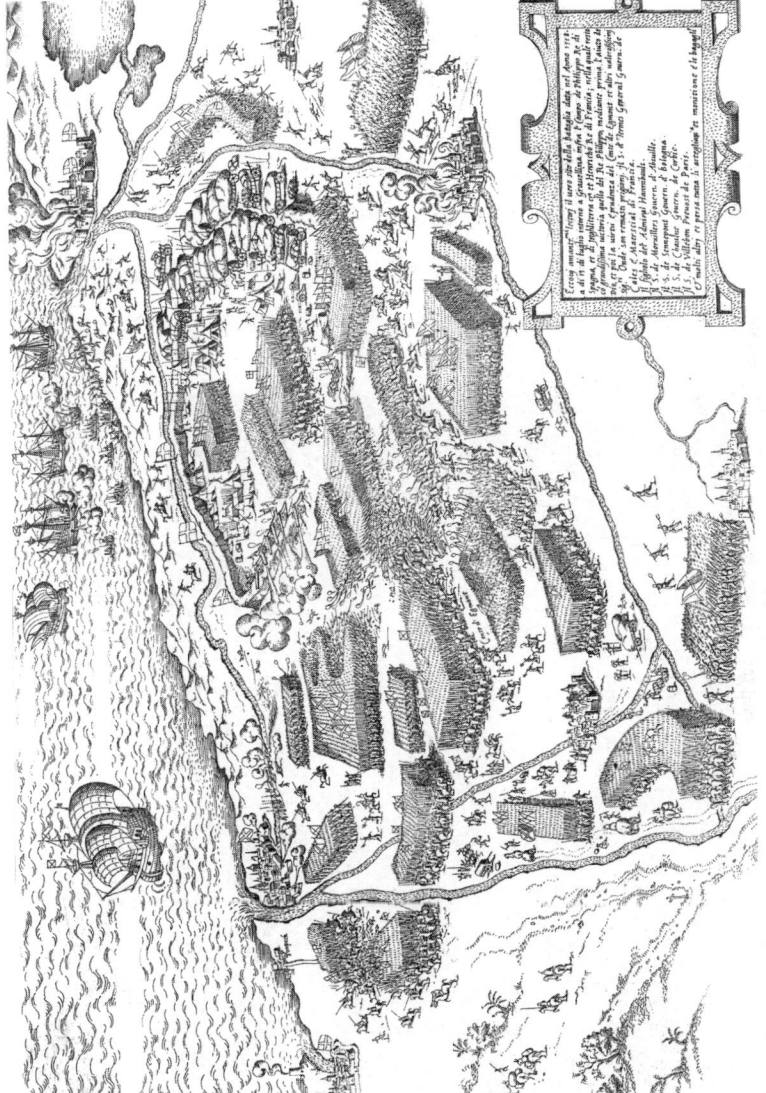

西班牙军队攻打格拉沃利讷

向大臣们坦言，他正处于失败的边缘。1558年9月21日，查理五世驾崩，这就意味着腓力二世要留在西班牙。英格兰不见得会继续战争，因为此时英格兰女王玛丽病得很重。教皇保罗四世已经和腓力二世握手言和。亨利二世无心恋战。法兰西经济凋敝，人民厌倦了这场带不来任何好处的战争。除此之外，法兰西和西班牙都出现了异端。因此，亨利二世听取了安内·德·蒙莫朗西和洛林枢机主教夏尔·德·洛林的建议。前者曾是吉斯公爵弗朗索瓦·德·吉斯的俘虏和对手，他渴望和平。后者敦促亨利二世集中精力铲除异端。

1558年10月，谈判开始了。1558年11月英格兰女王玛丽驾崩，新女王伊丽莎白拒绝接受法军占领加来的事实。于是，谈判推迟了。腓力二世希望得到

伊丽莎白女王

伊丽莎白女王支持，就主动迎合她，便中止了谈判，条件是只要战争持续，伊丽莎白女王就要全力支持他。这不符合谨慎而吝啬的伊丽莎白女王的行事风格。最后，伊丽莎白女王同意加来归属法兰西王国八年。根据1559年4月3日签署的《卡托康布雷齐条约》的条款，法兰西王国获得三个主教区，即梅茨、图勒和凡尔登，但必须把其他所占领地都交给腓力二世及盟友，除了都灵和皮埃蒙特的少数几个要塞。亨利二世的决策要获得祖母萨伏依的路易丝的同意，这当然令腓力二世难以置信。于是，腓力二世夺回了法兰西军队在卢森堡占领的城镇。蒙特弗尔拉还给了曼图亚公爵古列尔莫·贡萨加，热那亚共和国

曼图亚公爵古列尔莫·贡萨加

瓦卢瓦的伊丽莎白

重新获得了科西嘉。腓力二世放弃了皮卡第。腓力二世与亨利二世尽最大努力，争取召开一次最高宗教会议，这对改革教会滥用职权和恢复教会团结都是必要的。这时，两段联姻预示着《卡托康布雷齐条约》生效。腓力二世将迎娶亨利二世的长女瓦卢瓦的伊丽莎白。当时，瓦卢瓦的伊丽莎白十三岁，最初打算嫁给腓力二世的儿子阿斯图里亚斯亲王卡洛斯的。亨利二世的妹妹法兰西的玛格丽特将许配给萨伏依公爵伊曼纽尔·菲利贝托。在为庆祝腓力二世和瓦卢瓦的伊丽莎白结婚而举行的比赛中，亨利二世受伤而死。他的儿子弗朗索瓦，一个十六岁的年轻人，继承王位，史称"弗朗索瓦二世"。1558年，弗朗索瓦娶了苏格兰玛丽女王。

尽管遭受了圣昆廷战役和格拉沃利讷战役惨败，根据《卡托康布雷齐条约》，"法兰西收复了几个城市，却失去了同样多的省"，这在军事上非常不利。因此，《卡托康布雷齐条约》自然被大多数法兰西人视为奇耻大辱。这再次让人们想起尼可罗·马基雅维利的嘲讽：法兰西人不擅长外交，也不擅长瓦卢瓦家族和哈布斯堡家族之间的长期战争。这场战争始于查理八世的愚蠢远征。因此，法兰西人一直是侵略者。法兰西人唯一的永久收获是加来和三个主教区，但是以失去纳瓦拉，以耗尽国库和人民财产为代价的。当然，法兰西人在抵制奥地利与西班牙建立欧洲霸权和挫败查理五世企图建立大帝国方面起了带头作用。然而，如果不是为了得到意大利、鲁西荣和弗朗什-孔泰，并向莱茵河流域开拓，法兰西人也许不会那么卖命。在与哈布斯堡家族的战争中，法兰西人不仅为神圣罗马帝国宗教改革的成功助了一臂之力，而且为土耳其人在匈牙利扩张推波助澜，同时使新教在法兰西国内站稳了脚跟。与哈布斯堡家族的长期战争也在势力较小的贵族中培养了一种好战精神，这给后来的法兰西宗教战争带来了恶劣的影响。

在漫长的战争中，法兰西王国没有采取任何措施优化政府职能和促进宪法发展。君主制因战争而崩溃，政府成了派系斗争的牺牲品——如果不是因为内讧而引发了宗教战争，派系斗争肯定会延续很长时间。由于受到内战和宗教斗争的蹂躏，法兰西必须等到亨利四世时代来临，才有能力凭借法兰西的中心地位、人民的能力、丰富的自然资源参与欧洲事务。

西班牙王国的情况也不太好。表面上看，腓力二世是除葡萄牙之外整个伊比利亚半岛的国王，其势似乎势不可当。腓力二世也是那不勒斯、西西里岛和

阿斯图里亚斯亲王卡洛斯

法兰西的玛格丽特

弗朗索瓦二世

苏格兰玛丽女王

亨利二世在比赛中受致命伤

亨利二世驾崩

米兰的主人。因此,他能够左右意大利半岛的政治。^①同时,腓力二世是弗朗什-孔泰和尼德兰的主宰。在非洲,腓力二世控制着突尼斯和奥兰。在巴巴里海岸、佛得角群岛和加那利群岛,他也有领地。在太平洋,腓力二世控制了菲律宾。在美洲,西班牙拥有大西洋西岸大片土地,除了属于葡萄牙的巴西。在查理五世统治期间,墨西哥湾和加勒比海的所有岛屿,以及墨西哥和秘鲁,已经被西班牙占领。西班牙步兵被认为是欧洲最强大的步兵,西印度群岛的珍宝被认为是无穷无尽的。然而,西班牙在旷日持久的战争中遭受了重创。西班牙的资源几乎和法兰西的资源一样受到摧残,其政府的组织结构虽然好过法兰西政府,但同样专制,没有政治自由和宗教自由。西班牙人口已经锐减,一直没有恢复。西班牙无力镇压尼德兰革命,它的无敌舰队竟被英格兰的小船击败。这些都证明西班牙国力当时何等虚弱。

因此,《卡托康布雷齐条约》结束了一个时代,开启了另一个时代。我方唱罢你登场^②,争夺欧洲霸主的战争暂停了。德意志和西班牙永远分开了。土耳其帝国很快停止了扩张,并开始衰落。在16世纪欧洲剩下三十九年历史中,我主要叙述反宗教改革运动、由反宗教改革运动产生的各种斗争、法兰西宗教战争及尼德兰反抗西班牙宗教和政治暴政的革命。

---

① 由于我接下来的作品《宗教改革运动、尼德兰革命与法兰西内战》要谈及意大利,有必要列出意大利主要附属国或非附属国的名称:皮埃蒙特由萨伏依公爵伊曼纽尔·菲利贝托统治;热那亚和威尼斯是独立共和国;帕尔马和皮亚琴察由奥塔维奥·法尔内塞统治,其中,帕尔马由教皇保罗三世归还,皮亚琴察由腓力二世于1556年收复;曼图亚由曼图亚公爵费德里科二世·贡萨加统治,他迎娶了蒙特弗尔拉的女继承人玛丽亚·帕列奥罗格,1536年他从查理五世手中获得了蒙特弗尔拉;佛罗伦萨由科西莫一世·德·美第奇统治,他刚刚获得锡耶纳,1569年获得"托斯卡纳大公"的称号;乌尔比诺公国是教皇领地,由吉多比多二世·德拉·罗维尔统治;埃科尔二世·德·埃斯特统治的费拉拉公国、摩德纳公国和雷焦公国落入教皇之手。——原注
② 1558年,查理五世和英格兰女王玛丽驾崩。1559年,教皇保罗六世去世。1560年,亨利二世驾崩。——原注

译名对照表

Peace of Vervins	《韦尔万和约》
Anne of France	法兰西的安妮
Girolamo Savonarola	季罗拉莫·萨沃纳罗拉
Louis XII	路易十二
Treaty of Granada	《格拉纳达条约》
Naples	那不勒斯
Ferdinand II	斐迪南二世
Battle of Seminara	塞米纳拉战役
Battle of Cerignola	切里尼奥拉战役
Battle of Garigliano	加里利亚诺河战役
Alexander VI	亚历山大六世
Caesar Borgia	恺撒·博尔吉亚
League of Cambray	康布雷同盟
Battle of Agnadello	阿尼亚德洛战役
Holy League	神圣同盟
Battle of Ravenna	拉文那战役
Maximilian Sforza	马克西米利安·斯弗扎
Milan	米兰
Navarre	纳瓦拉王国
Francis I	弗朗索瓦一世
Battle of Marignano	马里尼亚诺战役
Concordat of Bologna	《博洛尼亚协定》
Treaty of Noyon	《努瓦永条约》

Venice	威尼斯
Charles VIII	查理八世
Estates-General	三级会议
Royal Council	王室委员会
Parlement	高等法院
Lit de Justice	御临法院
Great Gouncil	大议会
Anne of France	法兰西的安妮
Sire de Beaujeu	博热领主
Peter II	彼得二世
John of Bourbon	波旁的约翰
Duke of Bourbon	波旁公爵
Louis of Orleans	奥尔良的路易
Brittany	布列塔尼
Francis II	弗朗索瓦二世
Maximilian I	马克西米利安一世
Richard III	理查三世
Henry VII	亨利七世
Anne of Brittany	布列塔尼的安妮
Treaty of Arras	《阿拉斯条约》
Margaret of Austria	奥地利的玛格丽特
Rtois	阿图瓦
Ferdinand II of Aragon	阿拉贡国王斐迪南二世
Roussillon	鲁西荣
Calais	加来
Treaty of Etaples	《埃塔普勒条约》
Treaty of Barcelona	《巴塞罗那条约》
Cerdagne	塞尔达尼亚
Treaty of Senlis	《森利斯条约》
Roman Empire	罗马帝国
Visconti	威斯康提

Francesco Sforza	弗朗西斯科·斯弗扎
Adda	阿达
Venetian Islands	威尼斯岛
Sesia	塞西亚
Savoy	萨伏依
Montferrat	蒙特弗尔拉
Piedmont	皮埃蒙特
Galeazzo Maria Sforza	加莱亚佐·玛利亚·斯弗扎
Bona of Savoy	萨伏依的博纳
Francesco Simonetta	弗朗西斯科·西蒙内塔
Gian Galeazzo Sforza	吉安·加莱亚佐·斯弗扎
Ludovico Sforza	卢多维科·斯弗扎
Morea	摩里亚半岛
Adriatic	亚得里亚海
Egean Sea	爱琴海
Alps	阿尔卑斯山脉
Scutari	斯库台
Negropont	内格罗蓬特
Turk	土耳其人
Cyprus	塞浦路斯岛
Mantua	曼图亚
Ferrara	费拉拉
Mincio	明乔河
Gonzaga	贡萨加
Este	埃斯特
Apennines	亚平宁山脉
Arno	亚诺河
Volterra	沃尔泰拉
Arezzo	阿雷佐
Cortona	科尔托纳
Pistoja	皮斯托亚

Pisa	比萨
Lucca	卢卡
Siena	锡耶纳
Lorenzo de' Medici	洛伦佐·德·美第奇
Consiglio Maggiore	立法机构
Piero di Lorenzo de' Medici	皮耶罗·迪·洛伦佐·德·美第奇
Florence	佛罗伦萨
Patrimony of St. Peter	圣彼得的遗产
Campagna	坎帕尼亚大区
Duchy of Spoleto	斯波莱托公国
March of Ancona	马尔凯大区的安科纳
Romagna	罗马涅
Orsini	奥尔西尼
Colonna	科隆纳
Sixtus IV	西克斯图斯四世
Nicolas V	尼古拉五世
Pius II	庇护二世
Avignon	阿维尼翁
Innocent VIII	英诺森八世
Rodrigo Borgia	罗德里哥·博尔吉亚
Alexander VI	亚历山大六世
Ferrante I	费兰特一世
Alfonso V	阿方索五世
Alfonso II	阿方索二世
Condottieri	雇佣军
Niccolò Machiavelli	尼可罗·马基雅维利
House of Orleans	奥尔良家族
Valentina Visconti	瓦伦蒂娜·威斯康提
Sforzas	斯弗扎
House of Anjou	安茹家族
Joanna II	乔安娜二世

René of Anjou	安茹的勒内
Asti	阿斯蒂
Duke of Anjou	安茹公爵
Provence	普罗旺斯
Filippo Maria Visconti	菲力波·玛利亚·威斯康提
Ippolita Maria Sforza	伊波利塔·玛利亚·斯弗扎
Duke of Calabria Alfonso	卡拉布利亚公爵阿方索
Isabella of Naples	那不勒斯的伊莎贝拉
Beatrice d'Este	埃斯特的比阿特丽斯
Bianca Maria Sforza	比安卡·玛丽亚·斯弗扎
Philippe de Commines	菲利普·德·科米纳
Count of Cajazzo San Severino	卡亚佐伯爵圣塞韦里诺
Duke of Lorraine René II	洛林公爵勒内二世
Julian della Rovere	朱利安·德拉·诺维
Stephen de Vers	史蒂芬·德·维尔
Guillaume Briçonnet	纪尧姆·布瑞肯特
Chamber	议事厅
Beaucaire	博凯尔
Rhone	罗讷河
Vienne	维耶纳
Pass of Mont Genèvre	蒙热内夫尔山口
Piacenza	皮亚琴察
Pontremoli	蓬特雷莫利
Bologna	博洛尼亚
Rapallo	拉帕洛
Don Federigo	费德里戈
Tuscany	托斯卡纳
Fivizzano	菲维扎诺
Sarzana	萨尔扎纳
Pietra-Santa	彼得拉桑塔
Leghorn	莱格霍恩

Pisans	比萨人
Florins	弗罗林
Turkish Sultan	土耳其苏丹
Bajazet II	巴耶塞特二世
Djem	杰姆
Ostia	奥斯蒂亚
Fabrizio Colonna	法布里齐奥·科隆纳
Della Rovere	德拉·诺维
St. Angelo	圣安吉洛
Briconnet	布利科内特
Civita Vecchia	奇维塔韦基亚
Terracina	泰拉奇纳
Spoleto	斯波莱托
St. Malo	圣马洛
San Germano	圣日耳曼诺
River Garigliano	加里利亚诺河
San Giovanni	圣乔瓦尼山
Capua	卡普亚
Gian Giacomo Trivulzio	吉安·贾科莫·特里乌尔齐奥
Brindisi	布林迪西
Bari	巴里
Otranto	奥特兰托
Gallipoli	盖利博卢半岛
Reggio	雷焦
House of Valois	瓦洛瓦家族
Francesco Guicciardini	弗朗西斯科·圭恰迪尼
Gilbert de Bourbon	吉尔伯特·德·波旁
Nola	诺拉
Gaëta	加埃塔
Stuart d'Aubigny	斯图亚特·德·奥比尼
Calabria	卡拉布里亚

Orvieto	奥维多
Perugia	佩鲁贾
Tuscany	托斯卡纳
Francesco II Gonzaga	弗朗西斯科二世·贡萨加
Count of Cajazzo	卡亚佐伯爵
Gonzalo Fernández de Córdoba	贡萨洛·费尔南德斯·德哥多华
Seminara	塞米纳拉
Messina	墨西拿
Monopoli	莫诺波利
Trani	特拉尼
Atilla	阿提拉
Frederick of Naples	那不勒斯的费德里戈
Sarzana	萨尔扎纳
Genoese	热那亚人
Pietra-Santa	皮埃特拉桑塔
Amboise	安布瓦斯
Domonican Convent	多明我会修道院
popular party	大众党
Senate	参议院
Signory	领主
Ten of Liberty and Peace	自由与和平十人团
Bigi	比吉
Greys	灰党
Arrabiati	阿拉比亚蒂
Enraged	愤激派
Compagnacci	康帕格纳奇
Companion	无良派
Piagnoni	皮亚格诺尼
Dominican order	多明我会教团
Tuscan congregation	托斯卡纳教会
Lombardy	伦巴第

Tusco-Roman congregation	托斯卡纳－罗马教会
Brotherhood	兄弟会
Piagnoni	痛哭派
Bernardo del Nero	伯纳多·德尔·尼禄
Gonfalonie	旗手
Ascension Day	耶稣升天节
Mariano de Genazzano	马里亚诺·德·热纳扎诺
Franciscan order	方济会教团
Dominicans	多明我会
Franciscans of Santa Croce	圣十字区方济会
Francesco da Puglia	弗朗西斯科·达·普利亚
Domenco la Pescia	多米尼克·拉·帕奇亚
Fra Silvestro	西尔韦斯特罗修士
Assisi	阿西西
St.Francis	圣弗朗西斯
Suzanne de Bourbon	苏珊娜·德·波旁
Normandy	诺曼底
Burgundy	勃艮第
Flanders	佛兰德斯
Archduke Philip	腓力大公
Duke of Gandia Giovanni Borgia	甘迪亚公爵乔瓦尼·博尔吉亚
Charlotte of Naples	那不勒斯的夏洛特
Valentinois	瓦伦蒂诺
Diois	迪瓦
Charlotte of Albret	阿尔布雷特的夏洛特
Battle of Fornovo	福诺沃战役
Treaty of Blois	《布洛瓦条约》
Cremona	克雷莫纳
Ghiara d'Adda	盖亚拉德阿达
Lombard Trivulzio	伦巴德·特里乌尔齐奥
Chevalier Bayard	舍瓦利耶·巴亚德

Philibert II	菲利伯特二世
Annona	安诺纳
Alessandria	亚历山德里亚
Galeas De San Severino	加利亚斯·德·圣塞韦里诺
Caravaggio	卡拉瓦乔
Lodi	洛迪
Innsbruck	因斯布鲁克
Albania	阿尔巴尼亚
Bellinzona	贝林佐纳
Touraine	都兰
Loches	洛什
Ascanio Sforza	阿斯卡尼奥·斯弗扎
Francesco Maria Sforza	弗朗西斯科·玛利亚·斯弗扎
Treaty of Granada	《格拉纳达条约》
Abruzzi	阿布鲁齐
Lavoro	拉沃罗
Apulia	阿普利亚
Sapienza	萨皮恩扎
Modon	莫登
Navarino	纳瓦里诺
Cephalonia	塞法罗尼亚
St. George	圣乔治
Mitylene	米提利尼
Capua	加普亚
Tarento	塔伦托
Joanna	乔安娜
Claude of France	法兰西的克劳德
Basilicata	巴斯利卡塔
Capitanata	福贾
Abruzzi	阿布鲁齐
Colonna	科隆纳人

Histoire de Bayard	《巴亚德侯爵皮埃尔·特亚尔写的历史》
Imbercourt	英伯考特
Jacques de La Palice	雅克·德·拉·帕利斯
Diego De Paredes	迭戈·德·帕雷德斯
Pedro De Paz	佩德罗·德·帕兹
Gonzalvo de Cordova	冈萨尔沃·德·科多瓦
Terranova	泰拉诺瓦
Barletta	巴勒塔
Louis d'Armagnac	路易·德·阿马尼亚克
Treaty of Lyons	《里昂条约》
Castellaneta	卡斯泰拉内塔
Ruvo	鲁沃
Fernando de Andrada	费尔南多·德·安德拉达
Cerignola	切里尼奥拉
Ives	艾维斯
Chandieu	钱迪厄
Gaeta	加埃塔
Venosa	韦诺萨
Santa Severina	圣塞韦里纳
Fontarabia	方塔拉比亚
Marseilles	马赛
Catalonia	加泰罗尼亚
Alan d'Albret	艾伦·德·阿尔伯特
John d'Albert	约翰·德·阿尔伯特
Pedro Navarra	佩德罗·纳瓦拉
Louis II de la Trémoille	路易二世·德·拉·特莫伊勒
Georges d'Amboise	乔治·德·安博瓦兹
Francesco Todeschini Piccolomini	弗朗西斯科·托代斯基尼·皮科洛米尼
Pius III	庇护三世
Exarchate of Ravenna	拉文那总督辖区
Ancona	安科纳

Constantine I	君士坦丁一世
Charles the Great	查理曼大帝
Rudolph I	鲁道夫一世
Ercole I d'Este	埃科尔一世·德·埃斯特
Giovanni Bentivoglio	乔凡尼·班特沃里奥
Imola	伊莫拉
Girolamo Ricrio	吉罗拉莫·瑞阿里奥
Caterina Sforza	卡特琳娜·斯弗扎
Rimini	里米尼
Pandolfo Malatesta	潘多福·马拉泰斯塔
Faenza	法恩扎
Astorre Manfredi	阿斯托雷·曼弗雷迪
Pesaro	佩扎罗
Lucrezia Borgia	卢克雷齐娅·博尔吉亚
Giovanni Sforza	卓梵尼·斯弗扎
Camerino	卡梅里诺
Giulio Caesare Varano	朱利奥·凯萨雷·瓦拉诺
Duchy of Urbino	乌尔比诺公国
Guidobaldo di Montefeltro	古德巴勒罗·迪·蒙特费特罗
Sinigaglia	西尼加利亚
Francesco Maria I della Rovere	弗朗西斯科·玛利亚·德拉·诺维
Ives d'Allegre	艾维斯·德·阿莱格尔
Caterina Sforza	卡特琳娜·斯弗扎
Gonfalonier of the Church	教会行政长官
Astorre Manfredi	阿斯多·曼弗雷迪
Tiber	台伯河
Piombino	皮翁比诺
Lucrezia Borgia	卢克雷齐娅·博尔吉亚
Marquis of Este	埃斯特侯爵
Giovanni Sforza	乔瓦尼·斯弗扎
Lord of Pesaro	皮萨罗勋爵

Alfonso of Aragon	阿拉贡的阿方索
Vitellozzo Vitelli	维特罗佐·维特里
Fermo	费尔莫
Urbino	乌尔比诺
Camerino	卡米里诺
Castello	卡斯泰洛
Oliveretto da Fermo	费尔莫的奥列维莱托
Francesco Orsini	弗朗西斯科·奥尔西尼
Gian Paolo Baglioni	吉安·保罗·巴利奥尼
Giovanni Bentivoglio	乔瓦尼·本蒂沃利奥
Lake Thrasimene	特拉西梅洛湖
Magione	马焦内
Fossombrone	福松布罗内
Modena	摩德纳
Sinigaglia	西尼加利亚
Oliveretto	奥列维莱托
Giuliano della Rovere	朱利亚诺·德拉·诺维
College of Cardinals	枢机教团
Julius II	尤利乌二世
John III of Navarre	纳瓦拉国王约翰三世
Commines	菲利普·德·科米纳
Cesena	切塞纳
Guidobaldo da Montefeltro	吉多贝多·德·蒙泰费尔特罗
Treviso	特雷维索
Vicenza	维琴察
Verona	维罗那
Adige	阿迪杰河
Filippo Maria Visconti	菲利波·玛利亚·维斯孔蒂
Brescia	布雷西亚
Bergamo	贝加莫
Crema	克丽玛

Sigismund	西吉斯蒙德
Ravenna	拉文那
Polentani	波兰塔尼
Peace of Bagnolo	《巴格诺罗和约》
War of Ferrara	费拉拉战争
Rovigo	罗维戈
Polesine	波河平原
Ghiara d'Ada	吉亚拉达达
Trani	特拉尼
Gallipoli	加利波利
Salic Law	《萨利克继承法》
Frederick III	腓特烈三世
Teutonic	日耳曼人
Germaine De Foix	杰曼·德·富瓦
Burgos	布尔戈斯
Cardinal Ximenes	枢机主教西门乃斯
Tours	图尔
Angoulème	昂古莱姆
Francis	弗朗索瓦
Constance	康斯坦茨
Brenner	布伦纳河
Trent	特伦特
Duke of Gueldres	盖尔德雷斯斯公爵
Cambray	康布雷
Moors	摩尔人
Alfonso I d'Este	阿方索一世·德·埃斯特
Agnadello	阿尼亚德洛
Bartolomeo d'Alviano	巴尔托洛梅奥·德·阿维亚诺
Crete	克里特岛
Pitigliano	皮提利亚诺
Peschiera	佩斯基耶拉

Senate	元老院
Padua	帕多瓦
Treviso	特雷维索
Leonardo Loredan	莱昂纳多·洛雷达诺
Modena	摩德纳
Mirandola	米兰多拉
Guidobaldo da Montefeltro	蒙圭多巴尔多·德·泰费尔特罗
Guienne	吉耶纳
Gaston de Foix	加斯顿·德·福瓦
Raymond de Cardona	雷蒙德·德·卡多纳
Henry VIII	亨利八世
Ives d'Allegre	艾维斯·德·莱格里
Roland at Roncesvalles	罗兰在隆塞斯瓦尔斯
Fernando Francesco d'ávalos	费尔南多·弗朗西斯科·德·阿瓦洛斯
Leo X	利奥十世
Valais	瓦莱
Mathias Schinner	马蒂亚斯·施纳
Mont Cenis	塞尼斯山口
Giano Fregoso	吉贾诺·弗雷戈索
Reggio	雷焦
Piacenza	皮亚琴察
Piero Soderini	皮耶罗·索德里尼
Raymond de Cardona	雷蒙德·德·卡多纳
Prato	普拉托
Giovanni di Lorenzo de' Medici	乔瓦尼·迪·洛伦佐·德·美第奇
Giuliano di Lorenzo de' Medici	朱利亚诺·迪·洛伦佐·德·美第奇
Giulio di Giuliano de' Medici	朱利奥·迪·朱利亚诺·德·美第奇
Clement VII	克莱门特七世
Val Maggia	瓦尔马吉亚
Locarno	洛迦诺
Lugano	卢加诺

Rhaetian League	雷蒂亚联盟
Chiavenna	基亚文纳
Bormio	博尔米奥
Valtelline	瓦尔特林纳
Val Leventina	瓦尔温特纳
Bellinzona	贝林佐纳
St. Gothard	圣哥达德
Splugen	斯普卢根
Maloia	马洛亚
Bernina	贝尔尼纳
Como	科莫湖
Lugano	卢加诺湖
Maggiore	马焦雷湖
Bayonne	巴约讷
John d'Albret	约翰·德·阿尔伯特
Germaine of Foix	福瓦的杰曼
Beaumont	博蒙特
Austro-Spanish House	奥地利王室－西班牙王室
Donato Bramante	多纳托·布拉曼特
Michael Angelo	迈克尔·安吉洛
Raphael	拉斐尔
Thomas Wolsey	托马斯·沃尔西
Mechlin	梅克林
Battle of Novara	诺瓦拉战役
Terouenne	特鲁恩
Guinnegate	吉尼盖特
Battle of Guinnegate	吉尼盖特战役
Tournay	图尔奈
James IV	詹姆士四世
Battle of Flodden	弗洛登战役
Mary Tudor	玛丽·都铎

Claude of France	法兰西的克劳德
Robert Wingfield	罗伯特·温菲尔德
Louise of Savoy	萨伏依的路易丝
Lord Chievres William de Croy	谢夫尔勋爵威廉·德·克罗伊
Philiberta of Savoy	萨伏依的费利贝塔
Col de l' Argentiere	阿让蒂耶尔山口
Saluzzo	萨卢佐
Prospero Colonna	普洛斯彼罗·科隆纳
Villafranca	维拉夫兰卡
Susa	苏萨
Marignano	马里尼亚诺
Mathias Schinner	马蒂亚斯·施纳
Sion	锡安
Ardennes	阿登
Pedro Navarra	佩德罗·纳瓦拉
Madeleine de la Tour'Auvergne	马德琳·德拉·陶德·奥弗涅
Gallican Church	高卢教派
Bourges	布尔日
Pragmatic Sanction	《国是诏书》
Gueldres	盖尔德雷斯
Lord Bouillon Robert de la Mark	布伊隆勋爵罗伯特·德·拉·马克
Peace of Noyon	《努瓦永和约》
Richard Pace	理查德·佩斯
Friburg	弗里堡
Lateran Council	拉特兰议会
Hapsburg	哈布斯堡
Valois	瓦卢瓦
Martin Luther	马丁·路德
Candia	干地亚
Levant	黎凡特
Brenner	布伦纳

Inn	尹恩河
Danube	多瑙河
Maine	曼恩河
Rhine	莱茵河
Bruges	布鲁日
Flanders Galleys	佛兰德斯船队
Constantinople	君士坦丁堡
Carthaginians	迦太基人
Canaries	加那利群岛
Madeira	马德拉岛
Cape St.Vincent	圣文森特角
Sagres	萨格雷斯
Porto	波尔图
Santo	桑托岛
Azores	亚速尔群岛
Cape de Verde	佛得角
Martin V	马丁五世
Cape Bojador	博哈多尔角
Granada	格拉纳达
Leagues	里格
Bartholomew Diaz	巴索洛缪·迪亚兹
John II	约翰二世
Vasco da Gam	瓦斯科·达·迦马
Calicut	卡利卡特
Malabar	马拉巴尔
Emmanuel I	伊曼纽尔一世
Francisco de Almeida	弗朗西斯科·德·阿尔梅达
Antwerp	安特卫普
Diu	迪乌
Battle of Diu	迪乌战役
Afonso de Albuquerque	阿方索·德·阿尔伯克古

Goa	果阿
Ormuz	奥尔穆兹
Borneo	婆罗洲
Celebes	西里伯斯岛
Spice Islands	香料群岛
Selim I	塞利姆一世
Titian	提香
Tintoretto	丁托列托
Paolo Veronese	保罗·韦罗内塞
Aldine	阿尔丁
Amboise	安博瓦兹
Julius II	尤利乌二世
Claude	克劳德
William de Marseille	威廉·德·马赛
Hispaniola	伊斯帕尼奥拉岛
Isabella	伊莎贝拉
Alonso	阿隆索
Emanuel	伊曼纽尔
Arthur	阿瑟
John of Gaunt	冈特的约翰
Miguel	米格尔
Sancta Hermandad	神圣兄弟会
Calatrava	卡拉特拉瓦
Alcantara	阿尔坎塔拉
Compostella	孔波斯特拉
St. Lago	圣拉戈
Hospitallers	医院骑士团
Knight Templars	圣殿骑士团
Pedro González de Mendoza	佩德罗·冈萨雷斯·德·门多萨
Hernando de Talavera	埃尔南多·德·塔拉维拉
Francisco Ximenes de Cisneros	弗朗西斯科·西门乃斯·西斯内罗斯

Saragossa	萨拉戈萨
Franciscans	方济会
Alcala	阿尔卡拉
Polyglot Bible	《多语圣经》
Jerome	杰罗姆
Barbary	巴巴里
Mazarquiver	马扎奎弗
Oran	奥兰
Algiers	阿尔及尔
Tripoli	的黎波里
Saracens	撒拉逊人
Davis	戴维斯
Labrador	拉布拉多
Newfoundland	纽芬兰
Roger Bacon	罗吉尔·培根
Peter d'Ailly	彼得·德·阿利
Paolo Toscanelli	保罗·托斯卡内利
Bartholomew Diaz	巴塞洛缪·迪亚兹
Bartholomew Columbus	巴塞洛缪·哥伦布
Bahama	巴哈马
Crooked	克鲁克德岛
Long Island	长岛
Hispaniola	伊斯帕尼奥拉岛
Hayti	海地
Vincent Pinzon	文森特·平松
Santa Maria	"圣玛利亚"号
Nina	"尼娜"号
Jamaica	牙买加
Antilles	安的列斯群岛
Vasco da Gama	瓦斯科·达·伽马
John Cabot	约翰·卡伯特

St.Lawrence	圣劳伦斯河
Cape Cod	科德角
Cape St.Agostino	圣阿戈斯蒂诺角
Venezuela	委内瑞拉
Pedro álvares Cabral	佩德罗・阿瓦雷斯・卡布拉尔
Treaty of Tordesillas	《托德西利亚斯条约》
Americigo Vespucci	亚美利哥・韦斯普奇
Rio de Janeiro	里约热内卢
Ponce de Leon	庞塞・德・莱昂
Florida	佛罗里达
Vasco Nunez de Balbao	瓦斯科・努涅兹・德・巴尔波
Isthmus of Darien	达里恩地峡
Cordilleras	科迪勒拉
Fernan de Andrade	费南・德・安德拉德
Ladrone	莱德隆群岛
Francisco Pizarro	弗朗西斯科・皮萨罗
Electors	选帝侯
Archbishop of Mainz	美因茨大主教
Cologne	科隆
King of Bohemia	波希米亚国王
Suabia	士瓦本
Berthold von Henneberg-Römhild	贝托尔德・冯・亨尼勃格－勒姆希尔德
John II of Baden	巴登的约翰二世
Elector of Saxony Frederick III	萨克森选帝侯腓特烈三世
John Cicero	约翰・西塞罗
Diet of Worms	沃尔姆斯帝国会议
Common Penny	普通税
Gelnhausen	格尔恩豪森
Compact at Gelnhausen	《格尔恩豪森协定》
George of Bavaria	巴伐利亚的乔治
Ruprecht of the Palatinate	巴拉丁的鲁普雷希特

Duke Albert IV of Bavaria-Munich	巴伐利亚－慕尼黑公爵阿尔伯特四世
Otto Henry	奥托·亨利
Vladislaus II	乌拉斯洛二世
Franconia	法兰克尼亚
Duchy of Wurtemberg	符腾堡公国
Margraviateof Baden	巴登辖区
Westphalia	威斯特伐利亚
Julich	尤利希
Cleves	克里维斯
Berg	贝格
Oldenburg	奥尔登堡
Brunswick	不伦瑞克
Lunegurg	鲁内堡
Holstein	荷尔斯泰因
Mecklenburg	梅克伦堡
Aulic Council	宫廷会议
Georgius Agricola	格奥尔格乌斯·阿格里科拉
Desiderius Erasmus Roterodamus	德西德里乌斯·伊拉斯谟·鹿特丹姆斯
Johann Reuchlin	约翰内斯·罗伊希林
Melanchthon	菲利普·墨兰顿
Hans Holbein the Elder	老汉斯·霍尔拜因
Albert Durer	阿尔伯特·迪鲁尔
Peter Vischer	彼得·菲舍尔
Lucerne	卢塞恩
Uri	乌里
Schwytz	施维茨
Unterwalden	翁特瓦尔登
Battle of Morgarten	莫尔加尔滕战役
Battle of Sempach	森帕赫战役
Sigismund of Tyrol	提洛尔的西吉斯蒙德
Aargau	阿尔高

Frickthal	弗里克塔尔
Charles the Bold	"大胆的"查理
Jura	侏罗山脉
Neuchatel	纳沙泰尔湖
Bernese Alps	伯恩阿尔卑斯山脉
Rhaetian Alps	里申阿尔卑斯山脉
Parson's Ordinance	《神职条例》
Sempach Ordiance	《桑帕赫条例》
Compact of Stanz	《斯坦茨公约》
Common Bailiwicks	共同辖区
Bern	伯尔尼
Zurich	苏黎世
Lucerne	卢塞恩
Glarus	格拉鲁斯
St. Gall	圣加尔镇
Biel	比尔湖
Bienne	比尔镇
Prättigau	普拉蒂高
Tyrol	提洛尔
Adige	阿迪杰河
Müsterthal	蒙恩斯特塔尔
Bruderholz	布鲁德霍兹
Basel	巴塞尔
Dornach	多尔纳赫
Frastenz	弗雷斯滕茨
Calven	卡尔文
Rhaetian Leagues	雷蒂亚联盟
Basel	巴塞尔
Schaffhausen	沙夫豪森
Appenzell	阿彭策尔
Palatinate	巴拉丁人

Berg	贝格
Julich	朱利希
Magnus I	马格努斯一世
Duke of Cleves John II	克里维斯公爵约翰二世
Landgrave of Hesse Philip I	黑森领主伯爵腓力一世
Mathias Corvinus	马蒂亚斯·科维努斯
Alsace	阿尔萨斯
Styria	施第里尔
Carinthia	卡林西亚
Mary of Burgundy	勃艮第的玛丽
Teuerdank	《崇高的敬礼》
William de Croy	威廉·德·克罗伊
Joachim I Nestor	约阿希姆一世·内斯特
Albert of Brandenburg	勃兰登堡的阿尔伯特
Richard von Greiffenklau zu Vollrads	理查德·冯·格雷芬克劳·祖弗尔拉德
Hermann of Wied	维尔德的赫尔曼
Ulrich I of Württemberg	符腾堡公爵乌尔里希一世
Duke of Bavaria William IV	巴伐利亚公爵威廉四世
Sabina of Bavaria-Munich	巴伐利亚-慕尼黑的萨拜娜
Franz von Sickingen	弗朗茨·冯·济金根
peace of Basel	《巴塞尔和约》
Mathias Schinner	马蒂亚斯·施纳
Henry V	亨利五世
Rothschilds	罗斯柴尔德
Fuggers	富格尔
Council of Constance	康斯坦斯帝国会议
Henry II of Navarre	纳瓦拉国王亨利二世
Flemings	弗拉芒人
Sandwich	桑威奇
Guisnes	圭斯尼
Field of the Cloth of Gold	金缕地

Gravelines	格拉沃利讷
Toledo	托莱多
Jean Sauvage	让·索瓦热
Cortes of Valladolid	瓦拉多利德议会
Aachen	亚琛
Santiago	圣地亚哥
Valladolid	瓦拉多利德
Corunna	科伦纳
Salamanca	萨拉曼卡
Pedro Lafo de la Vega	佩德罗·拉福·德·拉·维加
Juan López de Padilla	胡安·洛佩斯·德·帕迪拉
Adrian	阿德里安
Juan de Lanuza	胡安·德·兰纳扎
Diego De Mendoza	迭戈·德·门多萨
Segovia	塞戈维亚
Salamanca	萨拉曼卡
Zamora	萨莫拉
Madrid	马德里
Burgos	布尔戈斯
Valladolid	瓦拉多利德
Juan López de Padilla	胡安·洛佩斯·德·帕迪拉
Tordesillas	托德西利亚斯
Fadrique Henriques	弗德里克·亨利克斯
íñigo Fernández de Velasco	伊尼戈·费尔南德斯·德·维拉斯科
Pedro Fernández de Velasco	佩德罗·费尔南德斯·德·维拉斯科
Antonio Osorio de Acuña	安东尼奥·奥索里奥·德·阿库尼亚
Torrelobaton	托勒洛巴顿
Duke of Nájera Antonio Manrique de Lara	纳杰尔公爵安东尼奥·曼里克·德拉拉
Villalar	维拉亚尔
Valladolid	瓦拉多利德
María Pacheco	玛丽亚·帕切科

Franche-Comté	弗朗什－孔泰
Robert de la Marck	罗伯特·德·拉·马克
Ficino	菲奇诺
Laurentius Valla	劳伦提乌斯·瓦拉
Savonarola	萨沃纳罗拉
John Reuchlin	约翰内斯·罗伊希林
Hochstraten	霍奇斯特
Colet	科利特
Sebastian Brandt	塞巴斯蒂安·勃兰特
Ship of Fools	《愚人之船》
Litere Obscurorum Virorum	《默默无闻者之信》
Erfurt	爱尔福特
Order of the Augustinian	奥古斯丁教团
Wittenberg	维滕贝格
Frederick the Wise	智者腓特烈
Tetzel	特泽尔
Augsburg	奥格斯堡
John Huss	约翰·胡斯
John Wessel	约翰·韦塞尔
Laurentius Valla	洛伦佐·瓦拉
Ulrich von Hutten	乌尔利希·冯·胡登
Babylonish Captivity	《论教会的巴比伦之囚》
Glapion	格拉皮安
Gattinara	加蒂纳拉
Wartburg	瓦特堡
Ludovico il Moro Sforza	卢多维科·伊尔·莫罗·斯弗扎
Antonio Adorno	安东尼奥·阿多诺
Odet de Foix	奥代·德·富瓦
Adrian Florenszoon Boeyens	阿德里安·弗劳伦斯佐恩·波伊斯
Giulio de' Medici	朱利奥·德·美第奇
Alexander Farnese	亚历山大·法尔内塞

Clement VII	克莱门特七世
Paul III	保罗三世
Solyman I	苏莱曼一世
Manuel	曼纽尔
Battle of Bicocca	比科卡战役
Ottavio Fregoso	奥塔维奥·弗雷戈索
Treaty of Windsor	《温莎条约》
Rhodes	罗得岛
Lorenzo Campeggio	洛伦佐·坎佩乔
Spires	斯派尔斯
Battle of Pavia	帕维亚战役
Charles III	夏尔三世
Durance	迪朗斯
Pignerol	皮涅罗尔
Antonio de Leyva	安东尼奥·德·莱瓦
Philip de Lannoy	菲利普·德·拉努瓦
Fernando Francesco d'Ávalos	费尔南多·弗朗西斯科·德阿瓦洛斯
Guillaume Gouffier	纪尧姆·古菲尔
park of Mirabello	米拉贝罗公园
Georg von Frundsberg	格奥尔格·冯·弗伦德斯贝格
Louis II de la Trémoille	路易二世·德·拉·特梅尔
Henri d' Albert	亨利·德·阿尔伯特
Bundschuhe	邦德舒赫
Andreas Karlstadt	安德里亚斯·卡尔斯塔特
Revolt of Black Forest	黑森林起义
Thomas Munzer	托马斯·闵采尔
Mülhausen	米卢斯
Suabian League	士瓦本联盟
Leipheim	莱普海姆
Landgrave of Hesse Philip I	黑森领主伯爵腓力一世
Frankenhausen	弗兰肯豪森

Mulhausen	米约桑
Duke of Lorraine Antoine	洛林公爵安东尼
Zabern	扎伯恩
Vosges	孚日
Wurzburg	维尔茨堡
Treaty of Madrid	《马德里条约》
Girolamo Morone	吉罗拉莫·莫罗内
Mercurino di Gattinara	马库瑞诺·迪·加蒂纳拉
Eleanor of Austria	奥地利的埃利诺
Battle of Mohács	摩哈赤战役
Pompeio	普佩里奥
Colonnesi	科隆尼西
Hugo de Monçada	雨果·德·蒙卡达
St. Stefano	圣斯特凡诺
St. Angelo	圣安格鲁
Amiens	亚眠
Cervia	切尔维亚
Alessandro de' Medici	亚历山德罗·德·美第奇
Ippolito de' Medici	伊波利托·德·美第奇
Nicolo Capponi	尼古洛·卡波尼
Civita Castellana	齐维塔卡斯泰拉纳
Philibert de Chalon	菲利伯特·德·沙隆
Filippino Doria	菲利皮诺·多里亚
Michele Antonio	米歇尔·安东尼奥
Aversa	阿韦尔萨
Pedro Navarr	佩德罗·纳瓦拉
Teodoro Trivulzio	特奥多罗·特里乌尔齐奥
Francis de Bourbon	弗朗索瓦·德·波旁
Landriano	兰德里亚诺
Peace of Cambray	《康布雷和约》
Michael Angelo	迈克尔·安杰洛

John Zápolya	约翰·扎波尧伊
John the Steadfast	坚定的约翰
Albert Alcibiades	阿尔伯特·阿尔西比迪斯
Duke of Luneburg Ernest I	不伦瑞克-吕讷堡公爵恩斯特一世
Schmalkalde	施马尔卡尔登
Upper Germany	上德意志
Huldrych Zwingli	乌利希·茨温利
St. Gall	圣加尔
Weldenhaus	威尔德豪斯村
Basel	巴塞尔
Bern	伯尔尼
Schafffhausen	沙夫豪森
Appenzell	阿彭策尔
Glarus	格拉鲁斯
Orisons	奥里森
Marburg	马尔堡
Common Bailiwicks	共同管辖
Barbarossa	巴巴罗萨
Peace of Nuremberg	《纽伦堡和约》
Diet of Ratisbon	雷根斯堡帝国会议
Melilla	梅利利亚
Oruç Reis	奥鲁奇雷斯
Hayreddin	哈拉丁
Andrea Doria	安德里亚·多里亚
Malta	马尔他
Muley Hassan	穆利·哈桑
Goletta	格雷塔港
Catherine de' Medici	凯瑟琳·德·美第奇
Maraviglia	玛拉维利亚
Charles III	查理三世
Beatrice of Portugal	葡萄牙的比阿特丽克斯

Vaud	沃州
Sessia	塞西亚
Valence	瓦朗斯
Languedoc	朗格多克
Battle of Picardy	皮卡第战役
Robert III de La Marck	罗伯特三世·德·拉马克
Essek	埃塞克
Revolt at Ghent	根特人民起义
Truce of Nice	尼斯休战
Aigues Mortes	艾格莫尔特
Anne de Montmorency	安内·德·蒙莫朗西
John Fisher	约翰·费舍尔
Thomas More	托马斯·莫尔
Bruges	布鲁日
Antwerp	安特卫普
Battle of Laufen	劳芬战役
Johann von Metzenhausen	约翰·冯·梅岑豪森
Münster	明斯特
John of Leiden	莱顿的约翰
Anabaptist Rebellion	再洗礼派起义
Joachim II Hector	约阿希姆二世·赫克托
Neumark	纽马克
Palatinate	巴拉丁
Brunswick-Wolfenbüttel	不伦瑞克-沃尔芬比特尔
Lewis V	路易五世
Maria of Austria	奥地利的玛丽亚
Reginald Pole	雷金纳德·波尔
Martin Bucer	马丁·布塞尔
Johann Eck	约翰·艾克
Duke of Brunswick-Lüneburg Henry X	不伦瑞克-吕讷堡公爵亨利十世
Goslar	戈斯拉尔

John Sigismund Zápolya	约翰·西吉斯蒙德·扎波尧伊
Battle of Buda	布达战役
Battle of Solway Moss	索维莫斯战役
Madeleine of Valois	瓦卢瓦的玛德琳
Duke of Guise Claude de Lorraine	吉斯公爵克劳德·德·洛林
Mary of Guise	玛丽·德·吉斯
Anne of Cleves	克里维斯的安妮
Thomas Cromwell	托马斯·克伦威尔
Gustav I	古斯塔夫一世
Christian III	克里斯蒂安三世
Perpignan	佩皮尼昂
Ottavio Farnese	奥塔维奥·法尔内塞
Count of Enghien François de Bourbon	昂吉安伯爵弗朗索瓦·德·波旁
Battle of Ceresole	切雷索莱战役
Alfonso d'Avalos	阿方索·德·阿瓦洛斯
Champagne	香槟
Marne	马恩河
Diane de Poitiers	戴安娜·德·普瓦捷
Treaty of Ardres	《阿德尔条约》
Huguenots	胡格诺派
François Rabelais	弗朗索瓦·拉伯雷
Jean Clouet	让·克卢埃
François Clouet	弗朗索瓦·克卢埃
Jean Goujon	让·古戎
Leonardo da Vinci	莱昂纳多·达·芬奇
Andrea Del Sarto	安德里亚·德尔·萨尔托
Benvenuto Cellini	本韦努托·切利尼
Peace of Crespi	《克里斯皮和约》
General Council	宗教理事会
Ottavio Farnese	奥塔维奥·法尼萨
Boctrine of Justification	释罪教义

League of Schmalkadle	施马尔卡尔登联盟
Bohemia	波希米亚
John of Custrin	斯特林的约翰
Margrave of Brandenburg-Küstrin John	勃兰登堡－纽马克侯爵约翰
Albert Alcibiades	阿尔伯特·阿尔西比迪斯
Ernest	恩斯特
Albert	阿尔伯特
George von Carlowitz	格奥尔格·冯·卡洛维茨
Naumburg	瑙姆堡
Merseburg	梅泽堡
Catherine of Mecklenburg	梅克伦堡的凯瑟琳
Eisleben	艾斯莱本
Upper Inn	上因河
Brenner Pass	布伦纳山口
Fernando Álvarez de Toledo	费尔南多·阿瓦雷兹·德·托莱多
Eisenach	爱森纳赫
Gotha	哥达
Marquis de Guasto	古斯托侯爵
Ottavio Farnese	奥塔维奥·法尔内塞
Stadtholder of Milan	米兰总督
Francesco III Gonzaga	弗朗西斯科三世·贡萨加
Mühlberg	米尔贝格
Elbe	易北河
Dresden	德累斯顿
Battle of Mühlberg	米尔贝格战役
Pedro de Soto	佩德罗·德·索托
Antoine Perrenot de Granvelle	安东尼·皮埃诺特·德·格兰维拉
Diet of Augsburg	奥格斯堡帝国会议
Peace of Augsburg	《奥格斯堡和约》
Chamber of the Princes	诸侯枢密院
Iay Electors	世俗选帝侯

Council at Bologna	博洛尼亚议会
Pierluigi Farnese	皮耶路易吉·法尔内塞
The Interim	《临时协议》
Seven Sacraments	七项圣礼
Communion	圣餐仪式
National Church	国家教会
Imperial Chamber	帝国最高司法法院
a Roman month	罗马月基金
town council	市镇议会
Leipsic Interim	《莱比锡临时协议》
Monte	蒙特
Julius III	尤利乌斯三世
Innsbruck	因斯布鲁克
Albert of Prussia	普鲁士的阿尔伯特
Halberstadt	哈尔贝施塔特
John Frederick I	约翰·腓特烈一世
Treaty of Friedwald	《弗里德瓦尔德条约》
Oran	奥兰
Cambray	康布雷
Metz	梅茨
Toul	图勒
Verdun	凡尔登
Bischofsheim	比绍夫斯海姆
Landgrave of Hesse-Kassel	黑森-卡塞尔领主伯爵
William IV	威廉四世
Rotenburg	罗滕堡
Linz	林茨
Conference at Linz	林茨会议
Passau	帕绍
Ehrenberg	埃伦贝格
Villach	菲拉赫

Treaty of Passau	《帕绍条约》
Confession of Augsburg	《奥格斯堡信纲》
Duke Of Guise François de Guise	吉斯公爵弗朗索瓦·德·吉斯
Therouenne	泰鲁阿讷
Cosimo I de' Medici	科西莫一世·德·美第奇
Corsica	科西嘉
Isabella Jagiellon	伊莎贝拉·雅盖隆
Transylvania	特兰西瓦尼亚
Mustapha	穆斯塔法
Bamburg	班堡
Wurzburg	维尔茨堡
Heidelberg League	海德堡联盟
Sievershausen	锡沃斯豪森
Battle of Sievershausen	锡沃斯豪森战役
George Frederick	乔治·腓特烈
Augustas	奥古斯塔
Morone	莫罗内
Marcellus II	马尔瑟吕二世
Vaucelles	沃瑟莱
Mary of Hungary	匈牙利的玛丽
Regent of the Netherlands	尼德兰摄政王
Estremadura	埃什特雷马杜拉
Yuste	尤斯特
Joanna	乔安娜
Charles de Lorraine	夏尔·德·洛林
Neapolitan family the Caraffa	那不勒斯的卡拉发家族
Civitella	奇维泰拉
Battle of St. Quentin	圣昆廷战役
Emanuel Philibert	伊曼纽尔·菲利贝托
Gaspard de Coligny	加斯帕尔·德·科利尼
Low Countries	低地国家

Newman	纽曼
Risbank	利班克
Thomas Wentworth	托马斯·温特沃思
Edward III	爱德华三世
Paul de Thermes	保罗·德·特梅斯
Dunkirk	敦克尔克
Mardyke	马代克
Count of Egmont Lamoral	埃格蒙特伯爵拉莫雷尔
Flemish	弗拉芒
Guglielmo Gonzaga	古列尔莫·贡萨加
Elisabeth of Valois	瓦卢瓦的伊丽莎白
Prince of Asturias Carlos	阿斯图里亚斯亲王卡洛斯
Margaret of France	法兰西的玛格丽特
Mary Queen of Scots	苏格兰玛丽女王